너랑나랑
님이랑 울이랑 ②

너랑 나랑 님이랑 울이랑

이은주 지음

베드로서원

C·O·N·T·E·N·T·S

Part 2 _ *끄적끄적 이야기*

Part 3 _ 다양한 모임 이야기

Part 4 _ 사랑하는 샛별, 은총이 이야기

Part 5 _ 아름답고 소중한 이야기

　얼마 전, 대전 보훈병원에 위문을 갔을 때에 참 특이한 환자를 만났습니다. 그 환자는 뇌경색으로 말을 하지 못하고 움직일 수 없는 몸인데도 불구하고 책을 출판하였다고 했습니다. 한글 자모판을 만들어 놓고 간병사가 손가락으로 일일이 자모판을 가리키면, 자기가 원하는 자모판에 손이 갔을 때 눈을 깜박여 글자를 조합해가는 방식으로 힘들게 문장을 완성해 갔습니다. 이렇게 하루에 반 페이지씩 7년을 한결같이 노력한 끝에 세상과 의사소통을 해냈다고 합니다. 말 그대로 눈으로 쓴 편지인 것입니다.

　그 책을 보면서 이은주 님의 책을 생각하게 되었습니다. 비록 눈으로 쓴 편지는 아니지만 이은주 님의 책은 손과 발로 쓴 이야기이기 때문입니다. 생생한 선교 현장에서 마음과 영혼을 다해 쓴 책이기 때문입니다. 우리는 자신의 삶을 바쳐 들려주는 이야기에 관심을 가집니다. 그럴 듯한 미사여구로 삶의 진실을 가리는 것에는 흥미가 없습니다. 마음을 움직이고 가슴 뭉클하게 하는 목소리를 그리워합니다.

하나님의 선교는 거대한 이야기에 속합니다. 우리는 그중에서 한 부분을 담당하고 있는 셈입니다. 우리 각자는 우리만이 만들어내는 작은 이야기를 가지고 있습니다. 그 속에서 우리는 거대한 이야기와 맞닿는 고리를 발견하게 되고, 그것에 기뻐하고 감사합니다. 어쩌면 잊혀버릴 수도 있는 소중한 이야기들을 기록으로 남기는 일은 선교의 큰 그림을 완성하는 작업이라고 봅니다. 우리의 숨결이 묻어 있는 이야기 속에서 하나님의 놀라운 역사는 되살아날 것입니다.

『너랑 나랑! 님이랑 울이랑!』을 펴낸 지 얼마 되지 않아 이렇게 다시 제2편을 엮어낸 것을 축하하고 기뻐합니다. 먼저 자신과 소통하였기 때문에 세상과 소통하고 하나님과 소통하게 된 것이라고 생각합니다. 이 책을 읽는 사람들에게도 이러한 소통이 일어나기를 바랍니다.

이달 목사 (한남대학교 기독교학과 교수, 교목실장)

두 번째 열매를 축하드립니다.

지난번에 삶의 진솔한 이야기를 통해 마음을 '찡'하게 해주신 감동이 아직도 남아 있는데 두 번째 이야기를 내놓게 되심을 정말 축하드립니다.

사실 그냥 사는 이야기를 꾸밈이나 과장 없이 사실대로 표현을 한다는 것이 쉽지 않습니다. 얼핏 보면 화려한 문장이 감동을 주는 것 같지만 허구가 많을 수도 있습니다. 삶의 환경에 여러 가지 어려움이 있었을 텐데도 이렇게 좋은 이야기들을 남겨주셔서

무척이나 고맙게 생각합니다.

아무쪼록 이 글들을 통해 우리도 무엇인가를 기억하고 남기는 습관을 가졌으면 좋겠고, 여러 사람들에게 위로, 격려, 평안을 줄 수 있기를 바랍니다.

2010년 6월
하나님 나라의 동역자 된 정영택 목사

 **머리글**

첫 번째 『너랑 나랑! 님이랑 울이랑!』을 출판하기 전, 마음고생이 심했다. 과연 이 글을 출판하는 게 잘하는 건지 괜한 짓을 하는건 아닌지. 그러나 일단 원고를 출판사로 넘기고는 오히려 마음이 편안해졌다. 어차피 원고는 넘어갔고 되돌릴 수도 없는 것인데 마음이나 편하게 먹자고 생각했다. 그런데 막상 책이 나오고 나니 또 걱정이 생겼다. 워낙 긍정적으로 살자고 부르짖고 그렇게 살아가고 있지만, 이 경우는 좀 다른가보다. 자꾸 자꾸 생기는 걱정을 피할 수가 없었다. 이 책을 받아들고 뭐라고 이야기들을 할지.

걱정을 사서한다고 하던가. 일어나지도 않은 일을 미리 생각하면서 머리만 복잡해졌다. 그런 걱정을 아셨는지 아니면 처음 출판한책이라 위로를 해주시는지 많은 사람들이 "재밌다. 감동이었다"는 말로 위로와 격려를 아끼지 않으셨다. 그 위로와 격려가 많은 힘이 되었음에 감사를 드린다.

다시 두 번째 책을 출판하려고 하니 그 떨림은 그때나 지금이나 별반 다르지 않은 것 같다. 아니 더하면 더했지 덜하지 않았다. 그럼에도 불구하고 틈틈이 써 놓았던 글이 아까워 다시 용기를 내었다.

첫 번째 글이 결혼 후 살아왔던 일들이라면, 두 번째 글은 이곳에서 농장을 경영하며 엎치락뒤치락 하며 살아가는 모습과, 5, 6살 때 부모를 따라 미지의 땅으로 함께 왔던 두 아들이 초중고를 마치고 대학이란 문턱을 잘 넘어 우리 곁을 떠나 있으면서 군대의 부름을 받고 살아가는 모습들과, 이곳에서 일어난 아기자기한 이야기들을 적어놓았기에 다시 한 번 도전하는 심정으로 출판사의 문을 두드리게 되었다.

책 제목은 1권에 이어 '『너랑 나랑! 님이랑 울이랑!』 두 번째 이야기'로 결정하였다. 1권에서 책 이름을 지은 동기를 소개했듯이 『너랑 나랑 님이랑 울이랑』은 '너와 나의 만남과 관계에서 있었던 이야기이고, 주님과 우리가 살아왔던 이야기들이고, 또 우리의 이웃, 가족, 동역자, 이 땅의 사람들과 부대끼며 때로 기뻐하고 때로 사랑하기 위해 아파했었던 이야기들이다. 우리의 인생여정에서 만나게 되는 많은 님-들과 우리들의 만남, 사건, 부대낌, 추억 등도 결국 큰 사랑의 울타리가 되어 주셨던 우리의 영원한 보호자 그분이랑 의논하며 풀어가야 할 과제였고, 또 우리의 울이 되어 주신 그분의 보호와 사랑 안에서만 가능했던 이야기들일 것이다'라고 했듯이 동일한 생각에 의해 쓴 글들이기에 제목을 바꾸기보다는 『너랑 나랑! 님이랑 울이랑』 두 번째, 세 번째 이런 식으로 써 나가야겠다는 생각이 들었다.

이 이야기가 우리 독자들에게 전달되어졌을 때 함께 기뻐할 수 있었으면 하는 바람이 간절하다. 그래서 그 용기에 힘을 얻어 다시금 살아가는 소박한 이야기들을 틈틈이 글로 정리할 수 있었으면 하는 간절한 소망이 생긴다.

첫 번째 글을 쓰면서 두 번째 이야기를 들려드릴 수 있었으면 좋겠다고 했었는데, 그 기회가 빨리 오게 되었다. 첫 번째 책이 늦게 나오게 되면서 두 번째 책으로 엮으려고 준비해 두었던 원고가 이미 책 한 권 분량이 되었다. 또한 많은 사람들이 첫 번째 책에 대한 격려와 좋은 반응을 보여 주서서 용기를 얻게 되었고 이렇게 두 번째 책을 엮게 되었다. 주변의 많은 사람들의 격려도 또 다시 모아둔 글을 책으로 엮으려는 마음에 한 몫을 하게 되었다.

날마다 아내가 글을 잘 쓰게 해 달라고 기도하는 사랑하는 남편의 기도에 얼마나 힘이 났던지. 엄마가 쓴 글을 교수님과 주변 지인들께 전달하면서 흐뭇해했을 두 아들을 생각하며 또 용기를 내었다.

"엄마가 글을 쓰는데 컴퓨터가 필요하겠지요."

용돈을 모아 노트북을 사 주겠다는 작은 아들을 말리면서 지금 있는 컴퓨터로 만족한다고 하면서도 어찌나 고맙던지.

살아계셨다면 누구보다 좋아하시고 칭찬해주셨을 시댁 부모님이 그리워진다. 올해 86세이신 친정어머니의 기뻐하시는 모습도, 사랑하는 오빠, 언니들, 조카들 가족들의 칭찬도 부끄럽지만 다른 한편으론 가슴 뿌듯하다.

제1후원교회인 경주제일교회 정영택 목사님과 당회원과 모든 교우들께 감사를 드리며, 일일이 거론할 수 없지만 여러 교회들과 동역자회와 후원자들에게 감사의 인사를 드린다.

처음에는 아무 생각 없이 추천의 글을 부탁했는데, 이번에는 망설여진다. 염치없이 또 추천의 글을 부탁드려야 하나를 두고 많이 망설였다.

이런 마음을 아시는지 격려와 추천의 글을 써 주신 정영택 목사님께 다시 한 번 감사드린다. 늘 스승님으로 자리한 이달 교수님께도 기쁜 마음으로 써 주셔서 얼마나 감사한지 모르겠다.

신학교를 졸업하고 얼마 전에 연락이 된 동기생이 출판사를 운영한다고 해서 출판을 부탁하니 기꺼이 맡아주었다. 출판하느라 수고한 베드로서원 방주석 사장님과 원고수정을 위해 수고한 편집자, 아름다운 책을 만들기 위해 수고해 준 디자이너, 그리고 베드로서원 직원들에게 감사를 드린다.

이 글이 많은 사람들에게 전달되어서 보낸 자와 보냄 받은 자가 함께 동역하는 아름다운 모습이 되기를 소망해 본다.

그러나 지금의 나는
하나님의 은혜로 된 것이므로
내게 베푸신 그분의 은혜가 헛되지 않습니다.
나는 다른 사도들보다 더 열심히 일하였습니다.
그러나 그 일은 내가 한 것이 아니라
나와 함께 하시는 하나님의 은혜로
한 것이었습니다

(고전 15:10, 쉬운 성경)

생명사랑의 정신이 먼저 회복되어야 하고, 생명을 존중함이 효율과 소득보다 우선되어야 하고, 그러기에 생명을 살리기 위한 수고와 땀을 보람으로, 기쁨으로 여겨야 한다.

PART 1

친환경 생명농업 현장
'다래 생농원'

chapter 01

다래 생농원(多來 生農園)

우리 농장은 친환경 생명농업을 지향하고 보급하기 위해 세운 농장이다. '다래 생농원'하면 많은 사람들이 물어본다. 참다래(키위)를 생산하느냐고? '다래 생농원'은 다래를 생산하는 농장이 아니고 '다(多)-많을 다, 래(來)-올 래', 즉 많이 온다는 뜻이다. 무엇이 많이 오느냐 하면, 건강도 많이 오고, 생명도 많이 오고, 행복도 많이 오고, 더불어 돈도 많이 오는 농장, 그리고 특별히 생명을 귀중히 여기는 농장이라는 뜻이다.

어릴 적 기억 속에 남아 있는 농장이란 단어는 부유, 행복, 여유로움이었다. 가난하게 살았던 어린 시절, 농장 집 자녀들은 모두 부유해 보였고, 정말 행복해 보였다. 그리고 언제나 여유로워 보였다. 그들이 얼마나 힘들게 일하는지는 생각하지 않고 그저 부유하고 멋있게 전원생활을 하는 좋은 모습만 보였다. 유럽을 소개할 때 보여주는 농장 역시 부의 상징, 또한 여유로운 모습들이 대부분이다. 드넓은 초원에서 한가로이 뛰어노는 양떼들, 소떼들 주로 그런 것을 상상하게 된다. 우리도 마찬가지로 농장을 한다고 했을 때 부유, 행복, 여유로움이 번개처럼 스쳐갔다. 하지만 막상 농장을 시작해보니, 아름답고 좋은 모습들만이 아니라 땀과 노력 봉사가 뒤따르는 힘든 과정이 기다리고 있었다.

물론 그것을 잘 견디다 보면 아름답고, 풍요롭고, 여유로운 농장의 모습이 되겠지만, 뭐든지 시작이 어렵듯이 '다래 생농원' 역시 그런 힘든 과정을 겪어야 했다. 그리고 그 과정이 상당히 오래 간다는 것을 알게 되었다. 애써 키운 동물들이, 애써 키운 농작물들이 농민들에게 풍요를 가져다주기에는 어려운 현실이었다. 몇 년 동안 애써 일한다고 해도 아주 큰 농장을 운영해서 다량으로 생산하는 곳이 아니면 흑자를 낸다는 것은 어렵고 현상유지 하기도 힘들다는 것을 알게 되었다. 물론 생산된 것이 제때에 제값으로 잘 팔려나간다면 그런대로 재미있을 건데, 아직까지도 제때에 제값을 받고 유통한다는 것은 대단히 어려운 일이라는 것을 몸소 체험하고 있다. 어떤 때는 생산한 것이 남아서 고민을 하고, 또 어떤 때는 모자라서 고민을 하기도 한다.

여기서도 연합이란 것이 얼마나 필요한지를 느끼게 된다. 열심히 농사지은 것을 잘 유통하는 사람들이 있다면 서로에게 유익하지 않을까 생각해 보지만, 아직까지 서로에게 필요한 분야에서 분업하는 모습들을 찾기가 어려운 상황이다. 서로 상대방의 유익을 위해 애쓴다면 참 아름답게 살 수 있을 텐데 현실이 그렇지 못하다. 애써 농사지은 농산물을 저렴한 값을 주고 사려고 하는 유통업자들이 있으니 농민들은 여러모로 힘들어진다. 농산물의 대부분이 묵힐 수 있는 것도 아니고 생산한 것을 묵히자니 그것도 손해니 농민들은 손해를 보더라도 싼 값에 팔게 된다. 이런 농민들의 마음을 이용해 싼 값에 사려는 유통업자들로 인해 농민들은 한해 농사를 짓고도 허탈하게 된다. 이런 불합리함을 피하기 위해 직판을 하는데, 그것 또한 쉬운 일이 아니다. 예상치 못한 어려움들이 도사리고 있는 것을 시간이 지나면서 알게 된다.

우리 농장은 친환경 생명농업의 양계와 양돈을 하기 때문에 정직하지 않으면 안 된다. 처음 농장을 시작한다고 했을 때, 걱정도 많이 되었지만 일반 농장이 아닌 사람들의 건강을 생각하고 특별한 방법으로 농장을 한다고 해서 농장 운영에 대해 반대하기보다는 적극적으로 도와야겠다는 생각이 들었다. 친환경 생명농업의 양계와 양돈을 하게 되면, 거기서 자연스럽게 만들어지는 발효퇴비를 이용해 무공해 채소를 가꿀 수 있기 때문에 식탁에 건강한 먹거리를 올릴 수 있다. 이처럼 가족의 건강을 책임져야 하는 아내와 엄마로서 적극적으로 도와야 하지 않을까 하고 생각했다. 그리고 가족의 건강을 위해 누군가가 이런 농장을 시작한다면, 적극적으로 이용하고 도와야겠다는 생각으로 농장을 시작하게 되었다.

지구상의 농촌의 많은 땅들이 농약과 비료와 제초제 등으로 병들어 있다. 이러한 땅들을 회복하려면 '생명사랑의 정신이 먼저 회복되어야 하고, 생명을 존중함이 효율과 소득보다 우선되어야 하고,

그러기에 생명을 살리기 위한 수고와 땀을 보람으로, 기쁨으로 여겨야 한다'는 취지와 생각으로 어려운 농장 일에 뛰어들게 되었다. 더 이상 농약과 비료와 제초제 등을 사용하지 않는 정직한 농부들이 많아져야 지구촌 가족들이 건강한 먹거리를 제공받게 된다. 이런 생각과 방법으로 농장을 운영하고 땀 흘려 가꾼 농산물들이 얼마나 맛있는지 우리는 이미 경험했기에 소망을 갖고 도전하였다.

남편은 언제나 강의를 요청받으면 기꺼이 가서 가르쳐주려고 노력한다. 그래서 이미 여러 곳을 다니면서 강의를 했고, 또 직접 농장으로 찾아와 강의를 듣고 농장을 시작한 곳도 여러 곳 생겨났다. 이미 선진국의 많은 농가에서 시작하고 있지만, 대부분의 농촌에서는 아직도 제초제와 농약에 의지해 농사를 짓고 있어 안타깝다. 지구상의 모든 농촌들이 제초제와 농약으로 죽어가는 땅을 친환경 생명농업을 통해 회복하기를 소망해본다. 그리고 친환경 생명농업을 통해 만들어진 발효퇴비를 사용하여 땅이 회복되고, 지구상의 모든 사람들이 건강한 먹거리를 먹고 건강하게 살 수 있도록 이를 보급하는데 최선의 노력을 하고 있다.

'쌀은 밀이 대신할 수 있고 기름은 전기로 대신할 수 있지만 물을 대신할 수 있는 것은 물뿐입니다.'

이런 공익광고를 본 적이 있다. 이는 물의 중요성을 알려주며 풍족할 때에 절약해야 한다는 메시지다. 나는 이에 덧붙여 한 가지를 더 말하고 싶다. 건강한 먹거리가 없다면 아무리 먹을 것이 많이 있어도 건강한 삶을 살 수가 없다. 현 시대는 먹을 것이 없어서 굶주리는 시대는 아니라고 본다. 먹을 것이 너무 많아서 무엇을 먹어야 할지 고민하고, 과체중으로 인해 힘들어하고, 성인병으로 고생하는 시대이다. 아무리 먹을 것이 많다고 해도 믿고 먹을 수 있는 것들이 사라진다면 그것은 곧 재앙이라고 생각한다. 그래서 어려운 일이지만 친환경 생명농업을 통해 건강한 먹거리를 제공하기 위해 작은 힘이지만 보태려고 한다. 믿고 먹을 수 있는 식품들이 많아지는 세상이 오기를 기대해본다. 그런 날이 속히 오기를 기다리면서 열심히 교육하고, 방법을 공유하며, 요청하는 곳이면 가서 가르치려고 한다.

chapter 02

농장의 모습이 갖추어질 때

친환경 생명농업의 중요성을 생각하면서, 우리가 직접 농장을 경영한다기보다는 널리 보급해야 겠다는 생각으로 열심히 강의를 하고 다녔다. 시간이 지나면서 그냥 강의만 해서는 안 되겠다는 생각을 하게 되었다. 강의를 듣고 실천하려는 사람들 가운데 강의를 듣고 바로 시작하면 좋겠다는 생각이 들지만 누군가 먼저 시작한 모습을 봐야 안심이 될 것 같다고 했는데, 그 생각이 틀리지 않다는 생각을 하게 되었다. 가르치는 선생님이 시범농장을 통해 교육을 해야 더 믿고 신뢰하게 되고 실패하지 않고 빨리 정착하지 않을까 하는 생각에 직접 실천현장을 만들어야 겠다는 결심을 하게 되었다.

그러나 실천현장을 만든다는 것은 그리 만만한 일이 아니었다. 시설을 지으려면 땅도 필요하고 결코 쉬운 일은 아니었다. 하지만 우리가 누구인가? '믿고 구하면 주신다'는 확신으로 윗분에게 보고 하고 후원교회와 상의하게 되었다. 필요할 때에 언제든지 들어주시는 분의 OK 사인이 떨어지니 일은 척척 진행되었다. 적당한 부지를 알아보기 위해 이곳저곳 다니던 중 시내에서 가까운 곳에 부지가 생겨 그곳에서 농장을 하기로 결정하게 되었다. 우선은 집에서 가까워야겠다는 생각을 했다. 멀리 있으면 다니기도 어려울 뿐더러 양계를 하게 되면 판매와 배달을 해야 하는데 멀리 있는 것은 효율적이지 못하다는 생각이 들었다. 그것을 위해 기도했더니 집에서 정말 가까운 곳에서 시작할 수 있게 인도해 주셨다.

처음 올라가 본 농장부지는 그야말로 아무것도 없는 허허벌판이었다. 땅 주인이 땅을 투자하고, 우리는 기술을 투자하고, 그리고 뜻을 같이 하는 몇 분이 동참하여 친환경 생명농업을 시작하게 되었다. 그런데 함께 하기로 했던 몇 분은 서로 생각하는 것이 달라 다른 길을 가고 땅 주인과 우리 가정이 시작하게 되었다. 후에 현지인 한 가정이 합류하여 세 가정이 하게 되었는데 후에는 총각이었던 땅 주인이 그만 두게 되면서 두 가정이 하게 되었다.

첫 삽을 뜨기 전날, 반가운 손님이 찾아왔다. 한국에서 함께 공부하고 졸업한 동기가 일이 있어 왔다면서 만나자는 연락이 왔다. 마침 다음날 농장을 시작하기 위해 첫 삽을 뜨기로 했다고 하니까, 농장 부지를 직접 와서 보고 싶다고 했다. 그리고는 농장을 시작하는 첫 시간에 참석해서 축하해주고, 첫 삽을 뜨는 행사에 동참해 주었다. 처음 시작을 거창하게 하지 않고 농장을 함께 하기로 한 식구들과 동기와 또 한 분의 손님과 함께 간절히 기도를 하고, 조용하게 그러나 야심차게 시작을 했다.

　아무것도 없는 허허벌판에 계사를 짓고 하나하나 갖추어 가는데 참으로 어려운 일이 많았다. 우선 일하는 사람들이 머물 곳이 있어야 하기에 비와 바람을 피할 수 있는 간단한 임시숙소를 만들고 식구들끼리 계사를 짓기 시작했다. 비가 오나 바람이 부나 그 일은 쉴 수가 없었다. 경비도 만만치 않아서 사람을 불러서 하기보다는 우리끼리 힘을 합해서 만들었는데 그런대로 재미있었다. 나는 매일 밥하는 일로 대부분의 시간을 보내야 했다. 농장은 밥 하는 시설이 없고, 주변에 식당도 없어서 점심을 싸가지고 가야 했다. 남편은 아침 일찍 먼저 농장으로 출발하고 나는 매일 점심밥을 챙겨 농장에 올라가서 농장식구들과 점심을 먹었다. 우리는 저녁에 내려오지만 저녁에 남아 있을 총각 때문에 점심을 넉넉히 챙겨가야 했다. 점심을 먹고 남겨둔 음식을 농장을 지키면서 지내는 총각이 저녁에 먹어야 했기 때문이다. 어떤 날은 점심만 가지고 가서 함께 먹고는 먼저 내려오고, 또 어떤 날은 남편과 함께 해가 서산으로 넘어가면 내려오곤 했다. 버스가 있기는 한데 우리 마을까지는 한 시간에 한 대, 아랫마을은 10분에 한 대씩 다니기 때문에 버스 시간을 맞추기가 쉽지가 않았다. 저녁 6시면 버스가 끊어지기 때문에 해가 서산으로 넘어간 후 내려오는 날은 버스를 이용하기가 힘들었다. 다행히 시간이 맞아 버스를 만나면 버스를 타고, 버스가 끊어진 날은 경운기를 타고 아랫동네까지 내려와서 택시(다른 곳에서도 이야기했지만 이곳은 아직까지 택시비가 비싸지 않아서 택시를 이용하는데 큰 부담이 없고, 또 저녁에는 버스가 아예 없으니 택시를 이용해야만 한다)를 이용하곤 했다.

그 당시에는 차가 없었기 때문에 이동하는 것이 많이 힘든 시기였다. 어느 날은 비가 억수같이 쏟아져서 집에서 택시를 타고 올라가 남편과 함께 내려와야 하는 날도 있었다. 우리 둘이 농장에 있는데 비가 오는 날은 아이들에게 택시를 보내라고 했더니 가지 않겠다고 한다면서 어떻게 하냐고 걱정해서 타고 올라오라고 했다. 결국 아이들이 타고 올라와서 우리와 함께 내려오는 날도 있었지만, 처음 시작하는 일이라 그런지 그런 일들이 어렵다고 생각되지 않아 참 감사했다.

이런저런 어려운 일들을 거치면서 드디어 계사가 제 모습을 갖추어갈 때의 흐뭇함은 이루 말할 수 없이 기쁘지만, 내가 느끼는 감회는 남들이 느끼지 못하는 또 다른 것이었다. 직접 못을 박고 집 짓는 일을 하지는 않았지만 매일 밥을 싸들고 오르락내리락 했는데 나 또한 수고했다고 할 수 있지 않을까. 농장의 땅은 진흙인데 비만 오면 걸어 다니기가 아주 어렵다. 신발에 달라붙으면 한 발 한 발 떼기가 어렵다. 또 그해 계사를 만들 때에 비로 인한 고생도 많았고 일찍 추위가 오는 지역이기 때문에 추위로 인한 고생도 심했다. 비가 오고 바람이 불면 어찌나 춥던지, 그래도 그때는 고생이라는 생각보다 하나하나 갖춰가는 모습을 보는 것이 행복이었기에 얼마나 감사하고 기뻤는지 모른다.

우물파기,
전기공사를 통해 얻은 교훈

허허벌판에 농장을 짓기로 결정하고 나서는 뒤돌아보지 않고, 또 계산하지 않고 열심히 그리고 성실히 일하기 시작했다. 아무것도 없는 곳에 농장을 세우려니 해야 할 일이 한두 가지가 아니었지만 하나하나 갖춰 나갔다.

사람이 사는데 가장 필요한 것이 물과 전기다. 그것은 동물을 키우는데도 마찬가지다. 계사를 짓고 병아리를 입식하고 농장을 운영하려니, 물과 전기가 필요한데 이 두 가지를 준비하는 일이 만만치가 않았다. 급한 김에 전기는 옆집에서 끌어다 썼고, 물은 날마다 길어다 먹이는데 그것도 쉬운 일이 아니었다. 우물이 필요한데 우물 파는 일이 쉽지가 않았다. 이곳저곳 우물 파는 사람들을 찾아서 흥정을 하고 우물을 파기 시작했는데, 많은 어려움이 있었다. 처음 시도는 실패하고 말았다. 어느 정도 기계가 들어가더니 암반석을 뚫고 들어가지 못하고 기계가 망가지는 바람에 중도에 포기해야 했다. 다시 자리를 이동해 우물을 파기 시작했는데, 기계가 약간 비스듬하게 들어가더니 결국 다시 실패하고 말았다. 우물을 파는데도 물이 많이 필요했다. 그 물 역시 아래서 길어다 공급하는 것도 여간 힘든 것이 아니었다. 그렇게 두 번째도 실패하고 나니 겨울이 왔다. 우물을 파지 못하여 그해 겨울에 많은 고생을 해야 했다. 입식한 병아리들을 위해 아랫동네에서 겨우내 물을 길어다 먹이는 수고를 해야 했다. 이런 고생도 고생이라 여겨지지 않았으니, 또 감사한 일이다. 하나하나 갖추어지는 농장의 모습을 보면서 어려움을 탓하기보다는 기대하는 맘이 더 컸으니 얼마나 감사한지.

긴 겨울이 지나고 드디어 기다리던 봄이 왔다. 땅이 녹을 때를 기다려 다시 우물 파기를 시도했는데, 역시 이번에도 실패하고 말았다. 칠진필기라고 했던가? 다시 도전한 우물파기는 네 번째로 파기 시작한 후에야 드디어 성공하는 기쁨을 얻을 수 있었다. 기계가 50m를 들어갔는데, 물이 나온다면서 귀를 기울여 들어보라고 해서 들어보니 개울물 흘러가는 소리가 들렸다. 그리고 이틀 연속 물이 콸콸 쏟아지는 것이었다. 그렇게 우물파기는 여러 어려움 가운데 드디어 성공하는 기쁨을 맛보게 되었다. 쉽게 얻은 것보다 어렵게 얻은 것이 더 귀하듯이 우물은 정말 우리의 기쁨이었다. 저 깊은 곳, 암반을 뚫고 나온 물이라 그런지 물맛도 좋았고 여름에는 얼마나 찬지 얼음물이 따로 필요하지 않았다. 아무것도 없던 허허벌판 농지 위에 농장의 모습이 하나하나 갖춰질 때의 그 기쁨은 맛보지 않고는 알 수 없다. 고생고생하며 판 우물에서 물이 콸콸 쏟아질 때는 정말 말할 수 없이 기뻤다.

우물을 판 후에 해야 할 또 다른 일은 전기공사였다. 이웃집에서 전기를 끌어다 쓰다가 전업국에 신청하기로 했다. 서로 의논하는 중, 옆집에 사는 총각이 열심히 돕겠다고 나섰다. 전업국에 친구가 있는데 자기가 함께 가서 부탁하면 쉽게 될 거라고 했다. 여기는 아직도 인맥을 통해서 일을 보는 경우가 많기 때문에 농장의 두 식구가 함께 따라 내려갔다. 전기를 설치하는데 드는 돈을 준비해서 옆집 총각과 함께 전업국을 다녀온 후, 금방 전기공사를 했는데 전기가 들어오게 되었다. 옆집 총각은 접대하는데 돈이 든다면서 접대비도 받아갔다.

그렇게 전기를 잘 사용하고 있는데 갑자기 일이 터졌다. 우리와 함께 일을 하던 땅 주인 총각이 농장 일을 그만 두기로 하고, 모든 것을 정리하고 보니, 전기공사를 할 때 도와준다던 총각 이름으로 되어 있는 것이다. 농장을 그만 둔 총각 친구가 있을 때는 전기세가 그 이름으로 나오더니, 그가 그만두고 난 후에는 전기세 고지서에 총각 이름이 아니라, 옆집 총각 이름으로 나오는 것이다. 자초지종을 알아보니 우리 농장식구가 전업국에 함께 갔지만, 인맥을 통해서 하는 일이라 다른 사람이 함께 들어가면 어려워질 수 있으니 밖에 있으라고 하고선 혼자 들어가서 자신을 주인으로 만들어 버린 것이다. 그걸 알 수 없는 우리는 전기세 이름이 우리 식구 이름으로 나오니 의심할 수 없었다. 나중에서야 알게 되어 일을 정리하려니 참

복잡했다. 자기가 돈을 한 푼도 내지 않은 것은 주변의 모든 사람이
아는 사실이고 본인도 자기 돈으로 하지 않았다고 이야기 하는데도
전업국에서는 본인이 와야만 명의를 변경해 준다고 하고, 함께 가서
일을 처리하자고 하면 가겠다고 하면서도 자리를 피하고 함께 가지
를 않는 것이다. 이런 답답한 일이 어디 있는가.

주변에서는 법으로 하면 간단하다고 하지만, 한때 옆집에서 도우
며 살던 사람에게 내가 손해 보지 않겠다고 법으로 하자니 그건 아니
란 생각이 들었다. 좀더 기다리면서 기도해 보고 다시 설득해 본 다
음에 생각해 보기로 했다. 어떻게 하든 서로 좋게 해결하려다 보니
지금까지 해결되지 않아서 마음이 답답했다. 다 내 맘 같은 줄 알고
믿었던 것이 잘못인지, 아니면 어리석음 때문인지, 자기 돈 한 푼도
들이지 않고 접대비까지 받아가서 이렇게 속일 수 있는지 사람이 무
서워진다. 농장을 이전해야 한다는 소리가 나오는 마당에 명의도 없
는 전기 문제를 어떻게 해결할지 또 하나의 고민이 생긴 것이다. 우
리의 지혜롭지 못함을 탓하면서도 씁쓸한 마음을 감출 수가 없다.

그러면서 한 가지 교훈을 얻게 되었다. 무슨 일이든지 명확하게
근거서류를 남기는 것이 사업하는 데 필수 요소라는 것을 깨닫게 되
었다. 다음에 이런 실수는 하지 않을 거라는 작은 희망이 생겼으니
손해 보는 일만은 아니라고 스스로 위로하였다.

chapter 04

농장 개원식을 준비하며

농장을 시작할 때, 넉넉한 경비를 가지고 시작한 것이 아니라 돈이 있는 만큼 조금씩 조금씩 시작하다 보니 3년 째 개원식을 해야 한다는 생각도 하지 못한 채 그렇게 시간이 흐르고 있었다. 이미 계란은 판매하고 있고, 계란을 소비하는 소비자들 한 사람 한 사람씩 농장으로 초대하기도 어려운 현실이었다. 그런데 농장에 와보고 싶다는 사람들이 생기고, 개원식을 통해 사람들에게 알리고 도와주시는 분들도 모서서 농장을 보여드려야겠다는 생각을 하게 되었다. 후원교회 목사님과 일정을 조정한 결과 한 달 후인 2007년 6월 25일로 개원식 날을 정하고 준비하게 되었다.

한 달이란 시간은 정말 빨리 지나갔다. 농장 개원식을 한다고 날짜를 정하고 나니 할 일이 얼마나 많은지 농장의 모든 식구들은 밤낮 가리지 않고 더 아름다운 농장의 모습을 만들려고 열심히 일을 했다. 농장 식구들은 계속되는 일들로 인해 많이 피곤했지만, 그래도 일을 찾아서 혹은 시키는 대로 열심히 감당했다. 그렇게 일을 하고 아침에 일어나려면 온몸이 쑤시면서 너무 힘들었다. 그래도 또 올라가서 쓰레기를 치우고 지저분한 곳을 정리하면서 손님 맞을 준비를 했다. 힘들어서 쉬고 싶을 때도 있었지만, 나보다 더 많은 일을 하는 농장 식구들을 생각하면서 기운을 차렸다. 농장 주변 정리도 해야 했지만, 개원식 순서에 따라 여러 가지 계획을 세워 진행했다.

개원식 때 부를 찬양연습을 한다고 농장에는 오후에 올라가기로 하고 집 정리를 했다. 농장정리를 하면서 어느새 우리 집은 엉망이 되어 있었다. 부엌이며 거실이며 이곳저곳을 치우다보니 약속한 시간이 되었고, 한 사람, 두 사람씩 도착하더니 모두 모이게 되었다. 우리 집 행사이고 그 행사를 위해 기꺼이 참여해준 분들이라 감사한 마음에 점심을 대접하기로 했다. 점심 내접이라고 하지만 간단히 집에서 비빔국수를 해서 먹었다. 식당에서 먹으려면 왔다갔다 힘들기도 하지만, 비빔국수는 맛있게 만들 자신이 있었다. 늘 자신만만하게 이야기하는 나로 인해 맛이 없어도 맛있다고 하지만, 그러나 그것 때문에 기분 나빠하지 않고 유쾌하게 먹은 후, 찬양을 연습했다. 6명의 사모들로 구성된 일명 '사모 중창단'이 실력을 발휘하기 위해 목소리 높여 찬양했다. 연습을 마치고는 농장에서 연습해 보기 위해 함께 농장으로 올라갔다. 집에서 부를 때와 농장에서 부를 때는 역시 좀 달랐다. 좁은 공간에서 부를 때는 잘 되는 것 같았는데, 탁 트인 넓은 농장에서는 목소리가 모아지기가 어려웠다. 하지만 워낙 실력 있는 사모들이라 몇 번 부르고 나니 소리가 모아졌다. 모두 목소리를 모아 열심히 부르니 농장에서 울려 퍼지는 찬양이 얼마나 은혜롭던지 우리는 다시 한 번 실전이라 생각하고 열심히 불렀다.

연습을 마치고 다른 분들은 각자 집으로 돌아가고, 나는 계속 남아서 뒷마무리를 했다. 정리를 하면 할수록 아무 것도 없던 농장이라 그런지 왠지 삭막해 보였다. 어찌 해야 하나 고민하다가 화분을 갖다놔야겠다는 생각이 들었다. 처음에는 집에 있는 것들을 분양했는데, 그것만으로는 부족한 것 같아서 이왕이면 꽃이 핀 것들로 사야겠다고 생각하고 화분을 파는 시장에 갔다. 이곳은 꽃 시장이 한 군데 밖에 없다. 종류가 다양하지 않아서 아쉬울 때가 많다. 그러나 그런 곳이라도 있으니 얼마나 다행인가. 시장에 가는 도중에 여러 화분을 넘기려는 아주머니를 만나서 조금 저렴한 가격으로 살 수 있었다. 열심히 준비했지만, 남들이 보기에는 얼마나 어설플까. 하지만 농장 식구들과 열심히 준비해서 그런지 내 마음은 흐뭇했다.

이렇게 한 달 동안 열심히 준비했던 개원식 날이 되었다. 전날에는 옆 도시에 많은 비가 내렸는데 우리 동네에 먹구름이 끼어서 걱정이 되었다. 곧 비가 올 것 같았지만, 점차 해가 뜨고 행사시간에 선선한 바람이 불면서(어떤 이들은 춥다고) 상쾌한 기분으로 행사를 치를 수 있었다. 행사 당일 목사님이 오시기 때문에 다른 날보다 더 바삐 움직여야 했다. 농장 정리를 했지만, 다시 한 번 점검하고 꽃꽂이도 직접 하려고 꽃을 샀다. 먼 길 오시는데 마중도 가고, 진행을 맡은 담당자들이 왔는지 점검도 해야 하고, 일의 원활한 진행을 위해 하나하나 점검해한다고 아침부터 이리 뛰고 저리 뛰고 분주히 움직였다. 남편은 남편대로 행사를 위해 준비한다고 서로 바빴다. 농장 식구 중에 어느 누구도 한가할 틈이 없었다. 그렇지만 모두 기쁘게 감당해서 얼마나 감사한지 몰랐다. 다른 지역에 사는 동료들도 오고, 멀리 광동성 혜주에서까지 찾아와서 더 풍성한 시간이었던 것 같다. 항아리를 이용해 사방화를 꽂아놓으니 보기에 좋았다. 이전에 꽃꽂이를 배워 둔 것이 이럴 때 사용되는구나 생각하니 그것도 감사했다. 몇 곳에서 화환을 보내주어 더 풍성한 잔치가 되었다.

지회장의 사회와 전 지회장의 기도, 목사님의 메시지, 사모 중창단이 준비한 찬양, 축사의 순서로 행사가 진행되었다. 멀리 한국에서 오신 정 목사님의 조용하면서도 힘찬 메시지와 사모 중창단이 준비한 찬양으로 목청껏 소리 높여 주님을 찬양했다. 축사 순서를 정할 때도 고민했다. 연세가 많으신 분들인데 순서를 어떻게 해야 하나 고민하다가 들어온 순서대로 해야겠다는 지혜를 주셔서 특별히 광고도 그렇게 해 달라고 부탁했다. 그래서 이곳에 들어온 순서대로 네 분이 축하의 메시지를 전해주었다. 진행을 맡은 담당자가 꼭 광고를 해야 하느냐고 물어 꼭 해야 한다고 했다. 다 성숙한 분들이라 그런 일은 없겠지만 혹시 "왜 내가 나중이야"라며 서운해질 수 있는 것을 미연에 방지하는 것이라고 알려 주었다. 무심코 지나쳤던 작은 일이 큰 행사에 걸림돌이 될 수 있는데 이런 지혜로운 생각까지 주시는지 너무너무 감사했다. 그 광고 덕분에 유쾌하게 웃고 시작된 축사의 시간이었다.

농장 식구들을 소개하며 감사의 시간을 가질 때 그동안의 일들이 파노라마처럼 스쳐가는 데 얼마나 감사한지 눈시울이 뜨거워져서 참느라 힘들었다. 농장 식구들 소개에 이은 감사 찬양도 은혜로운 시간이었다. 정 목사님과 우리 부부, 총각, 지사장 부부. 이렇게 6명이 그동안 농장을 위해 수고했기에 더 감사가 넘치는 찬양을 드릴 수 있었다.

행사를 마친 후 농장을 둘러보고 국제호텔에서 점심식사를 할 수 있게 준비했다. 점심식사는 뷔페로 분주함을 덜 수 있었고, 다양한 사람들이 모여 식사하기에 적당했다.

한두 사람의 힘이 아닌 여러 사람이 도와 준비한 시간이라 그런지 어느 한 곳 오차 하나도 없이 잘 진행된 은혜의 시간이었다. 이 일을 위해 수고한 모든 분들께 정말로 감사를 드린다. 특별히 언제나 돕고 계시는 정 목사님과 교회 식구들, 후원자들에게, 그리고 사랑하는 내 남편에게, 또 농장 식구들에게.

참된 배려

공동체가 잘 되는 곳들을 보면 참 부러운 마음이 든다. 공동체가 크든 작든 관계없이 이런저런 어려움이 있지만, 직접 일을 하다 보면 힘든 부분이 더 많게 느껴진다. 그게 사람 사는 모습이지 하면서도 좀더 잘 해 보고 싶은 욕심이 있는 걸까?

'다래 생농원'은 힘들게 살던 두 가정과 함께 작은 공동체를 이루며 시작했다. 우리가 이곳에 온 것은 어려운 사람들이 밝고 힘차게 살아가도록 작은 힘이지만 돕기 위함이었다. 잘 사는 사람들이야 누구의 도움이 없어도 잘 지내니까 특별히 신경 쓸 일이 없지만 우리와 함께 일을 하기로 한 두 가정은 많이 힘든 가정으로 우리의 작은 힘이 보태지면 좀 나아지겠지 하고 함께 하게 되었다. 그러나 그것은 나만의 바람이었는지, 아니면 많은 시간을 함께 하지 않아서인지 감당하기 어려운 일들이 많았다.

이 일을 시작하기 전 힘들었던 모습들은 생각하지 않는지, 처음 시작할 때의 마음은 어디가고 더 나아지지 않는다고 불평하는 모습을 보면 안타까운 마음보다는 먼저 화가 났다. 조금만 더 기다려보자. 처음부터 좋아지길 기다리기보다 열심히 일을 하다 보면 지금보다 좋아지지 않겠는가 하고 설득하였지만 감나무에서 감이 떨어지길 기다리듯이 나태한 모습을 보면 인내심에 한계를 느꼈다. 그러면서 그들의 잘못이 바로잡히기를 원하는 내 모습이 더 우스웠다. 어떤 때는 말도 안 되는 소리를 해서 그냥 듣고만 있을 수가 없어 참견하다보면 참 쓸데없는 짓을 하는구나 하고 후회하게 된다. 왜냐하면 40년이 넘는 시간을 자기 고집대로 살아온 사람을 몇 마디의 말로 고치려고 했으니 말이다. 그냥 하고 싶은 대로 하라고 두면 나중에 아무 일 없었듯이 지나간다는데 말이다. 이제 막 그들과 함께 일을 하면서 나타나는 많은 모순들을 그냥 보고 넘길 수 없어 잘 해보자고 한 것이 내가 지혜롭지 못했구나 하고 생각했다. 나의 반쪽이며 동역자인 남편은 이미 깨달았던 것 같다. 잔소리 좀 하려고 하면 천천히 기다려주자고 한다. 일을 하면 하는 대로, 말없이 나가면 나가는 대로 묵묵히 기다려주고 참아주는 모습이 어찌 보면 답답해 보이지만 그것이 진정한 지혜였다.

사실 대부분이 경제적인 여유가 없어서 일어난 일이다. 농장이 잘 되어서 월급도 올려주고, 이익배당도 되면 다 해결될 일이다. 농장을 시작하면서 가졌던 꿈이 빨리 이루어진다면 얼마나 좋겠는가. 하지만 다 때가 있는 법. 봄에 뿌린 씨앗이 비바람과 햇빛을 받아 일정한 시간이 되어야 곡식이 열매를 맺고 또 기다려야 추수할 때가 있고, 밥도 뜸을 들여야 먹을 수 있다. 모든 일에 때가 있듯이 이제 막 시작한 농장에서 금방 어떤 이익을 얻을 거라는 생각을 했단 말인가. 좀 기다리면 될 것을 너무 서두르는 바람에 일어나는 불협화음들, 또 그런 불협화음이 있을 거란 예상을 하고 기다려야 하는데 조급함 때문에 서로 어려워하고 있다.

농장을 시작할 때에 가졌던 소망들이 속히 이루어져, 이전에 어려웠던 일들을 웃으면서 이야기 할 날이 오기를 기다리면서 조금만 더 여유 있는 마음들이 되기를 위해 기도해 본다. 그리고 남을 배려하기보다 자신들의 유익을 위해 다투고 미워했던 모난 부분들이 다듬어지기를 간절히 기도해 본다. 힘들게 살던 사람들에게 번듯한 주인의 자리를 만들어주니 예전 일은 잊어버리고 더 잘 살지 못한다고 불평하는 모습도 예쁘게 봐주고, 주인이 먼저 열심히 해야 한다는 것을 누누이 강조하면서 하나씩 하나씩 고쳐지기를 소망해 본다. 누구에게 일을 지시하기보다 지시를 받았던 사람들인지라 지시하고 싶은 마음이 왜 없겠는가. 그래, 그 마음도 이해해 주자. 내가 먼저 솔선수범하면서 기다리다보면 내가 주인이기에 열심히 해야 한다는 생각이 들지 않을까? 좀 더디지만 그리고 안타깝지만 기다려 주자는 생각이 드는 것을 보니 나도 이제야 철이 드나 보다. 그래서 그들을 이해하고 바라보기보다 잘못된 관점으로 바라보았던 나의 잘못된 생각에서 벗어나 보려고 노력중이다. 이런 모습은 그들만이 아닌 우리 모두에게 있는 감추어진 모습들이 아닌가 생각하면서 누구를

탓하기보다 내 스스로를 돌아보는 귀한 시간으로 바꾸어 보려고 한
다. 함께 잘 살기 위해 시작된 일이니 옛 이야기하고 즐거운 추억으
로 떠올릴 날들이 되기를 소망하면서 오늘도 열심히 땀을 흘린다.

chapter 06

작은 소망

사람이 살아가면서 이런 저런 어려운 일을 당하지만 피할 길은 있다고 한다. 즉 한 쪽 문이 막히면 다른 쪽 문이 열린다는 이야기다.

요즘 어떻게 생각하면 별것도 아닌 것이 내 마음을 힘들게 한다. 정말 재미있고 아름다운 공동체가 될 것이라 생각했는데 생각대로 되지 않는다. 꽉 막힌 것 같은 느낌, 다른 쪽 문은 절대 열리지 않을 것 같은 막다른 골목에 와 있는 그런 기분이다. 정말 어려운 가운데 있던 사람들과 시작한 일이라 큰 어려움 없이 잘 될 것으로 생각했다. 그런데 요즘 뜻하지 않은(아니 이미 예상했어야 하는) 성격차이 때문에 많이들 어려워하고 있다.

농장에 자주 올라가면서 쉴 공간이 없어 많이 힘들었다. 어떤 때는 눕고 싶기도 하고, 조용히 있고 싶기도 한데 농장 어디에도 그런 공간이 없는 것이다. 돼지와 닭들이 지내는 공간은 넓은 반면에 우리들이 사용할 공간이 마땅치 않았다. 총각과 총각 어머님이 방에 들어오라고 하지만 아무 때나 불쑥 불쑥 들어가기가 어려웠다. 다른 공간을 마련하자니 경비가 부족해서 그것도 쉽지가 않았다. 창고처럼 쓰던 다른 방 하나를 정리해서 우리들이 쓰기로 어렵게 이야기가 되었다. 서로 양해가 된 상태에서 비어 있는 방을 쓸고 닦고 정리했는데, 다음날 농장에 가보니 아무 말도 없이 자기들의 짐을 가져다 놓고 문을 닫아 놓은 것이다. 그러면서 아무런 변명도 설명도 없다. 그것을 보고 나니 서운하고 화가 났다. 이야기하면 얼마든지 해결될 일인데, 아무 말도 없다.

마흔이 넘은 아들(노총각)과 노모가 한 방을 사용하기는 어려울 것이다. 그렇다면 우리가 없을 때에는 자기들이 사용하고, 우리가 있을 때에는 사용하라고 이야기 하면 될 일을 아무 말도 없이 자기들 짐을 가져다 놓고 문을 닫아 놓으니 따질 수도 없고 인심 쓰듯 우리가 먼저 그렇게 하자고 할 수도 없으니 괜히 서운해지기까지 한다. 농장에 물건들이 정리가 안 되어 물건 정리를 하려고 하면 꼭 큰 소리들이 오고 간다. 총각이 정리할 시간이 없어서 지저분하겠거니 생각하고 정리를 하면, 어떤 때는 좋아하고 화를 내기도 한다. 본인 기분 내키는 대로 하니 일을 하고 기쁘기보다 감정이 상할 때가 많이 있다. 먼지를 뒤집어쓰지만 깨끗해진 것을 보는 기쁨에 기분 좋게 정리했는데 화내는 그를 보면 당황하고 기분 나빠질 때가 종종 생기니 함께 살면서 일을 한다는 것이 이렇게 힘들구나 느끼면서 힘이 빠질 때가 있다. 또 전날에 힘들었어도 아침에 일어나 부지런히 준비해서 농장에 올라가 보면, 해가 중천에 떴는데도 이불 쓰고 누워 있고 인기척이 나면 부스스 일어나 나오는 날이 많다. 왜 그러냐고 하면 머리가 아프다면서 오만상을 쓴다. 그리고 늘 진통제를 머리맡에 두고 먹는 모습이 보인다. 자주 머리가 아프다고 해서 걱정했는데, 알고 보니 저녁에 술을 먹고 아침에 머리가 아프다고 한 것이다. 연로하신 어머니는 걱정이 태산이라고 하셨다. 교회를 다니기 때문에 술을 안 먹는다고 생각했는데 잘못된 생각이었나 보다. 그나마 다행인 것은 담배는 피우지 않는다. 돌아가신 그의 아버지가 술을 많이 먹고 힘들게 해서 자신은 안 먹겠다고 다짐하기를 작심삼일, 또 먹고 또 다짐하기를 반복한다. 그 형도 알코올 중독으로 일찍 세상을 등지었고, 주변 동네에서 술로 인해 병들고 죽는 사람들을 보면서 다짐하면 무얼 하나. 의지가 약한 것을. 농장에서 숙식을 해결하기에 아무래도 출퇴근하는 사람들보다 일을 더 할 수밖에 없다고 생각해서 이해해주고 감싸곤 했다. 그런데 시간이 갈수록 도가 지나친 행동들이 자꾸 보였다. 아무 때나 나오는 거친 행동, 거친 말투는 사람을 참 힘들게 했다.

다행히 한 가정은 믿음으로 사는 가정으로 어려움에도 불구하고 잘 협조해줘 감사하다. 한쪽 문이 닫히니 다른 쪽 문이 열리는 그런 기분이다. 도저히 함께 일하기 싫어 그만두겠다고 하는데 잘 타일렀다. 완강하던 자매가 아침에 가보니 기쁨으로 나와서 일을 하는 걸 보면서 욱 하는 성질들 때문에, 또 자존심 때문에 그만둔다고 했다가 다시 잘 해 보겠다고 하니 참 감사했다. 그래, 내가 참자. 그래도 내가 더 가진 자로 서로 양보하면서 즐겁게 할 수 없을까 하고 고민하였다.

우리가 치웠던 방은 그렇게 그들이 사용하게 하고, 아직 정리되지 않은 다른 방을 치우고 정리하면서 이번에는 조용히 넘어 갔으면 좋겠다는 생각을 했다. 이 공간을 사용하는 데는 다른 어려움이 없었으면 좋겠다는 생각을 했다. 결국 그 공간은 그대로 창고로 사용하기로 하고 힘들지만 인내하자고 했다. 큰일이 아닌 것이 서로의 마음을 상하게 하고 기쁨을 빼앗아간다는 생각이 들면서 오늘은 어떻게 해야 다툼과 미움 없이 기쁜 하루를 보낼까 생각하면서 기도했다. 이 풍성한 가을에 풍성한 마음들을 가지고 살았으면 좋겠다. 이 작은 소망이 이루어지길 바라면서 서로 조금만 더 노력해보자고 조용히 속삭여본다.

chapter 07

어려움을 극복하고

앞서 이야기했듯이 우리는 친환경 생명농업을 보급하는 '다래 생농원'을 운영하고 있다. 몇 년은 강의만 하다가 실천농장이 필요함을 느끼고, 직접 농장을 운영하면서 강의를 하는 것이 바람직하겠다는 생각으로 농장을 시작하게 되었다. 농촌에서 장가도 가지 못하고 홀어머니와 함께 어렵게 살고 있는 총각이 땅을 투자하면서 함께 하고자 해서 좋은 맘으로 시작하게 되었다. 우리와 농장을 하기 전 그 총각은 여기저기 다니면서 남의 일을 해 주면서도 칭찬보다는 구박만 받으면서 살고 있었다. 그런 그의 모습을 보면서 하나님이 우리를 만들었을 때에 저런 모습으로 살라고 하지 않았을 거라는 생각이 들었다. 그가 한 인간으로서 최소한의 행복을 느끼면서 당당하게 살도록 돕고 싶은 마음이 들었다. 우리가 조금만 도와주고, 그가 열심히 일을 하면 남들보다 나은 삶은 아니더라도 지금보다는 훨씬 좋아지지 않을까 하는 작은 희망을 갖고 양계장을 하도록 도와주었다. 그러다가 우리도 실천 현장이 있어야 함을 절실히 느꼈던 터라 그 사람 땅에다 농장을 시작했다. 그는 땅을, 우리는 물질과 기술을 다른 한 가정은 노동력과 물질을 지원하여 연합해서 일을 하기로 했다. 그냥 일꾼으로 써도 되겠지만, 이들에게 삶의 희망을 주고자 농장의 주인으로 동참시킨 것이다. 기술을 가르쳐 주기로 했지만 노동이라면 남편이 제일 많이 하고 있었다. 하지만 그들은 그것을 느끼지 못하는 것 같았다.

3년이 지난 어느 날, 그의 마음이 변하기 시작했다. 주변의 좋지 않은 친구들의 영향을 받은 것 같다. 한국인을 빌미로 잡아 쫓아내면 그 농장이 자기 것이 될 것이라 생각했던 것 같다. 또 실제로 그런 일들을 한 사람들도 있다고 한다. 어느 날 부터인가 농장 분위기가 묘했다. 시내에서 출퇴근하는 유통을 책임진 동료를 헐뜯으면서 흉을 보는 것이다. 그러면서 노골적으로 그 사람을 핍박하면서 사사건건 시비를 걸더니, 삽을 집어 들고 도끼를 휘두르며 낫으로 찌르겠다고 위협하고 입에 담지 못할 욕을 하면서 협박을 해대는데, 결국 그 사람이 그만두겠다는 지경에까지 이르렀다. 더 이상 일을 못 하겠다며 돌아간 그 사람을 붙들고 설득을 해야 했다. 만나자고 하니 시큰둥하고 자꾸 피하다가 주변 식당에서 식사를 하면서 이야기를 했다.

"이렇게 그만두는 건 아니다. 이 농장을 그가 운영하고 유통할 만하면 그냥 주어도 좋겠지만 지금 이 상태로 손을 떼면 이 농장은 무너진다. 우리가 같은 뜻을 품고 시작한 일이니 이 어려움을 극복하자.”

한 시간 정도를 설득했을까, 어느 정도 맘 정리를 하는 듯 했다. 다행히 그 사람은 끝까지 어떤 어려움도 감당하면서 함께 해 보겠다고 하고, 그 어려운 시기를 잘 극복해 주었다.

사람이 악해지기 시작하니 끝이 없었다. 농장을 여기말로 차봉한다고 하는데, 농장에 들어가지 못하게 동네 친구들을 데리고 와서 농장을 장악하고, 들어가는 문을 돌과 경운기로 막고, 개를 풀어 누구도 못 들어오게 하는데 그 모습이 험악하기가 이를 데 없었다. 닭은 하루도 물을 먹지 못하면 안 되는데, 농장에 들어가지 못하니 닭에게 모이와 물을 못 주고, 돼지에게 사료를 줄 수 없었다. 결국 ‘진정부 사법부’의 도움을 받아야 했다. 우리가 그에게 잘못해준 것도 없고 지금도 악하게 나오지 않으니까 진정부에서는 최선을 다해 도와주었다. 우리는 그가 요구하는 무리한 것도 최대한 들어주려고 노력했다. 처음 시작할 때의 마음을 가지고 끝까지 함께 하면 좋겠지만, 이런 어려운 일들을 겪게 되니 안타까웠다.

그가 앞뒤 사정없이 저렇게 나오지만 우리는 그가 초창기에 수고한 것과 당장 농장을 그만 두면 연로하신 그의 어머니와 일도 없이 살아가야 할 것을 생각하니 걱정이 되었다. 앞으로 어떻게든 살아야 할 것이 염려되어서 터무니없는 그의 요구를 그대로 들어주기로 했다. 하지만 남아 있는 17년 동안 임대하는 땅 값을 한꺼번에 달라는 데는 동의할 수 없었다. 물론 그만한 돈도 없거니와 한꺼번에 주는 것이 결코 그에게 도움이 된다는 생각이 들지 않았다. 일 년에 한 번씩 주면 그래도 그것으로 먹고는 살겠지만 한꺼번에 다 주면 그것을 가지고 어떤 일을 할 수도 없을뿐더러 나중에 더 힘들 거라는 생각이 들었기 때문이다.

그는 막무가내로 자기 요구만 하면서 진정부가 서로 협의하기를 원해도 듣질 않았다. 약속을 해서 마주한 자리에서도 자기 말만 하고는 벌떡 일어나 나가 버리고 욕설을 해대니 정상적인 대화가 될 수가 없었다. 저녁에는 술에 쩌들어 전화하고, 전화를 끊으면 또 하기를 반복해 결국은 전화선을 빼 놓고야 쉴 수가 있었다. 그런 상황이 한 달을 넘어가고 있었다. 그런 일들이 반복되는 가운데 화가 나기보다 그 영혼이 불쌍했다. 결국 일 년에 한 번씩 임대료를 주기로 하고 결론을 지었다. 이 과정에서 드러난 서류상에 미비한 것들이 있음을 발견하고 그 일로 인해 우리는 미비했던 법적인 절차를 마칠 수 있었다.

이런 사건이 없었다면 법적으로 미비한 것이 있는 줄도 몰랐다. 더 오랜 시간이 흘러갔다면 지금보다 더 큰 어려움이 있었을 것인데, 그것까지도 막아주시고 정리시켜 주셨으니 참 멋쟁이 그분을 우리 주님으로 모신 것이 얼마나 감사한지 모르겠다. 일이 해결된 현 시점에서 돌이켜보면 이 일에 분명히 하나님이 간섭하셨음을 느끼게 된다. 늘 불평불만으로 가득하고 성실하게 일하지 않는 그를 보고도, 그냥 내버려 두는 남편을 안타깝게 생각하시고, 이쯤에서 서로 다른 길을 가는 것이 좋겠다고 생각하신 참 좋으신 그분이 개입하셨다고 생각하니 너무 감사했다. 오래가면 오래갈수록 더 많은 어려움들이 있을 것을 예상하신 그분께서 적당한 시기에 적당한 방법으로 정리시켜 주신 것이다. 끝까지 지켜 주시고 그른 길로 갈 때 힘들게 해서라도 돌아설 수 있도록 인도하신 참 좋으신 그분을 찬양하면서, 잠깐의 어려움으로 많은 교훈을 얻었다.

chapter 08

알 수 없는 복통

*지금까지 아이를 임신*해서 정기검진을 받고 아이를 출산하러 그리고 건강검진 때문에 병원에 간 일 이외에는 건강에 별 이상이 있거나 아파서 병원을 찾은 기억은 없다. 치과도 마찬가지다. 사랑니를 빼려고 하다가, 평상시에 자주 만나는 의사 선생님 앞에서 입을 벌린다는 것이 쑥스러워 스케일링을 하고 사랑니를 뺀 기억 말고는 충치라든가 다른 일로 병원에 간일은 없다. 스케일링을 처음 하는데도 입 안이 너무 깨끗하다는 소리를 들을 정도였다.

며칠 전 평상시와 마찬가지로 과일 몇 조각을 아침대용으로 먹고는 모임에 갔다. 속이 거북한 것이 모임에서 계속 있기가 어려워졌다. 살짝 일어나 화장실을 갔다. 그래도 소용없었다. 좀 잠잠해진 거 같아 다시 모임장소로 갔다. 뒤쪽에 앉아 있는데 다시 거북해져서 모임장소를 빠져나갔다. 안정될 기미가 보이지 않아 택시를 타고 집으로 왔다. 우리 집 앞에 큰 도로가 생긴다고 공사 중이다. 그래서 택시도 집 앞까지 가질 못해서 큰 길에서 내려 부지런히 집으로 갔다. 집에 도착하니 온 몸은 땀으로 젖어 있었다. 소파에 앉아 쉬려고 하는데 앉기도 전에 숨이 막혀 오는 것이 아닌가. 하도 답답해서 물을 한잔 마셨는데 토할 수밖에 없었다. 아침에 먹은 과일을 모두 토하고 나니 좀 나아지는 것 같았다. 평소 속이 거북하면 손을 따면 괜찮았다. 토하긴 했지만 아직도 거북해 손을 땄다. 그러고 나니 좀 나아졌다. 이상한 일이다. 토한 것은 내 기억으로 처음인 것 같다.

집에 온 남편에게 이야기를 했다. 생전 처음으로 토해봤다고.

"왜 그런 줄 알아?"

"왜?"

"당신이 요즘 너무 신경을 썼잖아."

며칠 전, 농장 식구들이 다툰 일로 마음이 너무 상했다. 그 일로 너무 신경을 쓴 탓인 것 같다. 사실 아직도 그 일이 내게는 아픔이다. 농장 식구들끼리 그리 할 수 있다는 것이 아픈 것이다.

걱정이 된다. 이제 건강에 더 신경을 써야겠다는 생각이 든다. 나이가 들수록 많은 부분들이 고장이 날 텐데 지금까지 건강했다고 방심해서는 안 되겠다는 생각이 들었다.

오늘 농장에 갔더니 두 사람이 아무 일 없었다는 듯이 행동하는데 더 놀랄 수밖에 없었다. 내가 이상한건지 그들이 이상한건지. 어제 그렇게 잡아먹을 듯이 싸우고 나서 금방 그렇게 지내는지 그들을 이해하기가 어려웠다. 물론 오래가서 옆에 사람들 더 불편하게 하는 것보다 낫지만 말이다.

남편에게 이야기 했다.

"다음에 또 싸우면, 둘 다 아무것도 받지 않고 나가겠다는 생각이 들면 싸우라고 해."

그리고 웃었다. 결코 알 수 없는 복통이 아니었다. 이미 너무 신경 쓰고 먹는 것도 힘들어서 일어났던 예상된 아픔이었다. 이제 이런 일이 다시는 일어나지 않길 위해 더 열심히 기도하고 더 기쁘게 더 섬기면서 살아야겠다는 생각을 하면서 아픔을 통해 교훈을 주신 주님을 찬양한다.

chapter 09

새 아침을 열면서

*농장을 시작*하면서 또 하나의 기쁨이 있다. 농부가 아니면 느낄 수 없는 그런 기쁨을 요즘 우리 부부는 즐기고 있다. 농장에 올라가면 어제와 달라진 모습에 깜짝 놀라곤 한다. 어느 해 여름, 밭에 심은 오이를 보면서 어른들이 아이들을 두고 '비 오는 날 오이 자라듯' 한다는 말의 뜻을 알게 되었다. 오이 모종을 가져다 심을 때는 저것이 언제 자라 오이를 주렁주렁 열리게 하려나 생각했는데, 꽃이 피더니 알아볼 수 없을 정도로 작은 오이가 달리더니, 며칠 전에는 손가락만한 오이가 보였다. 어제 둘러보니 제법 큰 것들이 보이면서 이제 곧 따 먹어도 되겠다는 생각이 들었는데, 이제는 주렁주렁 달리더니 우리 식구들이 다 먹기에는 너무 많은 양이 되어 버렸다.

충청도에서 목회할 때 옆집 집사님이 오이농사를 했다. 이틀에 한번 약을 치고 또 이틀에 한 번 물을 대 주는 것을 보았다. 오이에

약을 많이 치는구나 생각하면서 무심코 먹기만 했었다. 우리는 유기농 농사를 짓기 때문에 약을 치는 일은 없지만 대신 한방 영양제나 효소를 짊어지고 뿌려주곤 한다.

오이는 물을 많이 먹고 자라는 식물이다. 그래서 비가 오면 더 잘 자란다고 한다. 가물 때에는 물을 대 주어야 하는데, 아무리 바빠도 오이 밭에 물주는 일을 미루어서는 안 되겠다 싶어서 쌓여있던 일들을 처리하고는 늦은 오후지만 오이 밭에 물을 주었다. 남편 혼자 물을 대주기는 어려운 일이라 호스를 잡아주며 뒤따라 다녔다. 그것도 일이라고 힘이 들었지만 뉘엿뉘엿 넘어가는 해를 바라보면서 힘들다는 생각대신 기쁨을 맛보는 시간이라고 생각하였다.

그해 여름은 오이지를 만들어서 잘 생긴 것은 통째로 팔고, 못생기고 구불구불한 것은 양념을 해서 팔기도 하고 농장에서 먹기도 했다. 지금까지 살면서 칼질을 제일 많이 한 해였고, 소금에 절여서 오이지를 만드는 일도 선수가 되어 있었다. 20여 가지의 채소를 심어 보았는데, 모두 잘 자라주었다. 오이, 가지, 호박, 고추, 토마토에 열매들이 열린 것을 보니 초보 농사꾼의 눈에는 모든 것이 신기하기만 하다. 땀 흘려 일한 후에 결실한 것을 보고 기뻐하는 농부들의 마음을 조금, 아주 조금 느껴본다.

얼마 전에 태어난 돼지들은 얼마나 토실토실해졌는지 너무 귀엽다. 돼지가 지저분하다는 편견은 버려야 한다. 돼지들도 똥 누는 곳, 오줌 누는 곳을 가려서 한다는 걸 키우면서 알게 되었다. 우리 농법이 친환경 농법이라 그렇기도 하지만 닭우리에도 돼지우리에도 악취가 전혀 없고 아주 깨끗하다. 돼지도 닭들도 사람들을 잘 따르는 모습을 보기도 한다.

　이렇게 여러 가지 일들을 하면서 바쁜 하루를 마치고 집에 오니 밤 10시를 훌쩍 넘기고 있었다. 그래도 피곤하지 않으니 웬 은혜인가. 요즘 농장 돌보느라 바빠서인지, 집에 돌아와 집을 둘러보니 어쩜 이리도 지저분한지, 두 가지 일을 잘 한다고 생각했는데 역시 한쪽은 엉망이다. 그래도 너무 감사하다. 감사할 일을 찾아 늘 감사한다면 우리의 삶에 행복이 넘치리라 생각하면서 어제 일을 정리해 올리면서 새 아침을 열어 가련다. 하루도 즐겁게 유익하게 주변에 기쁨을 전달하면서 그렇게 살련다.

chapter 10

바쁘고 긴 하루

요즘 매일이 바쁘고 긴 날들이지만, 오늘은 정말 바쁘고 긴 하루였다. 여름이라 그런지 아침에는 일찍 해가 뜨고 저녁에는 해가 늦게 지니까 하루가 얼마나 긴지 모른다. 겨울에는 4시가 조금 지나면 캄캄해지는데, 여름인 요즘은 저녁 8시나 돼야 어둑어둑해진다. 한국 9시니까 얼마나 긴지 알 수 있을 거다. 재밌는 것은 여름에는 8시나 9시에 저녁을 먹어도 되는데, 겨울에는 4시만 지나면 저녁을 먹어야 하는데도 아무렇지도 않으니 그야말로 자연의 섭리는 놀라운 것이란 생각이 든다. 농사일이란 것이 해가 뜨면 시작하고 해가 지면 끝나는 거라 그런지 참 일도 많다. 일을 마치고 나도 또 쌓여 있고, 또 해도 또 쌓여 있는 것이 아닌가.

오늘은 농장에 손님들이 오기로 되어 있었다. 오래전에 약속이 된 예약된 방문객이었다. 특별한 일이 없는 한 손님들이 오면 농장에서 식사를 하곤 하는데, 가장 간단하면서도 풍성한 삼겹살 파티가 농장의 식사로는 제격이다. 오늘도 삼겹살 파티를 하기로 했기 때문에 아침 일찍 일어나 농장에 갈 준비를 하고 이것저것 챙겨서 1층까지 내려갔는데, 아, 이를 어쩌랴. 주재료인 삼겹살을 냉동고에서 꺼내 와야 하는데 그냥 온 것이 아닌가. 엘리베이터도 없는 아파트 5층을 또 걸어 올라가려니 도무지 엄두가 나지 않았다. 이럴 때는 또 엄살을 부려야 한다. 이를 어쩌나 하고 있는데, 남편이 뛰어 올라가더니 냉동고에 있는 삼겹살을 꺼내다 주었다. 이 듬직한 남편이 있어서 얼마나 든든한지.

오늘따라 날씨도 너무 좋고 선선하게 바람까지 불어주니, 삼겹살 파티하기에는 금상첨화였다. 너무 더워도 너무 추워도 힘든데 오늘같이 선선한 바람이 불어주면 삼겹살 맛은 배가 된다. 주인들이 신나게 다니니까 농장에 복순이(개)는 덩달아 좋다고 따라다닌다. 숯불피고 가마솥뚜껑 올리고 지글지글 삼겹살이 구워지고 특별히 맛있는 파절이(곱게 썬 파를 나만의 비법인 양념장에 무치면 모두 맛있다고 한다)와 빼놓을 수 없는 김치가 곁들여지니 여기저기서 너무 맛있다고 칭찬을 한다. 칭찬에 약한 나는 어깨가 저절로 으쓱해졌다.

오늘 온 손님 중에 아이들이 있었는데, 먹는 건 대충 먹더니 돼지 사진, 닭 사진 찍고 주변으로 쪼르르 달려 나가 나무에 올라가 놀고 있다. 이런 농장이 처음인 것 같다. 까르르 까르르 대고 조잘조잘 대더니, 그만 돌아가자고 하니까 쪼르르 달려와서 감사하다며 인사하고는 돌아갔다.

손님들이 가고 난 후 본격적으로 일을 했다. 점심을 든든하게 먹어서인지 힘도 나고 또 오늘 같은 날씨에는 일을 해도 덜 힘들게 보이는 일들을 하기 시작했다. 화장실 만들고, 문 달고 비가 오면 질척한 농장 주변에 자갈을 깔고, 남편은 한방 영양제를 준다며 등에 영양제를 지고 채소밭을 다니며 뿌려 줬다. 이렇게 정성을 들여 키운 채소라 맛있는 건 당연하고 믿을 수 있으니 얼마나 감사한지 채소만 있어도 진수성찬 밥상이 차려지는 농장이다.

오늘도 보람차게 일을 끝내고 나니 7시를 넘기고 있었다. 서둘러 시내로 내려와 피곤을 씻기 위해 목욕탕에 가서 목욕을 했다. 지친 몸으로 집에 가서 밥을 해먹기는 귀찮아서 주변 식당에서 간단히 된장국에 밥을 시켜 먹었다. 집에 오니까 10시(한국 시간 11시)가 지난 늦은 시간이었다. 농장에 일이 많아서 늦게 내려올 때는 가끔 식당을 이용한다. 교회 집사님이 24시간 운영하는 식당인데 가격도 저렴하고 맛도 그런대로 괜찮아서 아이들이 떠난 후에는 가끔 이용하곤 했다. 분위기는 시골 정류장에 있는 식당 정도 되는 곳이다. 사실 분위기보다 믿고 먹을 수 있고 저렴한 곳이다. 지금은 주인이 바뀌어서 잘 안 가게 되는데, 늘 필요할 때마다 채워주시는 손길을 이런 곳에서도 느끼게 된다.

오늘 하루는 참으로 길었다. 하지만 보람 있는 날이었다. 피곤하게 일을 하고 나서 자는 잠이기에 더 달게 잘 수 있을 것이다. 꿈나라로 여행이나 떠나야겠다.

chapter 11

교육을 통해

      농장을 시작하기 전부터 요청하는 곳이면 찾아가서 하는 교육이지만, 직접 실천농장을 운영하니 더 많은 사람들이 '다래 생농원'의 농법을 배우려고 문의하고 찾아온다. 이미 배워서 성공적으로 하고 있는 이들도 있고, 어떤 곳인가 구경하러 오는 사람들도 있고, 야심찬 계획을 가지고 시작하려고 준비하는 이들도 있다. 그들 중에는 봉사하러 온 한국인들도 있고, 현지인들도 있고, 외국인들도 있다. 이렇게 다국적 사람들이 모여와 어떤 때는 통역을 하면서 가르치기도 한다. 그럴 경우는 시간이 훨씬 많이 걸린다. 주로 남편이 말을 많이 해서 목에 상당한 무리가 있지만 배우겠다는 사람들이 있는 것이 고마워서인지 얼마나 열강을 하는지 모른다. 어떤 때는 한두 사람을 놓고도 똑같은 강의를 하는 것을 보면 이 일에 대한 열정이 대단하다는 것을 새삼 느낀다. 일단 시작하면 그리 어려운 것이 아니고 환경오염이 없는 농법으로, 비록 지

금은 많은 곳에서 하고 있진 않지만 전 세계의 농촌 곳곳에서 많은 사람들이 배우러 오고 있으니 그렇게 될 날을 기대하고 소망을 가져본다.

한동안은 남편 혼자 교육하러 다니고 나는 별 관심이 없었다. 농사도 모를뿐더러 이 일이 옳은 것인가 확신이 없었다. 사람들은 이렇게 말한다.

"송충이는 솔잎을 먹어야 산다."

"목회자는 다른데 신경 쓰지 말고 목회를 해야 한다."

"까마귀를 통해 먹을 것을 공급하셨던 하나님만 믿고 의지하라."

나도 그 말이 틀리지 않다고 생각하는 평범한 사람이었다. 그런데 '다래 생농원'이 정식 기업이 되고 또 그 일을 이루기 위해 함께 농장에 올라가 준비하면서 이 일이 정말 귀한 일이라는 걸 깨닫게 되었다. 이 일은 주님이 원하시는 일이란 생각이 들었다. 이 일을 통해서 주님이 역사하실 거란 믿음이 생긴 것이다. 그래서 지난번 교육 때에는 스스로 결심하고 농장에 올라가서 이틀 동안 20명이 넘는 인원들에게 식사를 제공했다. 지금까지는 다니면서 교육을 했고, 시내에서 교육을 했기에 주변 식당에서 식사를 해결해야 했다. 그런데 지금은 실천현장이 생겼고, 직접 농장을 둘러보면서 교육을 받다보니 밖으로 나가서 사 먹어야 하는 번거로움이 있다. 원래는 2박 3일 정도 교육을 받아야 하지만 농장에 숙식시설이 없으니 불편한대로 다니면서 받아야 했다. 그렇게 밖으로 나가서 식사를 하다보면 애매한 시간만 낭비하였다. 하지만 20명의 교육생들에게 식사를 제공하는 것 역시 쉽지 않은 일이라 남편은 나한테 감히 부탁도 못하고 있었다. 스스로 식사 제공을 하겠다고 하니 얼마나 신났을까. 이런저런 이유로 농장에서 식사를 준비했더니 모두들 고마워했다. 시간도 많이 절약하게 되니 더 많은 내용을 가르치고 배울 수 있게 되었다. 이렇게 남편이 하는 일을 최선을 다해서 도우다 보니 더 애착이 가게 되었다. 교육을 받으러 온 교육생들은 하나도 놓치지 않으려고 열심히 듣는 모습이 얼마나 보기 좋던지 제일 가까이에서 바라보는 나로서는 정말 이 일을 통해 역사하실 그분의 놀라운 섭리를 기대하게 되고 남보다 먼저 이런 일을 시작한 남편과 교육생들의 선택에 박수와 격려를 보낸다. 또한 이 일을 하도록 후원해 주는 분들에게 정말 잘한 선택이라고 알려주고 싶다.

지난 8월에는 세차게 비가 내렸다. 주변의 소리가 잘 들리지 않을 정도였는데도 강의 내용을 놓치지 않으려고 귀를 쫑긋 세우고 듣고 가까이 가서 듣는 모습들에 더 큰 기대가 되었다. 그리고 어떤 이들은 본인들의 더 나은 삶을 살기 위해, 또 어떤 이들은 다른 사람들의 삶을 돕기 위해 쉬는 시간에도 질문하고 배우는데 열심히 듣고 적고 질문하였다. 어떤 모습들로 배우든지 그건 상관없다. 왜냐하면 모두 최선을 다한 삶을 살고 있기 때문이다. 앞으로 얼마나 많은 사람들이 배울지 모르지만, 배우려고 하면 언제든지 가르쳐 준다는 생각이 있기에 좀 느린 것 같지만 이 농법이 많이 퍼져 나갈 것을 확신한다.

chapter 12

경로원 직원들과 또 다른 팀들

친환경 생명 농업 교육을 받기 위해 찾아오는 많은 팀들이 있었다. 주변에서 경로원을 운영하는 원장님이 이미 교육을 받고 양돈과 양계를 하고 있는데, 다시 궁금한 것이 있다고 하루 시간을 내서 직원들을 데리고 방문했다. 경로원 원장님은 얼마나 열심인지 모른다. 연세가 일흔을 훨씬 넘겼는데도 열정이 대단하다. 궁금하면 그냥 지나치지 못하고 전화를 하는데, 한번 전화하면 보통 2~30분을 훌쩍 넘기곤 한다.

우리가 이곳에 들어와서 바로 알게 된 분인데, 열정도 대단하고 카리스마도 대단한 분이다. 훤칠한 키에 날씬한 몸매에 그 연세에도 얼마나 열심인지 동에 번쩍, 서에 번쩍 하신다. 이미 배워서 운영하고 있는데, 양계는 가르친 우리보다 더 잘 키워서 산란량도 우리보다 훨씬 높다고 한다. 우리는 산란량이 3~40% 밖에 안 되는데, 늘 사랑으로 보살피고 좋은 것으로 먹이려고 애를 쓰시더니 경로원 닭들은 산란량이 70% 이상이라고 한다. 열심 있는 원장님 때문에 경로원 할머니 할아버지들은 행복한 생활을 하고 있다. 먹거리 자체가 유기농이니 얼마나 복 받은 어른들인가. 일반 가정에서도 먹기 힘든 생명란에 퇴비를 이용해 가꾼 채소를 대접하니 그 경로원은 정말 행복한 곳이란 생각이 들었다. 그렇게 열심히 하면서도 선생님한테 더 들어야 한다면서 경로원 직원들을 데리고 찾아오신 것이다. 연세가 많으시기 때문에 후임들한테 꼭 가르쳐주고 싶은 깊은 마음이 있었던 것 같다. 그 후로 그 일에서 물러나시고도 계속 사랑스런 맘으로 그리고 관심어린 시선으로 늘 경로원을 위해 애쓰시는 모습을 보게 된다.

경로원 식구들은 이미 시작하고 있기 때문에 전체적인 강의는 생략했다. 양돈, 양계를 하면서 현장에서 일어난 일들 중에 궁금한 것들을 묻고 답하고, 애매했던 점들에 대한 질의응답으로 진행되었다. 질문을 마치고는 우리가 하는 농장을 둘러보는 순서로 진행했다. 교육장을 따로 마련하지 못하고 있어서, 병아리를 입식하기 위해 만든 곳을 임시교육장으로 사용하게 되었다. 이미 병아리를 입식했다면 그나마 교육장소가 없어서 당황했을 텐데, 아직 병아리를 넣지 않았기 때문에 아쉬운 대로 유익하게 사용하였다. 교육 장소라 하지만 햇빛을 가려주고 비를 피해주고 바람을 막아주는 정도의 산만한 공간이었다. 그래도 밖에서 뜨거운 햇빛을 받으며, 바람을 맞으며 교육받는 것에 비하면 훌륭한 공간이었다. 이 더운 여름에도 열심히 교육받는 그들을 위해, 그리고 농장을 찾아온 손님들을 위해 우리 밭에서 재배한 유기농 호박으로 호박 빈대떡을 대접했더니, 입에 침이 마르도록 칭찬을 한다. 그해 여름은 농장에 호박이 풍년이었다. 덕분에 호박 빈대떡은 원 없이 부쳐 먹었던 것 같다. 농장 식구들을 위해서도, 찾아오는 손님들에게도 점심과 간식시간에 호박 빈대떡을 부쳐서 대접했다. 더운 여름에 그것도 불 앞에서 비지땀을 흘렸는데 칭찬을 해 주어서인지, 아니면 농장을 찾아온 손님들에게 극진히 대접해야겠다는 생각에서인지 더운 줄도 모르고 열심히 지글지글 빈대떡을 부쳐서 대접했다. 우리는 효소를 만들어서 먹기 때문에 특별히 음료수를 사다 먹지 않는다. 호박 빈대떡에 효소를 음료수로 대접하니, 맛있게 먹고 아주 기쁘게 농장을 둘러보고 교육을 받았다.

'다래 생농원'의 농법을 배워서 일하려고 하는 사람들 중에는 다양한 사람들이 있다. 한국인도 현지인도 외국인도 나이를 초월해서 배우러 온다. 우리는 이 농법을 통해 많은 사람들이 건강한 삶을 살아가기를 바란다. 땀 흘려 일해서 즐겁고 건강하고, 건강한 먹거리를 공급하니 더불어 즐겁고 나의 건강, 가족의 건강, 이웃의 건강을 위해 모두 힘쓰고 있는 모습이 참으로 아름다워 보인다. 며칠 후 여러 지역에서 생명농업을 배워서 실천해 보고자 또 다른 팀들이 농장을 찾아왔다. 그중에 미국인 가정이 있었다. 지역에 봉사하러 온 그 가정도 이 농법을 통해 더 많은 일을 하고 싶은 마음으로 우리 농장까지 찾아왔다. 이 가정은 자녀가 여럿인데 자기가 하고자 하는 일들을 어릴 때부터 알게 하고 그 일을 위해 준비하게 한다는 것이다.

우리 한국 교육과는 좀 색달라 보였다. 우리 부모들은 그리고 우리는 농사를 짓겠다는 아이들을 위해 미리 준비시키지 않았던 것 같은데, 이들은 미리 미리 앞으로 할 일을 정해놓고 그 일을 위해 준비시키는 모습이 부러웠다. 메리(10살)는 앞으로 양계를 할 계획이란다. 처음 농장에 와서 닭을 보고 얼마나 좋아하던지 닭장에 들어가서 닭하고 노는 것이 너무 자연스러웠고 닭을 사랑하는 모습이 여느 아이들과는 달라 보였다. 앞으로 양계를 할 아이라고 소개하는 아빠를 보고 참 우리와 너무 다르다고 생각했다. 10살 먹은 딸아이를 보고 앞으로 양계를 시키겠다고 양계장을 찾아온 그 아버지가 한편으로 참 이해하기 어려웠다. 또 다른 아이를 보고는 소를 키울 것이다고 말했다.

가끔 농장을 방문하는데 그때마다 데리고 오는 아이들이 바뀐다. 이유를 알고 보니 홈스쿨(미국은 홈스쿨을 인정하니까 어디서든 홈스쿨을 자연스럽게 하는 모습을 보게 된다)을 하는데 그날 공부하는 아이들은 엄마와 함께 공부하고, 쉬는 아이들은 또 다른 학습, 즉 현장학습을 위해 데리고 오는 것이라고 했다. 이런 사고를 가진 이들이 생명농업을 배워 각 지역에서 일해 나간다면 빠른 시간 내에 많은 지역으로 확산될 것으로 기대한다.

chapter 13

새벽이슬 같은 청년들

성남에 사는 청년들이 우리 농장
으로 봉사하러 왔다. 4박 5일 일정에 농장에서 하루를 봉사하는 일
정을 잡았다. 이 청년들은 다른 곳으로 여행하기에 앞서 제일 먼저
농장에 들렀다. 농장을 찾아온 귀한 청년들에게 점심을 대접하기 위
해 서둘러 시장을 봐서 농장으로 올라갔다.

요즘 청년들은 도시에 살다보니 힘든 일, 또는 농촌 일을 잘 하
지 못한다. 그런데 이번에 온 청년들은 일도 열심히 했지만, 군대 다
녀온 청년들이 있어서 그런지 일이 서툴지 않았다. 어떤 팀들은 눈
치를 보면서 꾀를 부리는데 이 팀은 남자든 여자든 맡은 일을 위해
열심히 일을 하는 모습이 보였다. 팀을 인솔한 선생님이 장애를 가
지고 있었는데, 스스로 열심히 일하는 본을 보여주었고, 오기 전부
터 열심히 교육을 시킨 것 같았다. 밭에 거름도 주고, 벽에 흙도 바
르고 일부 여자 청년들은 나를 도와 야채도 씻고 상도 차리고 설거

지도 하면서 유쾌한 시간을 보냈다.

일을 하고 나서 식사를 했다. 노동 후에 먹는 식사라 그런지 한 층 더 맛있다고 했다. 잠시 쉬는 시간에 레크레이션도 하면서 유쾌하게 지내는 모습들이 '역시 젊음이 아름답구나'를 느끼게 해 주는 시간이었다. 그런데 다른 사람들은 열심히 일을 하는데, 한 여자 청년이 체했는지 안절부절 하면서 힘들어하는 것이다. 함께 온 남자 친구는 어쩔 줄 몰라 하면서 일도 못하고 여자 친구 옆을 떠나지 못하고 서성인다. 손을 따 주고 잠깐 쉬도록 했더니, 좀 나아졌는지 생기가 돌면서 자기도 일을 한다며 따라 다닌다. 체했을 때는 손을 따 주는 것이 응급처치가 되기도 한다. 어릴 때 우리 아이들이 체하면 손을 따 주어서 손 따는 건 자신이 있었다. 이곳저곳에서 학생들을 가르치는 시간이 많았다. 초등학교에서도 여러 해 학생들을 가르쳤다. 학교에서도 학생들이 아프다고 할 때 손을 따주면 곧 생기가 돌아 언제 그랬냐는 등 뛰어노는 모습을 보곤 했다. 꾀병인지 아닌지 아는 방법도 터득했다. 청소가 하기 싫거나, 공부가 하기 싫은 학생들이 가끔 교무실을 찾아와 배가 아프다고 한다. 진짜 아픈 학생은 손을 따야한다면서 손을 내밀라고 하면 얼른 내밀고 아파도 참는데, 꾀병인 학생들은 이제 안 아프다면서 얼른 도망가곤 한다.

그 팀이 백두산을 갔는데 그 여자 청년이 또 아팠다고 한다. 어제 손을 따고 속이 좀 편해지니까 사람들에게 국수를 먹고 싶다고 했다고 한다. 국수는 아직 먹지 않는 것이 좋겠다고 했으나 괜찮다고 하면서 먹고는 또 잘못되었나 보다. 너무 이른 시간에 떠나는 여

행이라 나는 함께 가지 못했는데 다녀온 남편이 그 청년 걱정을 한
다.

"괜찮겠지?"

이번에 온 청년들은 참 쾌활했다. 역시 처음부터 여행에 대한 훈
련을 잘 받고 온 팀은 뭐가 달라도 달랐다. 무슨 소리를 해도 삐치지
도 않고, 열심히 봉사하는 청년들을 보면서 참 귀하고 복되다는 생
각이 들었다. 새벽이슬처럼 복된 청년들, 젊은 시절 귀한 여행과 봉
사를 통해 좋은 경험들을 많이 하고 돌아가서 지금보다 더 복된 삶
을 살아가길 바라면서, 그들을 축복했다.

chapter 14

아름다운 농장

*겨울철 농장*의 모습은 삭막하더니 푸르름이 가득한 초여름의 농장은 아름답다. 옆집 하우스 계단을 이용해 높은 곳에 올라가보니 농장의 모습을 한 눈에 볼 수 있었다. 그 모습을 남기고 싶어서 카메라에 담았다. 우리 농장뿐 아니라 끝이 보이지 않는 드넓은 주변의 농촌 모습도 담아 보았다. 당찬 성격이지만 흔들거리는 나무 사다리를 타고 올라가는 것도 무섭고 또 좁은 벽돌담에 올라섰을 때 약간 두려움이 생겼지만, 끝도 보이지 않는 드넓은 초원 같은 밭이 보이고 시내까지 내려다보이니 무서움과 두려움은 온데간데 없고 내려오고 싶지 않았다. 주변의 밭에 심은 곡식들은 오랜만에 내린 은혜의 단비를 맞고 쑥쑥 자라나고 더 푸르러진 모습들이 얼마나 아름다운지, 가슴이 탁 트이는 느낌이었다.

앞서 이야기 했지만 처음 농장이 세워진 곳은 허허벌판이었다. 2년 전 계사를 짓고, 우물을 파고, 전기를 끌어오고, 직원 숙소를 짓고, 돈사를 짓고, 창고를 짓는 등 여러 사람들이 수고를 많이 한 결과, 이제 조금 모습을 갖추었다. 계사1, 계사2, 돈사, 숙사, 창고, 화장실, 차고, 사료창고까지 지었으니 어설프지만 농장의 모습은 모두 갖춰졌다는 생각이 든다. 더 필요한 것들은 차츰차츰 하나씩 만들어 가기로 하고, 주어진 환경에서 열심히 일하고 있는 농장식구들이 고맙다. 다양한 채소들을 가꾸는 남새밭도 있고, 제일 많은 비중을 차지하는 옥수수 밭도 있으니 풍성한 농장이 아니라고 할 수 없다. 비만 오면 질퍽거리고 진흙이 신발에 붙어 도저히 걸을 수 없었는데, 들어오는 길목부터 집을 부수고 버리는 벽돌을 수없이 가져다 깔고, 자갈을 몇 차 가져다 깔았더니 이제는 비가 많이 와도 신발에 진흙이 달라붙지 않고도 다닐 수 있다. 이렇게 수고해서 이루어진 우리 농장이니 농장식구들의 감회는 새로울 수밖에 없다. 그래서 더 열심히 땀을 흘리며 수고하고 있다. 주신 은혜에 감사하고 앞으로 더 풍성히 부어주실 은혜를 기다리면서 오늘도 열심히 땀 흘리며 일하고 있다.

chapter 15

경운기를 잃어버리고

농장에 여러 가지가 필요하지만 그중 가장 많이 사용되고, 일하는데 없으면 안 되는 것 중에 하나가 경운기다. 경운기는 농장에서 여러 가지 일들을 할 때 사용되며 힘든 일도 수월하게 진행할 수 있기 때문에 농촌의 대부분의 집에는 한 대씩은 가지고 있다.

그런데 몇 주 전에 농장에서 가장 필요한 경운기를 잃어버렸다. 아니 잃어버린 것이 아니라 동네 청년이 빌려가서는 팔아버리고 어디론가 도망가 버렸다. 참으로 어이없는 일이었다. 농장 직원이 알고 지내던 아랫마을 사는 청년인데, 잠깐 쓰고 주겠다고 빌려간 건데 그런 일이 일어난 것이다. 어이없이 당한 일이라 농장식구 모두 어안이 벙벙했다. 생각해 보면 너무 화가 나고 세상에 이런 일이 있나. 그것도 순진한 사람들이 산다는 농촌에서 일어난 일이라 더 기가 막히고 어이가 없었다. 당장 농장에 필요한 것인데 없으니 일에 지장도 생기고 당황스러웠다. 농장 직원은 그 청년을 찾겠다고 일도 하지 않고 돌아다녔다. 경운기가 없으니 일에 효율도 떨어지고 또 청년을 찾겠다고 돌아다니니 일을 못해서 이래저래 농장에 지장을 주었다. 몇 날 며칠을 찾아다니면서 알아보니 그 청년은 집을 나간 지 한참이나 되었다고 한다. 당장 돈이 급하니까 경운기를 빌려가는 척 하고는 헐값에 팔아서 급한 대로 용돈으로 쓴 것 같은데, 우리 농장뿐 아니라 주변에 여러 사람들이 같은 일을 당했다고 한다. 언제부터인지 인심 좋고 순진하다는 농촌의 모습은 어디론가 사라지고, 자기 이익을 위해서 남의 것이라도 가져다가 팔아먹는, 인심 사나운 농촌으로 변해 있는 모습이 안타까웠다.

그 청년을 찾는다고 이리저리 헤매기를 여러 날, 여기 있다 저기 있다 해서 찾아가보면 모두 헛소문이었다. 언제 찾는다는 보장도 없고 농장에는 하루라도 없으면 일에 지장이 많아서 옆집에서 빌려 쓰다가 경운기를 샀다. 농장 자금이 넉넉한 것도 아니고, 시간을 끈다고 해결될 일도 아니어서 쌈짓돈을 모아서 새 경운기를 샀다. 그랬더니 농장 식구, 이웃들 모두 경운기 옆에 둘러서서 구경하면서 즐거워했다. 어느새 잃어버린 경운기 생각은 저 먼 기억으로 보내 버리고, 새로 산 경운기를 보며 이런 저런 이야기들로 이야기꽃을 피우고 있는 우리들 모습에서 뒤를 돌아보며 한숨을 쉬기보다는 앞으로 일어날 일들에 대한 기대로 꿈을 나누게 된 것과 이렇게 감사할 수 있는 마음들을 주신 것이 얼마나 큰 축복인지 모른다. 잃어버린 경운기는 며칠 전에 앞바퀴를 모두 새것으로 교체했기 때문에 아쉬움이 더욱 컸지만, 그런 모든 것은 옛 기억 속으로 남겨두고 경운기를 볼 때마다 다시 그런 실수를 범하지 말아야지 하는 교훈도 얻고, 하나를 잃고 새 경운기와 교훈을 얻은 것에 감사하기로 했다. 동시에 그 불쌍한 영혼을 탓하기보다는 위하여 기도하는 마음을 갖기로 했다. 얼마나 어려웠으면 언젠가 봐야 할 이웃의 경운기를 팔아먹었을까? 불쌍한 마음으로 바라보니 모든 것을 견딜 수 있었음에 이런 너그러운 마음을 주신 하나님께 감사드린다.

일 년이 지난 어느 날, 그 청년을 잡았다고 한다. 그때 경운기를 빌려가서 200元(한화 35,000원 정도)에 팔아먹었다고 하니 더욱 기가 막혔다. 잡혔다고는 하지만, 지금이라고 그 돈을 갚을 처지도 아닐 테고, 다 지난 일들이지만 씁쓸한 마음이 다시 살아난다. 그 당시 잊고 새로 산 경운기로 인해 기뻐했던 모습으로 돌아가려고 마음먹어 본다.

chapter 16

돼지가 새끼를 낳던 날

"경사 났네, 경사 났어!"

5월 16일 점심 때 연락이 왔다. 돼지가 새끼를 낳았다고. 농장에 돼지를 키우기 시작하고, 처음 새끼를 낳는 날이라 우리도 흥분되었다. 또 기대하는 마음이 얼마나 컸던지 궁금한 것이 많았다. 어떤 돼지가 새끼를 낳고 있을까? 여러 마리의 돼지가 새끼 날 때를 기다리고 있었는데, 새끼를 낳았다고 하니 어떤 돼지가 제일 먼저 새끼를 낳는지 몹시 궁금해졌다.

'아! 벌써 새끼 날 때가 되었구나.'

기쁘고 궁금하여 급히 일을 보고 달려 올라가니, 어미돼지 한 마리가 9마리의 새끼를 낳고 있었다. 아직 태반도 다 나오지 않은 상태인데, 9마리를 낳고 그만 낳으려는지 더 이상 보이지 않는다. 더 많이 낳으면 좋겠지만 이것도 얼마나 감사한 일인지. 처음 새끼를 낳는 돼지는 많이 낳지 않는단다.

오후 내내 돼지를 지켜보았다. 혹시 어미돼지가 새끼 돼지를 깔고 있으면 안 되니까 지켜보고 있어야 한단다. 돼지를 지켜보면서 모성애를 느낄 수 있었다. 말을 듣지 않고 자기 멋대로 고집을 피우는 사람을 보고, 짐승만도 못하다고 하는데 그 말이 왜 나왔는지 알게 되었다. 어미돼지가 새끼들이 젖을 먹기 위해 귀찮게 해도 다 참고 있는 것이다. 머리를 타고 다니든, 얼굴을 밟고 지나다니든, 코를 밟든, 귀를 밟든 귀찮아하지 않고 새끼 돼지들이 마음 놓고 다니도록 배려하는 것이 아닌가. 한쪽 젖만 빨지 않도록 적당한 시간을 두고 돌아눕는 센스까지, 돌아누울 때도 다치지 않도록 살살 몸을 흔들면서 새끼 돼지들이 피하도록 시간을 준 다음 천천히 돌아눕는 것이다. 자기들만의 소리로 새끼 돼지들을 보호하고 새끼 돼지의 소리에 민감하게 반응하는 것을 보았다.

여러 마리의 돼지들을 키우면서 사람도 제각기 다르듯이 돼지들도 성격대로 새끼들을 보호하기도 하고 방치하기도 한다는 것을 나중에 알게 되었다. 어떤 돼지는 낳는 대로 한 마리도 죽이지 않고 잘 키우는가 하면 또 어떤 돼지는 한 마리도 제대로 키우지 못하고 다 잃어버리는 경우를 보면서 사람이든 동물이든 모두 기질대로 살고 있다는 것을 알게 되었다. 다행히 춥지 않을 때 새끼를 낳아서 별 다른 조치를 취하지 않아도 잘 자랄 것으로 보인다. 우리 농장에 처음으로 태어난 새끼 돼지들이 무럭무럭 자라기를 바라는 마음으로 지켜본 후 늦은 저녁 집으로 왔다.

모종 심는 날

에 근무하고
이웃 동네에 사는 지인이 농장을 방문하겠다고 했다. 토요일이 쉬는
날이라 오후에 오겠다고 하더니 1시쯤 전화가 왔다. 부슬부슬 비가
내리는 오후에 찾아오겠다는 연락이 와서 축구를 마치고 돌아온 남
편과 함께 농장으로 올라갔다. 토요일 오전은 남편이 축구하는 날이
라 주로 오후에 올라가곤 했다. 농장으로 찾아오겠다는 것을 38선
종점에서 기다리라고 했다. 농장을 지나가는 38선을 만나려면 만나
기가 어렵다. 한 시간에 한 대 정도만 지나가기 때문이다. 그러나 걸
어서 20분쯤 내려가면 10분에 한 대씩 다니는 종점이 있기 때문에
비교적 쉽게 다닐 수 있었다. 아래 종점까지 와서 기다리고 있으면
우리가 가면서 태워 가면 수월하기에 그렇게 하기로 했다. 종점 앞
에서 차를 세우고 내렸더니, 처음 보는 두 여인이 우리를 기다리고
있었다. 현지인이라 그런지 처음 오는 농장길이지만 쉽게 찾아왔다

고 한다. 비가 안 오고 날이 좋으면 농장까지 걸어가도 좋았을 텐데 하고 미안해한다. 또 먼저 농장에 올라가 깜짝쇼를 하려고 했는데 비 때문에 못했다고 아쉬워하면서 큰 꽃바구니를 들고 차에 올라탔다. 성격이 활달하고 얼마나 반갑게 인사를 하던지 좋은 친구가 될 것 같은 예감이 들었다.

현지인들도 농사하기 싫어하는데 외국에서 와서 농장을 한다고 하니 신기해하고 놀란다, 농장 이곳저곳을 둘러보고는 뭐 도와줄 것이 없느냐고 물어본다. 그냥 하는 소리가 아닌 정말로 일을 하려고 준비하고 온 모양이다. 어제 고추모종을 심으려다가 돼지가 새끼를 낳는 바람에 심지 못했는데 팔을 걷어 부치고 같이 심자고 한다. 농장 식구들과 손님으로 온 두 분이 도와주어서 고추모종을 다 심을 수 있었다.

농상에 도착하니까 부슬부슬 내리던 비가 그쳤다가 고추모종을 심는 도중에 다시 내리기 시작했다. 이 비를 우리는 약비라고 한다. 올 봄에 얼마나 가물었는지 농부들이 기다리고 기다리던 비였기에 얼마나 반갑고 고마웠는지 모른다. 고추모종이 잘 자랄 거라는 생각이 든다. 심고 물을 주지 않아도 하늘에서 내린 비로 인해 충분한 수분이 생겼을 거다.

고추모종을 심으려면 비닐을 씌운 곳을 일정한 간격으로 구멍을 내 주어야 한다. 나는 나무막대기를 가지고 다니면서 구멍 뚫는 일을 도왔다. 쭈그리고 앉아 모종을 심는 일은 손이 아프기 때문에 하지 않고 대신 오신 손님들 일하는 모습을 카메라에 담았다. 손이 아파 일을 못하는 나를 보고 오신 손님들이 주인은 일을 안 한다고 한소리를 했지만 못 들은 척하고 버티었다. 일을 하고 나면 더 고생할 걸 알고 있기에 남편도 아무 말 없이 그리고 나도 못 들은 척하고 지나갔다.

남쪽에서 일을 배우러 온 한족이 있었는데, 참 신실하게 열심히 일을 했다. 이 일을 배워서 자기 지역에 보급하고자 배우러 왔는데, 스스로 일을 찾아서 하는 모습이 얼마나 듬직했는지 모른다. 장갑을 끼고 하면 좋을 텐데 오히려 갑갑하다면서 장갑도 끼지 않은 채 열심히 맡은 일을 하는 그를 보고 참 성실한 사람이란 생각을 하면서 오늘도 그와 손님들과 함께 한 고추모종 심기는 그렇게 끝을 맺었다. 모종을 심고 먼저 내려가겠다는 두 손님을 그냥 보낼 수 없어서 세상에서 가장 맛있고 좋은 '다래 생명란'을 한 판씩 선물로 주고, 명동 칼국수 집에 가서 저녁을 대접하고는 헤어졌다. 자주 만나고 싶다는 그들과 다음에 다시 만나자고 약속을 한 후에 헤어졌다. 그 후 몇 번 더 만남을 통해 식사를 하고 교제를 하면서 좋은 친구로 남게 되었다.

일이 많은 농사철에는 해가 넘어가야 집에 오지만, 친구들 덕분에 모처럼 이른 시간에 내려와서 쉼을 얻을 수 있었다. 농장을 하면서 몸은 고되고 힘들어도 하루하루의 생활이 행복하다. 이 행복을 가져다준 하나님께 감사하고 사랑하는 남편에게 고맙다고 말하고 싶다. 그리고 이 귀한 일을 함께 하게 하니 감사하고, 일들을 통해 보람되게 살게 하니 더 감사하고, 묵묵히 아내가 하는 일을 지켜봐주고 동의해주고 격려해주고, 실수하면 모른 척, 잘하면 높이 평가해주는 사랑하는 남편이 있어 더 행복하고 감사한 날들이다.

chapter 18

민기와 지현이의 농장방문

2009년 10월 16일, 아침 일찍 농장에 올라가서 모임을 막 끝냈는데 전화가 울렸다. 한동대에서 교환학생으로 온 지현이란 학생이었다. 지난 2월 한동대 모임에서 만나 이곳에 오면 연락하라고 연락처를 메모해 주었는데, 지난 학기에는 만나지 못했었다. 보통 한 학기 만에 돌아가지만 간혹 한 학기를 더 하고 가는 학생들이 있는데 지현이는 한 학기를 더 하고 가기로 정했다. 지난 금요일 한동대 교환학생들을 만나는 모임에서 인사를 한 후 꼭 한번 연락하고 농장에 오겠다고 하더니 연락이 온 것이다. 혼자 찾아오기는 어렵기도 하고 지난주에 애심원에 봉사하러 간다고 하는데, 하룻밤을 자고 오는 것 같아서 집에서 하룻밤 재워 보낼 생각으로 수업 마치고 점심식사를 한 후 연락하라고 하고는 집으로 내려왔다. 저녁식사를 미리 준비해 두려고 일찍 집으로 왔다. 우리 농장에서 잡은 돼지갈비를 요리하고, 호박죽을 쑤고, 냉동실에 있던 새우를 꺼내놓고, 청소를 끝냈는데 다시 전화가 왔다. 근처 버스 정류장에서 지현이가 내려오는 버스를 타고 온다고. 버스를 탔는데 민기와 만났다고 한다. 민기가 농업에 관심이 많아서 함께 내려왔다고 했다. 몇 정거장 가서 농장 근처까지 가는 버스로 갈아타고 종점에서 내리는 곳에 남편이 기다리고 있었다.

농장에 올라가 몇 주 전에 베어놓은 옥수수에서 옥수수만 따는 작업을 했다. 힘들었을 텐데도 열심히 일을 하는 모습이 참 귀하게 보였다. 간식으로 사과 배를 깎아 주면서 밭을 여러 번 왔다 갔다 했더니 저녁에 얼마나 몸이 쑤시던지 일한 사람들보다 더 힘들었다. 어느 모임에서 필요한 곳에 나누라고 주었다는 옷을 정리하느라 많이 힘들었다.

열심히 일한 남편과 두 청년을 데리고 집으로 와서 풍성한 저녁 식사를 했다. 갈비찜, 새우, 어제 만든 잡채, 김치찌개와 밑반찬을 꺼내놓고 맛있게 먹었다. 후식으로 과일을 먹고 농장 이야기를 하는데, 민기가 영 수상쩍다. 물어보니 머리가 좀 아프다고 한다. 아침부터 머리가 아팠는데 지금 열이 좀 많이 난다. 해열제와 감기약을 주고는 일찍 들어가 쉬라고 했다. 학교로 올라가면 아직 난방이 들어오지 않은 기숙사에서 고생할 것 같아 하루만이라도 자고 올라가라고 붙들었던 것인데, 아침부터 열이 났다고 한다. 신종플루로 인해 민감한 요즘, 학교에서는 하루에 두 번 열을 재서 열이 있으면 바로 응급실에 가서 해열제를 맞고 그래도 열이 떨어지지 않으면 격리 수용한다고 했다. 학교가 아닌 곳에서 열이 나니 그나마 다행이었다.

민기는 자고 지현이와 이야기를 나누고 있는데 밤 8시가 넘은 시간에 전화벨이 울렸다. 민기 누나라면서 민기가 열이 난다는데 상황이 어떠냐고 물어보면서 와 보겠다고 한다. 와서 깨우는 것보다 그냥 자게 두는 것이 좋지 않느냐고 하니까 가만히 와서 기도만 해주고 가겠다고 한다. 민기 누나라고 해서 친누나인 줄 알았는데 민기가 뉴질랜드에 어학연수를 갔을 때 만나서 누나 동생 하는 사이였다고 한다. 이번 학기에 y대 영어교수로 왔다고 한다. 자그마한 키에 아주 상냥한 자매였다. 잠깐 이야기를 나누었는데 그리 밉지 않은 인상이었다. 내가 쓴 책을 한 권 사 가지고, 자고 있는 민기에게 들어가 기도해준 후 다음날 밀린 일 때문에 가겠다고 해서 다음에 또 만나기로 했다. 밤중에 자매 혼자 보내기가 염려스러워 남편이 숙소까지 배웅해주었다.

하룻밤을 자고 나더니 민기는 좀 나아졌다고 했다. 아침 예배를 드리고 간단히 식사를 한 후 남편이 축구하러 가려고 하는데, 비가 세차게 내리는 것이다. 아무래도 오늘은 축구대신 학생들한테 농업 강의를 하는데, 전기가 나가더니 물이 나오질 않는다. 비가 좀 그치는듯하여 축구하러 간다던 남편이 다시 들어온다. 비가 많이 와서 장소가 마땅치 않아 장소를 물색한 후 10시부터 하기로 했단다. 그런데 10시가 되니 다시 비가 세차게 내리는 것이다. 오늘은 축구를 하지 말라고 하나보다.

점심때가 가까워 오는데 물이 나올칠 않는다. 우리는 삼계탕을 시켜 먹기로 하고 주문했다. 비가 오는 날 감기 들린 청년을 데리고 나가는 것보다 따뜻한 집에서 식사하는 것이 좋다는 생각을 했다. 오랜만에 먹는 삼계탕 맛이 일품이었다. 맛있게 식사를 하고 조금 더 이야기를 하다가 좀 쉬라고 하니 그만 학교로 올라가겠다고 한다. 하룻밤 더 쉬어가는 것이 좋을 것 같은데 올라가겠다고 하니 말릴 수가 없었다. 기숙사에 사는 학생들을 자꾸 붙들어 두는 것도 어려운 일인 것 같아 올라가도록 두었는데 자꾸 걱정이 된다. 난방도 안 되는 기숙사에서 이렇게 비가 오는 날 감기가 더 심해지면 안 될 텐데 하면서도 늘 지켜주신 주님이 계시기에 모두 맡기기로 했다.

chapter 19

주는 기쁨, 나누는 기쁨

어느 날 농장에 올라갔더니 옥수수 보관 창고에 옷 보따리가 쌓여 있었다. 농장 식구가 평소에도 구제를 잘 하기 때문에 여러 곳에서 옷을 가져다가 필요한 사람들에게 나누곤 했었다. 그런데 이번에는 오랜 시간이 흘렀는데도 그냥 방치된 채로 있는 것이다. 궁금하여 물어보니 어느 기관에서 바자회를 하고 남은 옷인데, 동네에 나누라고 준 것이라고 한다. 그런데 왜 이렇게 방치하고 있느냐고 하니까 별로 쓸모없는 것 같아서 그렇게 두었다고 한다. 나에게 들어온 것들은 바로바로 정리해서 나누어 주었는데, 이 옷은 농장식구가 가져왔다가 그냥 둔 것이다. 어쩔 수 없이 내가 정리해야 했다. 쌓아둔 지 좀 되어서인지 먼지가 많이 쌓여 있었지만, 마냥 기다릴 수가 없고 정리를 해야 할 것 같아서 들추어 보았다. 새것도 있고 입던 것이지만 잘 정리해서 보낸 옷도 있었다. 반면에 쓰레기장으로 가야 할 옷도 섞여 있었다. 불순물이 잔뜩 묻어 있는 옷에, 찢어진 옷에, 구멍 난 양말에 온갖 쓰레기가 다 모여 있는 듯했다. 모두 이런 옷이라 생각해서 그냥 둔 것 같았다. 여러 뭉치의 옷 보따리를 하나하나 정리하다 보니 어떤 기관에서는 새 조끼를 잔뜩 보내주었는데, 그것도 쓸모없는 헌 옷이라 생각하고 방치한 것 같았다. 그중에는 남방종류가 있었는데 새 옷이다. 농장에 와서 봉사했던 청년들한테 하나씩 주면서 입으라고 했는데 고맙다고 가져간다. 첫날 대충 정리해보니 여자아이들 옷이 많이 나왔다. 새 옷이지만 오래 쌓아 두어서 구겨지고 먼지가 묻어서 모두 세탁기에 넣고 빨았다. 이웃에 여자아이들이 있는 집을 찾아 양해를 구하고 전달해주었다.

이렇게 방치된 옷을 보면서 달란트 비유가 생각났다. 그동안 착실하게 일을 해서 필요한 옷이나 물건이 있으면 부탁해서 나누었는데 믿었던 곳에서 이렇게 신뢰할 수 없는 일을 한다면, 그래서 누군가 이런 모습을 본다면, 누가 또 이런 일을 맡기겠는가라는 두려운 마음이 들었다. 사람도 사람이지만 주님께 너무 죄송한 생각이 들었다. '이런 모습을 보시고 또 우리에게 일을 맡기실까'라는 복잡한 생각이 들면서 우리에게 맡겼던 일들을 도로 거두어 가실 것 같은 두려운 마음이 들었다. 내가 먼저 정리를 한 후에 농장 식구와 이야기를 나누려고 한다. 어제의 성실함만 믿고 오늘내일이 게으르다면, 주님 보시기에 너무 부끄럽지 않을까? 어제 게을렀을지라도 오늘 그리고 내일 성실함으로 바뀌는 것이 더 바람직한 것이 아닐까? 그래서 이번 교훈을 가지고 함께 나누려고 한다. 오늘, 그리고 내일 더 성실하게 열심히 살아가자고 이야기 할 것이다.

　지난번에는 먼지로 인해 고생을 했다. 그래서 이번에는 단단히 준비를 하고 갔다. 마스크에 장갑을 끼고, 간편한 옷을 입고 가서 옷보따리를 모두 뒤집어 놓았다. 웬만한 옷들은 모두 집으로 가져와서 세탁기에 넣고 돌렸다. 다림질까지 해주기는 힘이 너무 부치고, 깨끗이 빨아서 분류를 했다. 어른 옷, 아이들 옷으로 구분을 하고 정리를 했다. 나한테 맞는 옷은 나도 입으면서 정리를 하다가, 딱 맞는 옷을 입고 남편 앞에 가서 패션쇼를 하니 "구제품을 가지고 저렇게 기뻐하는 모습을 보니 당신은 행복할 자격이 있다"면서 허허 웃는 남편과 함께 호탕하게 한바탕 웃고는 다시 옷을 정리했다. 어제 오후부터 밤까지 그리고 오늘 오전부터 내내 세탁기가 쉬지 않고 돌았다. 이렇게 수고해서 필요한 사람에게 간다면 더불어 행복한 것 아닐까. 구제품을 모아서 보내줄 때에 잘 정리해서 보내주면 이런 수고를 덜 수가 있는데 하고 좀 아쉬운 마음이 들었다. 그래도 쌓여 있던 옷들을 정리하고 나니 마음은 한결 뿌듯했다. 이런 수고를 통해 필요한 사람들과 나누게 된다고 생각하니 온 몸은 쑤셔대지만 무슨 큰일을 한 것 같고 부자가 된 기분이었다. 수십 장의 조끼는 한 분이 가르치는 사람들이나 여러 곳에 나누겠다고 가져가서 홀가분했다. 옷을 다 정리해 놓고 누구한테 주어야 하나 고민하다가 이웃에 사는 분을 오라고 했다. 옷을 보여주면서 필요한 것을 가져가라고 하니까 너무 기뻐한다. 애써 설명을 했다. 새 옷인데도 빨아야 해서 새 옷처럼 보이지 않아 미안하다고 양해를 구하니 오히려 이 많은 옷을 어떻게 다 빨아서 줄 생각을 했냐면서 헌 옷이든 새 옷이든 옷 나눌 때가 행복하다고 한다.

"이 옷은 누구한테 맞겠다. 그리고 저 옷은 누구에게, 어머 이 옷 예쁘다. 하하 내가 입으면 좋겠다. 이건 우리 딸이…."

미안해하는 마음을 알았는지 누굴 줄까 생각하면서 기쁘게 고르는 모습을 보고 모두 가져가서 필요한 사람과 나누라고 전해 주었다. 다음날 사람들을 불러서 모두 나누겠다고 하는 그 분을 보면서 얼마나 감사했는지 모른다. 줄 때 싫다고 했다면 얼마나 민망했을까 생각하니 오히려 내가 더 감사했다. 나누는 기쁨, 주는 기쁨을 느끼는 보람된 시간이었다.

하나님의 돌보심

남편은 12월 마지막 주간에 dh지역에 강의를 가겠다며 며칠 전부터 이런저런 계획을 세웠다. 유난히 눈이 많이 오는 겨울인데 걱정이 앞선다. 큰 도로야 눈이 오면 금방 치우니까 별 어려움이 없지만 작은 골목이나 특히 농촌으로 갈수록 길들은 험하기 때문에 될 수 있으면 말리고 싶었다. 눈도 눈이지만 이 지역은 겨우내 눈이 오고 녹다가 얼어붙고 또 눈이 오고를 반복하니 큰 도로를 제외하고는 대부분의 길이 얼음판을 방불한 정도로 미끄럽고 울퉁불퉁하고 험해서 잘 모르는 길을 가는 것은 매우 위험하다.

"다음에 가지. 왜 눈이 오는 연말에 계획을 잡았느냐."

잔소리를 했다. 저번 주 토요일에도 눈이 내렸기 때문에 지난주가 특별히 추웠다. 날이 풀리는 마지막 주간이 눈이 올 확률이 많았다. 그래서 28일 오후에 전화를 하면서 눈이 오면 다음으로 미루고 눈이 오지 않으면 29일 출발하겠다고 했다. 다행히 29일에 출발할 때 눈이 오지 않았다. 함께 가자고 하는데 도저히 따라갈 용기가 나지 않아 옆 동네에 사는 정 선생과 함께 가면 어떻겠느냐고 했다. 정 선생은 출발하기 30분전에 전화를 했는데도 흔쾌히 따라가겠다고 한다. 정 선생 가정도 이곳에서 꽃집을 하고 싶은 마음이 있어서 이 기회에 함께 가서 농업 강의를 들으면 도움이 될 거란 생각에서 동행하기를 부탁했던 것이다. 또한 그 먼 길 혼자 차를 가지고 가는 것보다 동행하는 사람이 있다면 덜 외로울 테고, 걱정이 덜 되는 심리적인 요인 때문이었다. 정 선생은 들어온 지 2년 정도 되었기에 주변 지역을 많이 다니지 않았을 테고 이런 기회에 주변도 돌아보면 좋지 않을까 싶은 생각도 있었다.

길이 미끄러우니 천천히 운전하고 다녀오라며 인사하고 도착해서는 전화를 달라고 했다. 29일 오전 10시쯤 출발했는데 오후 2시쯤 전화가 왔다.

"잘 도착했으니 걱정 말아."

길이 어떠냐고 물어보니 고속도로는 염화칼슘을 뿌려서 다 녹았고 좁은 길이 미끄러워서 간신히 왔지만 큰 어려움 없이 잘 도착했다고 한다. 내일은 일찍 출발해서 돌아오라고 부탁했다. 날이 어두워지면 더 미끄러울 테니 조심해서 오라고 했다. 그렇게 하룻밤을 자고 일어나니 밤새 눈이 내려 있었다. 그리고 계속해서 내리고 있었다. 전화해서 물어보니 그쪽은 어제 저녁부터 내렸다고 한다. 좀 일찍 출발해서 천천히 운전하고 돌아오라고 했다. 저녁에 돌아올 남편을 위해 도토리묵을 쑤면서 미끄러운 길 조심해서 돌아오기를 위해 하루 종일 기도했다.

1시쯤 전화하니 아직 강의중이란다. 3시 30분쯤 운전하는 남편에게 전화하려니 미끄러운 길을 운전하는 중일 텐데 운전 중 통화를 피하기 위해 동네 책임자에게 전화를 했는데 받지를 않는다. 몇 번의 통화에 신호는 가는데 받지를 않아서 어쩔 수 없이 4시에 남편에게 전화하니 아직도 출발을 못하고 있단다. 여기는 4시면 곧 캄캄해지는데….

"무슨 일이냐?"

드디어 일이 터졌단다. 차가 동네에서 내려오다가 쌓인 눈 때문에 고랑에 빠져서 조금 전 버스가 와서 차를 꺼내주었다고 한다. 아무래도 하룻밤 더 자고 내일 오는 게 어떠냐고 해서 그러는 게 좋을 것 같다며 푹 쉬고 내일 오라고 했다. 차를 꺼내느라 많이 힘든지 추운데 뜨끈한 방에서 쉬겠단다. 농촌 마을은 아직도 구들이어서 불을 떼면 따끈한가 보다. 다친 사람은 없냐고 하니까 다행히 다친 사람은 없고 차도 큰 이상은 없다고 한다. 시도 때도 없이 내리는 눈이 오는 계절에 멀리 가는 게 마음에 걸렸는데 다행히 더 큰 일이 벌어지지 않아서 얼마나 감사한지 몰랐다.

하루가 지나고 다음 날 11시가 좀 넘어서 오고 있다는 연락이 됐다. 길이 미끄러우니 천천히 운전하고 오라고 당부했다. 오후 3시가 되어 가는데 도착했다. 무사히 돌아온 것이 얼마나 감사했는지 모른다. 시내에 있는 고모 집에 간다는 꼬마를 태우고 왔는데 그 꼬마가 얼마나 똑똑하고 개구쟁이인지 오는 내내 심심하지 않았다고 한다.

초등학교 2학년 된 남자 아이인데 아주 똑 소리가 나는 아이라고 한다. 전날 고모 집에 갔을 꼬마가 하루 늦은 출발로 인해 마음이 분주했나 보다. 고모 집에 가기가 왜 이리 어렵냐고 하더란다. 식당에 가서 점심을 먹고 가자니까 싫다고 해서 고모 집에 데려다 주고 오다 보니 점심도 먹지 못하고 왔다고 한다. 늦은 점심식사를 하면서 그곳에서 있었던 이야기들을 듣게 되었다. 어제 오후에 출발해서 오는데 길이 많이 미끄러웠다고 한다. 길이 워낙 구불구불한 오르막길인데 간신히 비스듬한 언덕을 다 올라왔다고 한다. 길 곳곳에는 염화칼슘을 뿌려놓아서 앞 유리창에 튄 염화칼슘 자국들로 인해 앞이 잘 안 보이는데다가 오후 햇살이 반사되어서 앞이 더 잘 안 보였다고 한다. 언덕을 다 올라왔는가 싶더니 갑자기 내리막길이 나타나고 반사된 햇살로 인해 앞이 안 보인 상태에서 갑자기 내리막길이 나와서 핸들을 돌리는데 지그재그로 바퀴가 돌면서 두세 번 미끄러지더니 빙그르르 돌아서 옆 고랑으로 뒷바퀴가 빠져버렸다고 한다. 마침 6~7년 자란 나무 두 그루가 있었는데 그 나무가 차를 받쳐주어서 큰 사고를 면했다고 한다. 이때를 위해 6~7년 전부터 나무를 준비해 주신 것에 뜻이 있다는 생각이 뇌리를 스치더란다. 그리고 차가 스르르 미끄러져서 차도 손상이 없고 안전띠를 매고 있었기 때문에 사람들도 별 이상이 없었다고 한다. 뒷좌석에 앉았던 꼬마도 다치지 않았는데 그 꼬마한테 혼났다고 한다.

"어째 이리 운전을 못합니까. 우리 아빠는 잘하는데."

꼬마가 얘기하는데 이곳 억양으로 이야기했다면 한참을 웃었을 것이다. 다시 그곳 책임자를 불러 지나가는 버스 도움을 받아 차를 빼내고 나니 얼마나 춥던지 다시 오던 길을 돌아가 그곳에서 하룻밤을 더 묵은 것이다. 온돌방에 불을 때서 등은 뜨거운데 외풍이 얼마나 세던지 얼굴이 시렸다고 한다. 이불 밖으로 어깨가 나오니 어깨가 저리도록 차가웠다고 한다. 아직도 농촌 집들은 외풍이 있어서 고생하나 보다.

머칠 후 몇 사람과 만나서 그때의 상황을 이야기하는데 모두들 놀라면서 지켜주신 하나님께 감사드렸다. 아직도 할 일이 남아서 지켜주신 것 같다면서 겨울에는 모르는 길을 가는 것은 위험하니 조심하라고 했다.

새 터전을 찾아서

농장에서 식구들 모임을 가졌다. 우리 농장이 이사하는 쪽으로 방향을 잡아야 할 것 같다고 한다. 미리미리 알려주면 좋겠지만, 이곳도 소문이 나다보면 농촌 사람들이 없던 가건물을 지어 보상을 노리는 경우가 있어서 계획을 미리 발표하지 않는 것 같다고 한다. 우리야 이미 몇 년째 농사를 짓고 있는 것을 알기 때문에, 미리 알려 준 것이라고 한다. 물론 정부에서 공문을 받고 나서 이전 협상을 하고 이사해야 하지만, 곧 겨울이 다가오고 있고 미리 이사할 곳을 알아두지 않으면 나중에 복잡해질 것 같아서 미리 이곳저곳을 알아보고 있었다. 이사하자고 결정하고 바로 이사할 수 있는 형편이 아닌 것이 큰 이유 중에 하나였다. 양계, 양돈을 하고 있는 우리 농장은 다른 곳에 계사, 돈사가 지어져야 이사를 할 수 있기 때문이다.

외출 후, 다음 달에 있을 논찬 준비를 위해 서둘러 집으로 오던 중에 방향을 바꾸어서 HR로 향했다. HZ와 HR경계에서 양로원을 운영하시면서 치커리 농사를 지으시는 장로님과 의논을 하고 싶어서였다. HR에 주선족 마을이 있는데, 촌장이 ㄱ 마을을 생태농업을 하는 마을로 만들기 위해 애쓰고 있다는 말을 들었다. 그곳은 생태농업을 원하고, 촌장이 열심히 하고자 한다면 우리의 취지와 일맥상통하기 때문에 그곳에서 농장을 하면 좋겠다는 생각이 들었다. HR로 가면서 좀 멀다는 느낌은 들었다. 30분 정도 달려가야 하고, 중간에 도로세를 내야하고 왔다 갔다 하는 경비도 만만치 않아 가면서도 걱정이 되었다. 들리는 말로는 2010년이면 도로세를 내지 않게 된다고 한다. MAC 아래 마을에 대단위 사과배 농장이 있어서 길거리에는 사과배를 파는 사람들이 천막을 치고 장사를 하고 있었다. 장로님 댁에도 선물하고 우리도 필요해서 사과배를 골랐다. 적당한 가격에 흥정해서 싣고 집에 와 보니 고른 물건하고 다른 것이 실렸던 것이다. 17년을 살면서도 이렇게 당하다니 참 기가 막혔다. 상자를 뜯어보지 않는다는 약점을 노린 것 같았다. 기분이 영 상쾌하지 못한 것이 억울하다는 생각이 들었다. 왜 이렇게 밖에 못 하는 것인지, 도대체 어떻게 믿고 살아야 하는 것인지. 오는 길에 가서 따질까 생각하다가 오죽했으면 그랬을까 싶어 그냥 돌아왔다. 먹어보니 맛은 그런대로 괜찮았다. 맛까지 없었으면 더 속상했을 텐데, 다행히 맛이라도 좋아서 용서한다면서 불쾌했던 감정을 정리하기로 했다.

경로원에 도착하니 권사님이 맛있는 점심을 차려 주셨다. 아침을 대충 먹어서인지 가면서 계속 배가 고팠는데 맛있는 잡곡밥에 감자국, 총각김치, 김, 볶음채, 두부조림 등 푸짐한 점심상을 받아 맛있게 먹었다. 김은 어제 누가 사다 준 것으로 아침에 깜빡하고 못 드셨는데, 임자가 따로 있었다면서 상에 올려주셔서 맛있게 먹었다. 갑작스레 찾아갔더니 있는 대로 보고 가야 기도해 줄 거라면서, 소박한 점심상에 대한 이해를 바란다면서 권사님의 특유의 애교 섞인 말로 얘기하신다. 어제 낮에 땡벌에 쏘이셨는데, 저녁에 들어오신 장로님이 그 이야기를 듣고는 밖으로 나가 질경이를 뜯어 오셔서 찧어서 붙였더니 통증이 사라졌다고 한다. 어떻게 알았냐고 물으니 얼마 전에 출판된 나의 책을 사셨는데, 『너랑 나랑! 님이랑 울이랑!』에 실렸던 글을 읽고 아셨다는 것이다. 책값은 빼고도 남았다고 하니까. 그렇다면서 함께 웃었다. 우리 가까이에 있는 작은 지혜, 알면 대단한 효과를 얻는다. 몰라서 하지 않아도 될 고생을 하는 경우가 많이 있는데 다행히 책을 통해 알게 되어서 고생을 면했다. 벌에 쏘여 주변의 여러 사람들이 이런 저런 민간요법을 알려주어서 그대로 했는데도 별 효과가 없었는데, 질경이 효능으로 다 나았다면서 기뻐하시는 것이다.

장로님과 권사님은 치커리 농장을 하시는데, 올해 특별히 농사가 잘 되었다면서 보여주시는데, 치커리를 처음 보는 우리는 깜짝 놀랄 정도로 굵직하고 많은 것을 보면서 풍년을 허락하신 것에 감사하며 저 많은 치커리를 농사하고 수확하느라 고생한 장로님과 권사님이 얼마나 힘드셨을까 위로하고 싶어졌다. 지난 겨울 보일러가 고장 나서 많이 고생하셨다고 한다. 새로 수리한 보일러를 보여 주셨는데 정말 좋아 보였다. 경로원 곳곳에는 치커리를 말리느라 수고하는 사람들과 곳곳에 널려 있는 치커리로 장사진을 이루었다. 치커리가 소비자 손에 갈 때까지 여러 가지 공정을 거쳐야 된다는 것이다. 봄에 치커리를 심고 가꾸어 가을에 수확하고, 수확한 치커리를 물에 잘 씻어 잘게 썰어 말리고, 마지막으로는 공장에서 잘 볶아 포장해야 상품으로 나온다고 한다. 그런데 말리는 과정에 비가 오게 되면 곤란하다고 한다. 밖의 햇빛으로만 다 말릴 수가 없어서 처음에는 밖에서 말리고 또 보일러를 틀어놓아 뜨끈뜨끈해진 방바닥에서 어느 정도 말리고 그런 후 잘 볶아야 한다는 것이다. 너무 볶으면 쓴맛이 많이 나고, 덜 볶으면 고소한 맛이 덜하고 적당히 잘 볶아야 구수한 맛이 난다는 것이다. 당뇨에 아주 좋다는 치커리를 우리는 마음만 먹으면 사 먹을 수 있어서 감사하다. 모임이 있을 때마다 가져다주시고 어떤 때는 차를 직접 끓여서 가져 오시기도 해서 우리는 치커리차를 자주 마신다. 맛있게 점심을 먹고 과일과 커피까지 마시고, 치커리를 캐고 있는 밭에 가서 구경하고, 둘러보았다. 농장을 하기에 적합한 곳인지 잘 살펴보라면서 동네 구경을 시켜 주시는데, hr에서 본 땅들은 비교적 마음에 들었다. 약간 멀다는 것 빼고는 위치도 가격도 괜찮다는 생각이 들었다. 남의 땅에서 농업을 하다 보니, 애써 일구어 놓은 땅을 돌려주어야 할 때 참 어려운 일이라는 생각이 들었다. 우리 농장처럼 척박했던 땅을 5년이라는 기간 동안 발효퇴비를 만들어 뿌려주고 농약과 제초제를 사용하지 않아서 이제 지렁이도 나오고 땅이 살아났는데, 유기농 채소가 나오는 땅으로 바꾸어 놓았다. 그런 것을 알지 못하는 정부에서 그것을 보상으로 쳐 줄지 의문이 들기도 했다. 그래서 이번에는 작지만 땅을 구입해서 시작해야 하지 않나 생각하면서 둘러보았다. 하지만 아무리 좋은 땅 이고, 가격이 저렴하다 해도 우리 입장에서 보면 결코 저렴하지 않 다. 그래서 후원 교회에 이야기하고 기도하기로 작정했다. 지금보 다도 더 좋은 것으로 주실 것을 확신하기에 마음은 편하다. 어떤 길 로 인도하시든지, 우리의 계획보다는 늘 더 좋은 것으로 주셨기 때 문에 기대하면서 기다리기로 했다.

어느덧 한 해가 저물어 가는데도 농장이전 문제는 해결이 되지 않았다. 아랫마을은 이전하라고 했다는데 우리 농장에는 아무 말도 없는 것이 우리의 기도를 들으시고 우리 농장은 포함되지 않은 것 같다. 이전을 해도 좋은 점과 그렇지 않는 점이 있고, 이전을 안 해 도 마찬가지겠지만 이전하지 않는다면 그만큼 인력낭비는 하지 않 아도 된다. 지금 있는 곳에서 재정비해서 열심히 한다면 좋은 결과 가 있지 않을까 기대해 본다.

chapter 22

빚진 자의 심정으로

몇 년 전, 이곳에 살다가 캐나다로 공부하러 간 임 선생님이 캐나다에 사는 젊은이들을 데리고 봉사하러 오겠다며 봉사할 곳을 알아봐 달라고 했다. 캐나다에 사는 젊은이들이 특별히 휴가를 이용해 봉사활동을 하기 위해 오게 되었는데, 영어를 가르치고 싶다는 것이다. 방학을 이용해 영어를 가르치면 좋겠다면서 학교를 알아봤는데 한 학교에서 가르쳐 달라고 요청을 했다. 어떤 상황에서인지 모르지만 모두들 빚진 자의 심정으로, 비행기 값이 가장 비싼 이 여름에 24~25일의 긴 여정으로 봉사활동을 오겠다는 것이다. 현지인들에게 영어도 가르치고, 주변 여행도 하고, 필요한 곳에서는 노동도 하기 위해 왔다면서, 우리 농장에도 견학을 오겠다고 해서 허락했다. 농장에 방문하면 노동이 기본이지만, 이미 다른 곳에서 너무 많은 일을 했다고 해서 우리 농장에서는 쉼을 허락했다.

농장에 대한 이해를 위한 강의 후에 삼겹살 파티를 했다. 우리 농장에서는 솥뚜껑 삼겹살을 준비했다. 솥뚜껑에 구워먹는 삼겹살은 기름기도 쭉쭉 빠지면서 단백하게 먹을 수 있어서 인기가 좋았다. 모두들 솥뚜껑 삼겹살은 처음이라고 한다. 손이 큰 내가 산 삼겹살이 동이 나고 다시 내려가 고기를 사 왔다. 너무 잘 먹어주어서 고마웠다. 앞으로 귀한 일꾼들이 되기를 바라는 마음 간절하다.

이렇게 시작한 캐나다 팀이 매년 방문하게 되었다. 4월쯤 되면 임 선생으로부터 어김없이 전화가 온다. 이번 여름에도 방문하려고 하는데, 역시 봉사할 곳을 소개해 달라고 부탁한다. 귀한 일이라 그 일 알아보는 것쯤이야 하고 연결해준다. 그런데 그 다음 해에 왔을 때에는 일이 생겼다. 다급한 전화가 왔다. 봉사하던 학교에서 일이 생겨 바로 철수했다는 것이다. 이곳은 가르치는 것도 민감하지만 더 민감한 것이 있다. 바로 허락받지 않고 하는 의료봉사다. 교장 선생님과 의논을 했고 허락을 받았다는데, 그곳 교장 선생님이 깜박 잊었던지 아니면 잘 처리하지 못한 일 때문에 문제가 생긴 것이다. 지난번에는 교육 봉사만 했는데, 그건 허락된 것이라 별 문제가 없었는데, 이번에는 의사 선생님 한 분이 함께 오면서 이곳 의료팀과 함께 동네 사람들을 진료해 주는 일을 했는데, 신고하지 않은 일을 한 것으로 인해 교육 봉사까지 하지 못하고 모두 그곳에서 쫓겨나게 된 것이다. 왜 의논하지 않고 했느냐며 덩달아 흥분해야 했다. 이 여파가 우리에게까지 미칠 수 있기에 긴장했다. 이렇게 봉사할 기회를 잃어버린 팀들인데, 이왕 온 팀들이 그냥 놀다가 갈 수는 없는 일이고 갑자기 다른 봉사할 곳을 찾는다는 것도 어려운 일이라 이곳의 한국 학생들을 모아서 그 기간 동안 가르치기로 했다. 다행히 많은 학생들이 모여 줘서 교육 봉사는 큰 차질 없이 진행할 수 있었다. 농장을 방문하기로 한 일정은 시간이 잘 맞지 않아 집에 와서 잠시 이야기를 나누고 돌아가는 것으로 만족해야 했다. 그리고 다음 해 또 연락이 왔다. 그런데 이번에는 사정이 여의치 않았다. 신종플루 바이러스로 인해 전 세계가 긴장하고 있었는데, 그것을 이유로 전국에 봉사단체를 받지 말라는 지침이 내려왔다고 한다. 그래도 준비하고 오는 팀이라 어디서건 봉사를 해야겠기에 한 곳을 연결해 주었는데 방향을 바꾸어서 모 학교에서 현지인을 대상으로 영어 교육을 하기로 했다고 한다. 그리고 이번에는 꼭 농장에 들르겠다고 한다. 안들려도 괜찮다고 해도 꼭 오겠다고 한다. 2년 동안 농장봉사를 하지 못한 팀이라 큰 기대를 하지 않았다. 또 농장에 오겠다는 목적이 분명하지가 않았다. 왜 농장을 오겠다고 하는 것인지 이해가 안 됐지만 그래도 온다고 하기에 약속을 했다.

약속한 날, 시간이 되어도 연락이 오지 않아서 전화를 하니 약속 시간을 뒤로 미루자고 했다. 그리고도 연락을 주지 않은 것이다. 약속시간을 철저히 지키는 나는 마음대로 약속시간을 뒤로 미루고도 연락을 주지 않았기 때문에 책임자를 불러 정중히 이야기했다.

"농장에 무엇 하러 왔느냐. 농장에 오면 농장의 기본적인 것을 알고자 하는 노력이 있어야 하는데, 그러려면 적어도 반나절이나 몇 시간이라도 일을 해야지 그냥 와서 식사만 하는 것은 아닌 것 같다. 여기가 식당도 아니고, 함께 일하는 사람들 보기도 민망하다. 어떤 팀은 오는 첫날부터 농장 봉사를 하고 다른 일정들을 잡아 열심히 땀 흘리고 봉사하고 식사하고 가니 그들도 기쁘고 우리도 기쁘더라."

　다음부터는 일정을 잘 조정해서 오라고 이야기했다. 자기들이 일정을 잘못 잡은 것 같다면서 다음부터는 꼭 노동 봉사를 먼저 하고 다음 일정을 잡아보겠다면서 우리를 이해해주어서 서로 기분 좋게 지낼 수 있었다. 이 팀은 일정도 길면서 농장 방문이 마지막으로 되어 있으니 젊은 학생들, 어린 학생들이 감당하기에는 너무 무리가 아닐까 하는 생각이 들었다. 20일 이상 밖에서 여러 가지 일들을 하다가 지쳐서, 집에 가고 싶다는 생각이 간절하게 드는 시점에 농장에 와서 일을 하려니 일을 해 보지도 않은 학생들이 일을 하기는 사실 무리였을 거라고 이야기 해 주었다. 그러면서 조심스럽게 조언을 해 주었다. 다음부터는 일찍 농장을 방문하는 일정으로 계획하고 다른 봉사를 하는 것이 좋겠다고 이야기 하니까 동의해주었다. 이번 방문에는 짧은 방문이었지만 일부러 일을 시켰다. 일을 해야 밥맛도 좋다면서 일을 하고 삼겹살 파티를 했다. 어떤 학생들은 기쁘게 하고 어떤 학생들은 이 핑계 저 핑계 대면서 요령을 피우는데 그 모습도 밉지만은 않았다. 그래도 이 더운 여름에 비싼 경비를 들여 봉사하러 머나먼 지역까지 찾아온 그들이 고맙기만 하다. 분명 그들의 앞날에 시온의 대로가 열릴 것이라 기대해 본다.

chapter 23

일하러 가세

아침부터 분주하게 준비하여 농장으로 올라갔다. 집에서 곧바로 농장으로 가지 않고, 다른 곳에 들러 점심에 먹을 김밥도 준비하고 수박도 사 가지고 신이 나서 가는데, 농장에 가는 도중 길이 막혔다.

한국은 5일장이 서는데 여기는 3일, 6일, 9일로 장이 선다고 한다. 장이 선다는 걸 알았으면 다른 길로 돌아서 갔을 텐데 그걸 몰라 우리가 들어선 길이 장 때문에 막혀 있었다. 뒤로 빠질 수도 앞으로 전진 할 수도 없는 상황이라 그저 앞 차가 빠져나가기만을 기다리면서 거북이걸음을 걸어야 했다. 장을 보는 사람들은 차가 지나가든지 말든지 비켜주지도 않고, 차 가진 사람들을 비웃기라도 하듯 천천히 (내가 보기에는 일부러 더 천천히 가는 것처럼 보임) 걸어가면서 차에 몸이라도 부딪치면 한 대 칠 것처럼 인상을 쓰면서 쳐다본다. 그래도 조금씩이라도 앞으로 나가는 것에 감사하면서 2~3분이면 걸어서 갈 수 있는 길을 더 많은 시간을 들여서 그 복잡한 시장 통을 빠져나올 수 있었다. 그렇게 오랜 세월을 살면서 장이 선다는 말만 들었지, 한 번도 가보지 못한 곳을 잘못 들어서는 바람에 구경할 수 있었다. 이것저것 차 안에 앉아 구경하는 것도 그리 나쁘지 않았다. 여러 가지 물건들을 가지고 와서 사고파는 모습들이 정겨웠다. 바쁘지만 않다면 내려서 구경하고 싶지만, 그럴 순 없고 천천히 가는 차 안에서 구경하는 것으로 만족해야 했다.

농장에 올라가니, 지난 번에 심은 오이를 묶어주고, 토마토 가지도 곁가지를 떼어줘야 한다기에 그 정도 일이야 하면서 거들었다. 그리고 여자들 손길이 닿지 않으면 지저분할 수밖에 없는 구석구석을 찾아다니면서 쓰레기도 치우고 잔소리도 하면서 분주히 돌아다녔다. 일을 안 하면 몰라도 할 때는 꾀를 부릴 줄 모르는 성격인지라 열심히 했더니 집에 오니 여기저기 쑤시고 난리도 아니다. 그런 와중에 또 열심히 사진도 찍었다. 바람이 적당히 불어 일하기에는 더없이 좋은 날씨였다.

언제부턴가 그저 평범한 농장이 아닌 동물농장이 되어 가는 모습을 보면서 농장에 동물들이 몇 마리나 되며, 몇 종류나 되는지 세어보았다. 큰 개 3마리가 복실이, 복순이, 복돌이란 이름을 가지고 살아가고 있고, 아직 이름도 지어주지 못한 강아지가 5마리가 있는데 어미젖을 떼면 곧 다른 데로 갈 거라고 이름도 붙여주지 않았다. 어미 고양이가 1마리, 새끼 고양이가 4마리, 닭이 900여 마리, 돼지가 40여 마리, 그리고 몇 마리인지 알 수 없는 쥐생원까지. 다 사랑하겠는데 쥐생원을 사랑하려면 멀었다는 우리 남편. 가끔 찾아오는 양떼들과 옆집의 소까지 세어보니 동물농장을 해도 될 정도다. 제비, 참새, 들비둘기 등 이름 모를 새들이 여기저기 흩어져 있는 사료를 먹으면서 한 가족임을 인정해 달란다. 인정해 주는데 어려울 것도 없고 그냥 인정해 주지 뭐…. 인심 좋은 우리 가족들, 어려운 농장 일에도 앞으로 다가올 행복한 삶을 그리며 소망을 가지고 살아가는 농장 식구들이 얼마나 고맙고 감사한지 그저 고맙기만 하다.

날씨가 참 희한하다. 갑자기 소나기가 내리더니 금방 부슬부슬 가랑비가 오는가 싶다. 그러다가 어느새 맑은 하늘이 나타났다. 그러더니 또 바람이 부는데 웬 바람은 그리도 세게 부는지, 햇살은 따뜻한데 바람은 차고, 변화무쌍한 날씨 가운데서도 무럭무럭 자라는 동물들을 보면서 작은 행복을 맛보았다.

무더운 여름에도 그리 덥지 않은 날씨, 여름을 나기는 아주 좋은 지역이란 생각이 든다. 비가와도 홍수가 날 정도는 오지 않고 15년을 살면서 한 번도 태풍을 본 적이 없는 비교적 조용한 곳. 다만 겨울이 6개월 정도 되어서 추위를 타는 사람들이 견디기는 좀 어려운 곳인데, 다행히 더위보다 추위를 잘 견디는 우리에게는 좋은 조건이다. 농장의 동물들에게는 겨울이 길어서 어렵지 않을까 생각해 보다가도 털 가진 동물들이라 그런지 잘 견뎌주어서 감사하다.

농장은 일을 해도 표도 안 나고 할 일이 쌓였다. 그래도 웃으면서 일을 하는 식구들이 너무 고맙다. 오늘도 투라지(경운기)가 몇 번 고장이 났는데, 부속품을 사다 고치면서 짜증이 날만한데도 웃으면서 일을 하는 것을 보니 너무 고맙고 기뻤다. 농장이 좀 높은 곳에 있어서인지 바람이 불면 낮에는 시원하지만 오후가 되면 춥기까지 하니 더운 여름에는 이만한 행복을 찾아볼 수 있을까. 우리는 분명 행복한 것이다. 왜냐하면 지금이 오뉴월이기 때문이다. '여자가 한을 품으면 오뉴월에도 서리가 내린다'는데 여자가 한이 맺힌 것도 아닌데 우리 농장은 오뉴월에도 추울 때가 있으니 비지땀을 흘려야 할 여름에 춥다는 소리는 바로 행복이 아닐까. 이는 농장이 좀 높은 곳에 위치해 있고 주변에 다른 건물들이 없어서 더 그런가 보다. 농장에 할머니가 한 분 계신데 바람이 부니 추우신가 보다. 하긴 할머니뿐만 아니라 젊은 나도 추워서 차에 가지고 다니던 숄을 걸치고야 좀 견딜만하다. 오전에는 바람이 불어주니 시원한 것이 일하기가 좋았는데, 오후에는 똑같은 그 바람이 춥다고 싫다고 하니 참 간사한 것이 인간이구나 하고 생각해 본다.

바쁘고 힘든 하루였지만 늦은 저녁에 곰곰이 생각하고 정리하며 하루하루가 감사요 축복이란 생각에 참 행복하구나, 참 잘 했구나, 하고 하루를 마무리한다. 이것이 바로 행복임을 느끼며 행복한 꿈나라로 여행을 떠난다.

chapter 24

바쁜 주부의 하루

*우리 집 냉장고*에 먹을 것이 하나도 없다. 아침에 농장에 가려고 준비하다가 오후로 미루고 일단 시장에 먼저 갔다. 출장 후에 처음 가는 시장, 오늘 안 가면 그야말로 손가락을 빨고 살아야 한다. 김치 담그는 날은 남편과 함께 시장엘 간다. 배추만 해도 보통 6포기씩 담그기 때문에 혼자 가져올 수가 없다. 아이들이 있을 때는 아이들까지 데리고 가서 일단 김칫거리를 사서 보내고 작은 물건들은 혼자 다니면서 흥정하고 구경하면서 사서 가지고 오곤 했었다. 이제 아이들이 다 떠났기 때문에 남편과 함께 시장에 간다. 아침에 김칫거리를 사서 다듬고 절여놔야 저녁에 김치를 마무리할 수 있기 때문이다. 동작이 빠르기 때문에 일을 수월하게 하지만, 그래도 김치 담그는 날은 분주하고 몸이 뻐근해진다. 더군다나 오늘은 김칫거리를 사다만 놓고 저녁으로 미루었다. 저녁에 다듬고 절여서 내일 아침에 버무리려고 준비했다.

시장에 가면 충동구매(물건을 보면 이것도 저것도 다 필요한 것 같다)하는 버릇이 있어 일일이 적어갔다. 그래도 보는 대로 사는 버릇은 여전하여 짐은 점점 많아졌다. 남편이 옆에 있으니 맘 놓고 물건을 집어서 바구니에 넣었다. 못 들고 갈 염려가 없으니 많이 사도 걱정이 안 된다. 김칫거리를 사고, 견과류를 사고, 이런저런 야채를 사다 보니 드디어 정신을 차렸다. 이제 그만 사자.

김치는 담글 때 많이 담그는 버릇이 있다. 집에 김치만 있으면 손님초대를 하거나 갑작스런 손님들이 다녀갈 때 당황하지 않기 때문에 늘 여러 가지 김치를 담궈 놓는다. 견과류는 강정을 만들어 놓고 먹으면 아주 좋은 간식이 되기 때문에 가끔 만든다. 기숙사에 있는 두 아들에게 만들어 보내기도 했는데 처음 해보는 강정 만들기에 성공한 이후로는 가끔 만들어 먹는다.

오늘은 농장에 올라가 딸기, 고추, 가지, 오이, 방울토마토를 심기로 했는데, 낮에는 너무 뜨거워 심으면 안 된다고 한다. 그래서 모종은 오후에 심기로 하고 시장을 다녀온 후 점심을 집에서 먹고 농장으로 올라갔다. 오후 4시가 넘어 모종을 심기 시작한 것이 다 끝났을 때에는 해가 뉘엿뉘엿 넘어가는 7시(한국 시간 8시)가 넘은 시간이었다. 집에 와서 늦은 저녁을 지어먹고 아침에 사다 놓았던 김칫거리를 다듬어 소금만 뿌려놓고 대충 정리를 하고 나니 온 몸이 뻐근한 것이 엄청 피곤했다. 기회다 싶어 남편에게 있는 어리광 없는 어리광을 총 동원하였다.

"아이고, 허리야. 아이고, 다리야."

모든 일은 혼자 다한 것처럼 유난을 떨었다.

"수고했어. 힘들었지. 당신 오늘 일 정말 많이 했어."

등을 두드려주고 다리를 주물러준다. 본인이 더 많이 일하고 힘들었을 텐데, 사랑하는 아내의 어리광을 그냥 다 받아준다.

다음날 아침, 어제 절여놓은 김칫거리를 씻고 양념을 만들어 맛있게 담그고 나서 시계를 보니 시계 바늘이 10시를 가리키고 있었다. 담근 김치 종류를 세어보니 무려 7가지다. 그러니 힘들 수밖에. 그러나 기분은 아주 좋다. 오이소박이, 열무김치, 배추김치(속에 무를 박은), 총각김치, 총각 물김치, 부추김치, 파김치 등. 모두 맛있게 되었다. 이제는 색깔만 봐도 안다. 정 목사님이 우리 집을 다녀가시면서 김치 장사해도 되겠다고 하셨으니 맛은 보증된 셈이다. 이제 맛있게 먹는 일만 남았다. 이렇게 하루하루 행복을 만들어가면서 또 바쁜 하루를 보낸다.

홀로 피어 있는 들꽃들과 이야기를 나누다 보면 그들의 대답이 들리는 듯 하며
어떨 때는 혼자 주절거리기도 하고 쓰다듬어 주기도 하면서 그들과 이야기한다.

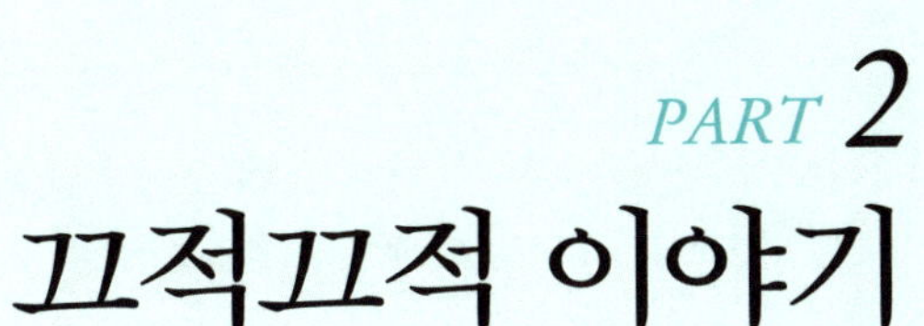

PART 2
끄적끄적 이야기

들길을 거닐며

오늘도 나 홀로 들길을 거니네.
오라는 이 없고
반기는 이 없어도.
나 홀로 들길을 거닐다 보면
들꽃이 다가와 속삭이네.
외로운 들꽃과 친구해 달라고
또다시 들길을 거닐다 보면
들풀이 다가와 속삭이네.
아무도 거들떠보지 않는
외로운 들풀도
아름답게 봐 주니 감사하다고
올해는 이대로 사라지지만
또다시 내년을 기다려달라네.
그래서 나 홀로 들길을 거닐 거라네.

농장에 가서 일을 하다가 카메라를 들고 들꽃을 찾아다닐 때가 행복하다. 홀로 피어 있는 들꽃들과 이야기를 나누다 보면 그들의 대답이 들리는 듯 하며 어떨 때는 혼자 주절거리기도 하고 쓰다듬어 주기도 하면서 그들과 이야기한다. 이름 모르는 들꽃도 마구 피어있는 꽃들도 하나하나 보면 얼마나 예쁘던지. 카메라를 들이대면 더 예쁘게 웃으면서 폼을 잡으려는 듯 보이는 꽃과 식물들을 보면서 나 또한 유명한 사진작가가 된 듯 이리저리 폼을 잡으면서 찍어본다. 그렇게 시간을 보내다 보면 깊은 묵상의 시간이 된다.

주님의 놀라운 솜씨에 감탄하면서….

chapter 02

곱게 물든 나뭇잎을 바라보며

2007년 10월 달력을 넘기고 며칠 후 농장에서 내려오는 길에 곱게 물든 나뭇잎을 발견했다. 몇 년을 지켜보니 그 나뭇잎이 제일 먼저 물이 드는 것 같았다. 가을이 되면 농장에서 일부러 천천히 걸어 내려온다. 가을걷이를 하는 농부들의 모습을 보는 것도 즐겁지만, 곱게 물들어가는 들녘을 보면서 사색을 즐긴다. 천천히 걸어 내려오다가 곱게 물든 나뭇잎을 보고 그 자리에 멈추어 섰다. 곱게 물든 나뭇잎을 한참을 들여다보다가 카메라를 꺼내 들었다. 이때만큼은 유명한 사진작가라도 된 듯 있는 폼 없는 폼 다 잡으면서 각도를 맞추어가며 정성을 들여 사진을 찍곤 한다. 비록 디지털카메라지만.

한 컷 한 컷 찍으면서 고국의 산야가 생각나는 것은 무슨 이유일까?

"나는 이곳이 좋아."

"나는 이곳에 살아야 해."

말로 최면을 걸지만 가슴 깊은 저 안에 자리 잡고 있는 내 고향 잊을 수 없는 것은 고국이 그립기에 그럴 것이다. 조용히 눈을 감으며, 이제 조금 있으면 온 산을 타오를 듯 붉게 물들일 고국의 가을 풍경을 그려본다. 애써 태연한척 외면해 보지만, 얼른 달려가 안겨 보고픈 그리운 내 고국이기에 이리 오랜 세월 고국을 떠나 있어도 때만 되면 생각나고, 가고 싶고, 그리워지는 것일 게다.

어느 해 가을, 붉게 물든 설악산을 지나면서 탄성을 질렀던 기억이 새록새록 떠오른다. 봄, 가을이면 여행들을 많이 떠나듯이, 어느 해 가을 수고한 사모들에게 설악산 단풍구경을 시켜 주면서 위로한다는 것이다. 30대 초반, 결혼한 지 몇 년이 지난 어느 해에 있었던 가을 나들이 소식은 내 마음을 흔들었다. 갈 수 없는 상황이었음에도 가고 싶은 마음이 너무 간절했던 때에 다녀오라는 남편의 말이 얼마나 고맙던지 그때의 감격이 다시 생각난다. 어린아이들을 두고 여행을 한다는 것은 쉽지 않은 일이다. 이 기회에 다녀오라는 사랑하는 남편의 말에 못 이기는 척 참석하기로 했으나 결코 쉬운 결정은 아니었다. 어린 두 아들을 남편에게 맡겨두고 가려면 미리 밑반찬이고 대충 식사할 것들을 준비해 두어야 하기 때문이다. 또 그 당시에는 마땅히 입고 갈 옷도 없던 시절이었다. 무엇을 입고 가야 하나 망설이고 있을 때, 시골에서는 그래도 잘 챙겨 입고 다니던 교회의 어느 청년이 챙겨준 연보라색 후드티와 짙은 보라색 바지에 빨간 잠바를 빌려 입고 떠났던 설악산 단풍여행은 잊을 수가 없다. 대

선배님들과 함께 한 자리, 또 동료 사모들과의 교제의 시간, 이 모든 시간이 두고두고 기억에 남아 있다. 처음 보는 나에게 손수 한 땀 한 땀 뜨개질한 옷을 선물한 선배님, 감히 선배님들 앞이라 주눅이 들어 할 말도 제대로 하지 못했던 그 시절이지만 아름다운 추억으로 남아 있다. 그때 뵌 선배 사모님이 얼마나 우아하게 사시는지 너무 닮고 싶었다. 나도 저렇게 곱게 우아하게 늙어야할 텐데 하고 생각했다. 조용조용 말씀하시는데도 그 말씀에 얼마나 강한 카리스마가 있는지. 그래서 더 닮고 싶었다. 어느새 은퇴를 하시고 십 몇 년이 지난 어느 날 우연히 어느 모임에서 만났을 때 아는 척을 하니 본인은 기억이 없으심에도 아는 척을 하는 후배를 보고 반가워하면서 챙겨주시던 후덕한 사모님도 그때의 추억 속에 남아 있다.

설악산에 갔을 때는 너무 좋아서 망아지처럼 뛰어다녔다. 너무 아름다운 설악의 가을은 나를 흥분시키기에 충분했다. 그 흥분을 아는 듯 유난히 반갑게 반겨주었던 설악의 가을이 늘 내 머릿속에 남아 있다. 형형색색으로 물들인 설악의 가을 모습. 그중에 유난히 빨간 단풍잎이 얼마나 예뻤는지 한잎 두잎 책갈피에 넣어두고 말리던 추억도 늘 기억 속에 살아있다. 아직 어느 곳에서도 그때의 기억 속에 남아있는 설악의 아름다운 가을을 만나보지 못했다. 지금 찾아가면 30대 초반의 새댁이었던 그때의 흥분이 살아날지 모르지만 언젠가 다시 고국의 가을을 만나고 싶다. 이전의 그 아름다웠던 기억과 소중한 사람들을 만났던 그날을 떠올리면서 다시 한 번 마음에 담고 싶은 마음 간절하다.

어느 유명한 화가가 그림으로 그린들 저리 아름다울까! 어느 유명한 사진작가가 사진을 찍은들 저 모습을 담아낼 수 있을까! 어느 유명한 시인이 시를 지은들 저리 아름다운 모습을 표현할 수 있을까! 우리의 표현으로는 아무리 뛰어난 솜씨라 할지라도 다 표현할 수 없음을 느끼면서 만유를 창조하신 하나님의 놀라운 솜씨를 찬양한다.

chapter 03

굳세어라

늘 *굳세리라 생각했던* 나의 모습이 많이 변하고 있음을 느낀다. 선교지에서 15년의 생활을 하면서 여기가 마지막 고향이려니 생각하며 지낸다. 어디에 살든지, 어떤 생각을 가지고 사느냐가 중요하기 때문에 될 수 있으면 기쁘고 즐겁게 지내려고 애쓰는데, 그럼에도 요즘 나의 모습을 보면 간혹 지친 모습이 보인다. 몇 년 전부터 손가락이 아프기 시작했다. 일시적인 현상이려니 하고 무심히 지나다가 어느 날 주변 지인들과 이야기하면서 물어보았다.

"아침에 일어나면 손이 무겁고 손가락 마디마디가 아프다."

모두 이야기를 안 해서 그렇지 그런 경우가 많이 있다고 한다. 처음에는 손이 무겁다가 다음은 손가락 마디마디가 아프다가 결국은 손목이 아프기까지 한단다. 마흔이 넘어가면서 의외로 손가락 아픔 현상을 겪은 여성들이 많이 있다는 것을 알게 되었다. 그러나 대부분 대수롭지 않게 여기다가 큰 코 다친다는 것이다. 여자들이 손이 아플 때 조심하지 않고 지내다 보면 어느 순간 접시 하나도 들기 어려워진다는 것이다. 나도 모르게 손에 힘이 빠지면서 부엌에서 일을 하다가 접시를 떨어뜨린다는 것이다. 그러니 처음 아플 때 신경 써서 치료하고 조심해야 한다고 한다. 특별한 치료 방법은 모르겠고 찬물에 손을 대지 말고 일을 줄여야 한다고 한다. 아이들을 키우며 살림을 해야 하는 주부에게 찬물에 손을 대지 말라니, 과연 가능할까? 조심할 수는 있어도 찬물에 손을 대지 말라는 말은 주부에게는 아주 어려운 일이다.

한국의 주방은 따뜻한 물을 늘 사용할 수 있지만 이곳은 주방에서 따뜻한 물을 쓰기가 쉽지 않다. 대부분의 부엌에 따뜻한 물이 나오지 않기 때문이다. 고무장갑을 끼기 힘들어하는 나는 늘 찬물에 손을 담그고 일을 한다. 그런데 고무장갑만 끼면 안 되고 속에 면장갑을 끼고 그 위에 다시 고무장갑을 끼고 일을 해야 최대한 손에 찬 기운이 들어가지 않아서 손 아픈 것을 예방할 수 있다고 한다. 그러니 나중에 고생하지 않으려면 면장갑을 끼고 그 위에 다시 고무장갑을 끼고 일을 하라는 것이다. 고무장갑도 끼지 못하는 내가 더군다나 면장갑을 속에 끼고 다시 고무장갑을 끼라니. 그래도 아파서 고생하는 것보다야 낫겠지 하고 잠시는 조심하게 된다. 하지만 곧 잊어버리고 또 찬물에 맨 손을 담그곤 한다.

그렇게 몇 년이 지난 올해는 농장 개원식이 있었다. 농장 개원식을 준비하다 보니 의외로 일이 많았다. 매일 농장에 올라가서 일을 하다 보니 몸에 무리가 갔나 보다. 개원식이 끝나고도 일은 쌓여 있으니, 안 가면 모를까 농장에 가면 일을 해야 하는데 습관적으로 찬물에 손을 담갔다. 올 봄부터 시작된 일이 가을이 지나고 겨울이 다가오는 얼마 전까지 농장에서 차가운 물에 손을 담그고 일을 해야 했다. 농장 물은 가정에서 사용하는 수돗물보다 훨씬 찼지만 별 감각이 없었다. 그런데 자고 일어나면 손이 무겁고 아파서 구부리기도 힘들고 그 아픈 정도가 점점 더 심해지기 시작했다. 그러다 말겠지 했지만 점점 더 심해지고 전에 누군가가 나에게 경고했던 일이 생각나면서 이러다 큰일 나겠다 싶어 농장 일을 쉬기로 했다. 집에서도 조심하면서 손을 사용하고 있고 약을 먹으면서 나아지기를 기다리고 있다. 남편은 웅담분을 먹으라며 준비해 주기도 했고 아파하는 나를 위해 애써 주는 모습이 고마웠다.

어느 날은 접시를 들다가 멈추었다. 손에 힘이 쑥 빠지면서 곧 들고 있던 접시를 떨어뜨릴 것 같았다. 몇 년 전에 경고한 일이 일어난 것이다. 이렇게 몸이 부실해지니 갑자기 고국이 그리워졌다. 내가 살던 그리운 고국에 가고 싶고, 한국에서 공부하고 있는 사랑하는 아이들이 보고 싶고, 사랑하는 부모님과 형제들이 보고 싶고, 언제 만나도 반가운 친구들이 보고 싶어졌다. 마음이 약해지니 더욱 간절한 것은 그리운 사람들이었다. 모두 마음이 약해져서 일어나는 일이지만, 이런 마음을 먹는다는 것이 썩 유쾌하지는 않고 이렇게 약해지는 내 마음을 다스려야겠다는 생각이 들었다.

'내가 있어야 할 곳은 이곳인데, 왜 자꾸 마음이 약해지는 것일

까.’

꼭 죄 짓는 것 같은 생각에 다시 한 번 마음을 추슬렀다.

‘그래, 이곳이 하나님 나라에 갈 때까지 내가 살 곳이 아닌가.’

즐겁고 기쁘게 살아가자 다짐하면서 약해진 내 마음을 애써 위로하고 다시 힘을 내서 살려고 애쓰고 있다. 나의 약함을 아시는 주님께서 곧 회복시켜 주시고 마음까지도 다스려 주시리라 생각하면서 간절히 간구해본다. 늘 기쁨 속에서 굳세게 살아가도록 인도해 달라고.

chapter 04

하얀 무법자

입춘도 지나고

개구리가 세상 구경한다는 경칩도 지나

이제는 봄이 오려나 기다리고 있는데

소리 없이 밤사이에 살며시 찾아와

온 천지를 점령해 버린 하얀 무법자.

높은 산, 낮은 산, 계곡 위에도

높은 나무, 낮은 나무, 풀잎 위에도

아파트, 기와집, 초가집에도

어느 한 곳 피하지 못하도록

점령해버린 하얀 무법자.

누가 그리 반겨 준다고 그리도 당당히

예고도 없이 이리 많이 내려 왔을까!

그래도 반겨주는 이 있으니
윗집, 아랫집, 옆집 아이들
반갑다고 소리치며 뛰어나와
눈사람 만들고, 눈싸움 하며 즐거이 노닐고

한쪽에서는
엄마와 함께 아이들 뛰어나와
이 폼 저 폼 잡으며 사진 찍고 즐겨하니
우리 모두 반겨야 하려나.

chapter 05

감사할 수밖에

이른 아침

두 눈을 떠 세상을 바라보며

두 귀를 열어 아름다운 소리 듣게 하시며

뻥 뚫린 코로 향기 맡게 하시고

열린 입술로 찬양하게 하시니

감사할 수밖에.

하늘 향해 두 팔 벌려

건강함을 확인하고

힘차게 걸을 수 있는

두 다리 있음에 활동하면서

오늘도 움직이게 하시니

감사할 수밖에.

맑은 머리로 하루 계획하고
따뜻한 가슴으로 사랑하며
오장육보 건강하게 하시니
살아있음에 감격하여
감사할 수밖에.

귀와 눈을 두 개씩 주심은
속히 듣고 빨리 보고 분별하게 하시고
입을 하나 주심은 속히 듣고 빨리 보되
더디 말하고 적게 말하도록 하셨다는
의미를 깨달으니
감사할 수밖에.

이 건강한 몸 주셨으니
두 발로 부지런히 뛰어다니며
두 손으로 열심히 봉사하고
맑고 건강한 머리로
아름다운 생각하게 하시어
넓고 따뜻한 가슴으로
세상을 사랑하게 하시니
감사할 수밖에.

chapter 06

추억 속으로

내 어릴 적 고향집은
작은 산을 하나 넘어야 갈 수가 있었지.
지금은 영동고속도로로 인해 많은 변화가 있지만
내 어릴 적 기억 속에는 그 작은 산을 넘어
우리 집에 도착하면 작지만 제일 좋은
따뜻하게 맞아주시는 어머니가 계신
푸근한 그런 집이 있었다네.

집 앞에는 작은 남새밭이 있고
우리 집 재산목록 1호인
소의 쉼터인 소우리가 있었고
그 앞에는 석류나무가 탱글탱글
석류열매를 맺고 기다리고 있었지.

내 어머니는
늘 이른 아침 남새밭을 돌보고
소에게 먹일 여물을 썰어다가
정성스레 끓여 소에게 주었지.
지금은 아련한 그 고향집
어떻게 변해 있으려나.

내 어릴 적 고향 마을은
오솔길이 수없이 많았지.
오솔길을 따라 많이도 돌아다녔는데.
봄이 되면 나물 캐러 이리저리 뛰어다니고
소 풀 뜯기러 다니다가
소는 주변 느티나무에 매 놓고
잔디 위에 누워 하늘 쳐다보며 놀던 곳.

가을이 되면 으름열매 산딸기 따 먹으러 다녔지
겨울이 돌아오면 나무하러 친구들과 어울려
돌아다녔던 내 어릴 적 고향 마을
지금은 그 모습 어떻게 변해 있을까!

고향에서보다 타국인 이곳에서
더 많은 세월을 살았지만 늘 그리운 그곳
고향 집, 고향 마을

다시 한 번 찾아가 봐야지.

2007년 4월 12일

chapter 07

내가 아닌 너를 인정함이

아래 이야기는 어느 목사님
(누군지 기억 못함)이 설교할 때 인용했던 내용이다.

어느 가정에서 일어난 일이다. 부부가 저녁에 나눈 대화라고 한다.

남편: 출출한데 '국수'나 삶아 먹지.
아내: 네? '국시'요. 알았어요.
남편: '국시'가 아니고 '국수.'
아내: 글쎄 알았어요. '국시'요.
남편: '국시'가 아니고 '국수'라니까!

끝이 나지 않는 대화가 결국엔 부부사이에 다툼이 되었다. 그 밤
국수는 끓여 먹지 못하고 옆집에 사는 교장 선생님에게 물어보기로

하고 옆집으로 갔다. 교장 선생님이 들어보니 어느 한쪽 말이 옳다
고 했다가는 난감한 일이 일어날 것 같아 둘 다 옳다고 했다 부부는
어떻게 둘 다 옳으냐고 물어보았다.

> 교장: '국수'는 '밀가루'로 만든 것이고, '국시'는 '밀가리'로 만들었습
>   니다.
> 부부: 그게 같은 말 아닙니까?
> 교장: 다릅니다. '밀가루'는 '봉투'에 들어 있고, '밀가리'는 '봉다리'
>   에 들어 있습니다.
> 부부: 아니 그것도 같은 것 아닙니까?
> 교장: 아니 그것도 다릅니다. '봉투'는 '기계'로 만들었고, '봉다리'는
>   '손'으로 만든 것입니다.

그러면서 하시는 말씀이 '밥'이 질면 '죽'이려니 하고 먹고, 설면
'생식'이려니 하고 먹고. '국'이 짜면 '물'을 부어 먹고, 싱거우면 '장'
을 넣어 먹으면 되지. 싸울 일이 뭐 있느냐는 말에 부부는 크게 깨닫
고 돌아갔다고 한다.

우리네 삶이 이런 것이 아닌가 하고 이렇게 반성해 본다.

'별일이 아닌 것을 별일로 만들어 싸우고 있지는 않나?'

다양한 사람들이 살아가는 크게 생각하면 세상에서, 작게 생각
하면 가정에서 서로 주고받는 말 그리고 생각들을 보면 어떤 것은
옳고 어떤 것은 그른 것이 아니라 모두 입장에 따라 다르게 생각하

고 있기 때문임을 알게 된다. 입장을 바꾸어 놓고 생각하면 이해 안 될 것도 없고 용서 못할 것도 없는데, 모두 자기 입장에서만 생각하고 다른 사람 입장을 고려하지 못하니까 일어나는 일들이란 생각이 들었다. 네가 아니고 내가 아닌 제 삼자의 입장에서 보면, 둘 다 일리가 있는 경우가 많은 것을 모두 경험했을 것이다. 같은 일도 이렇게 생각하면 이렇게, 저렇게 생각하면 저렇게 그런 것 아닌가. 서로의 입장에 따라 다르게 표현될지라도, 그럴 수 있다는 생각을 하면 다툴 일도 성낼 일도 없을 텐데 말이다. 우리 모두 자기 입장에서만 이야기하고 서로 옳다고 우기니 불쾌해지고 서운해지고 미워지는 것이 아닐까 하고 가만히 생각해본다. 우리 모두 조금 아주 조금씩만 물러서서 생각해보자고, 그런 후에 다시 이야기하자고, 말하고 싶다. 어떤 일이 생겼을 때에 바로 해결하려고 하기보다는, 잠시 아니면 하루나 이틀 생각해 본 후에 다시 만나보면, 당시에 해결이 안 되면 금방 지구에 종말이 올 것 같았던 일들도, 아무것도 아닌 일일 수도 있다는 것을 우리는 모두 경험했을 것이다.

'참을 인(忍)이 셋이면 살인도 면한다.'

세 번은 아니어도 잠시만이라도 다시 한 번 생각해보면 금방 해결될 일들이 많이 생각난다. 우리 모두 부족하고 우리 모두 성급했음을 인정하면서 조금만 아주 조금씩만 양보하면서 상대방의 입장에서 생각하는 성숙한 사람이 되기를 기대해본다.

chapter 08

바람이 심하게 부는 날

어젯밤에 늦게 자서 그런지 아침에 일어나려니 많이 피곤했지만, 정신을 차리고 벌떡 일어나 아침 예배(우리 집은 결혼하면서부터 지금까지 아침 예배를 드리고 있다. 시댁이 아침마다 예배를 드리고 있었는데 우리도 결혼하면서부터 계속 아침 예배를 드리고 있다)를 드리고 간단히 식사를 하고 나니 다시 기운을 차릴 수 있었다. 그래서 감사하게 하루를 시작하는 맘으로 농장을 향해 씩씩한 걸음을 옮겼다. 언제부터인지 손이 많이 아파서 일은 하지 못하지만, 그래도 농장에 올라가 사진도 찍고 해야 할 일들을 살펴보았다. 농장을 잠시 둘러본 다음, 농장의 여러 풍경들을 카메라에 담으면서 올해도 풍년을 허락하심에 감사를 드렸다.

다른 식구들은 열심히 일을 하는데, 손이 아프다는 핑계(손이 아픈 것은 아파보지 않은 사람은 모른다. 겉으로 드러나지도 않기에)로 쉬기도 미안하기도 해서 차라리 일찍 집으로 가야겠다고 생각하고 혼자서 20여 분을 걸어 버스 타는 데까지 왔다(농장에서 내려가는 버스를 타려면 1시간에 한 대 있다. 만약 이 버스를 타지 못하면 20여 분을 걸어 내려가야만 버스를 이용할 수 있다). 바쁘게 일하는 남편보고 일찍 내려가면서 차를 태워다 달라고 하기도 미안해서 천천히 가을을 느끼면서 걷기로 했다. 그런데 내려오다 보니 바람이 심하게 부는 것이다. 차를 타면 2분이면 되는 길을 미안해도 데려다 달라고 할 걸 그랬나 하고 잠시 후회가 되었지만 돌아가기도 민망해 이왕 시작한 걸음을 즐기자는 마음으로 계속 걸어 내려왔다. 다른 날에 비해 바람이 얼마나 심하게 불던지 날씬하지도 않은 이 몸이 휘청거리며 날아갈 것만 같았다. 그래서 더 날씬해지면 곤란하겠다는 생각을 하면서 누가 듣기라도 한 듯 혼자 키득거렸다(그 웃는 모습을 누가 봤으면 청량리로 보냈을 것이다). 그런데 지금도 청량리로 보내나?

　　바람은 심하게 불지만 깊어가는 가을과 가을걷이를 하는 농부들을 바라보면서, 지금도 밭에 나가 일하고 있는 식구들에게 미안한 마음(혼자 이 여유로움을 느끼면서 걷는 것)에 이런저런 생각을 하면서 버스에 올라앉았다. 종점에서 목적지까지 여섯 정거장쯤 되지만, 손님이 세우면 아무데서나 서기 때문에(그러면서 내린다면 꼭 정류장에서 내리라고 하는 얄미운 기사들) 몇 번을 섰는지는 모르지만 10여 분만에 의학원 앞에 도착했다. 다시 집까지 가려면 버스가 연결되지 않아서 30분 정도를 걸어야 했다. 20분 정도를 걷고 10분을 타고 다시 30분을 걸어서 집에 오려니 택시를 타고 싶은 유혹에 마구 흔들렸지만, 주변을 보면서 걷는 것도 나쁘지만은 않아 걷고 또 걸어 집으로 향했다. 바람만 없어도 그리 힘들지는 않겠는데 오늘따라 바람이 심하게 불어서 집이 더 멀게 느껴졌다. 한손으론 모자가 날라 갈까 봐 모자를 붙들고 한손은 손가방을 들고 일부러 운동도 하는데 이쯤이야 생각하면서, 건강을 위해 기꺼이 걸었다. 한참 걷다 보니 드디어 집에 도착했다. 연기가 가득 찬 겨울에 이 바람을 얼마나 기다렸던지, 때에 따라 주시는 바람도 햇빛도 비도 눈도 그 모든 것에 감사하기로 했다.

chapter 09

친구

선지동산에서 함께 공부하고 졸업하고, 졸업 후에도 계속해서 연락하여 기회가 될 때마다 만남을 가지는 소중한 친구가 있다. 늘 관심을 가지며 걱정해 주던 친구가 한주간의 휴가를 내서 다녀가겠다는 연락이 왔다. 안식년을 할 형편은 아니고 안식월을 가지려고 하는데, 그중에 한 주간을 이곳에서 지내고 싶다는 것이다. 오랫동안 해외에서 살았지만, 다른 일과 겹치지 않고 우리 집에서 머무르면서 시간을 보내겠다는 사람들은 많지 않았기에 그 시간이 기다려졌다. 시간을 어떻게 보내야 하나. 어디어디를 가야 하나. 어떻게 의미 있는 시간을 보내야 하나. 식단도 짜 보면서 즐거운 맘으로 준비했다. 주변 호텔에서 하루 머물겠다는 것도 극구 말리면서 찾아온 친구와 좋은 시간을 보내기 위해 준비했다. 혼자 오지 말고 아내와 함께 오라고 하니까 아픈 조카(신장이 나빠 주기적으로 투석을 함)가 있어서 집을 비울수가 없다고 한다. 이럴 때 함께 오면 좋은데 하는 아쉬움이 있지만 사정이 있다고 하니 친구 혼자라도 다녀가라고 했다. 오는 길에 한 가지를 부탁했다. 우리가 부탁한 장화를 사기 위해 남대문 시장을 돌아다니다 보니, 대부분의 장화가 중국산이고 한국산이 별로 없었다고 한다. 그래서 한국산을 찾으려고 애썼다고 하기에 함께 웃었다. 한국산을 사서 신어보니 역시 질기고 좋았다. 오래 신을 수 있어서 좀 비싼 것 같지만 그래도 튼튼하고 질긴 것이 마음에 들었다.

우리는 일정을 조정해서 주변을 돌아보기로 했다. 일송정, 대성학교, 삼합을 거쳐 도문, 그리고 백두산을 다녀왔다. 아름답고 소중한 추억들을 만드느라 피곤한 줄도 모르고 한 주간 다녔다. 백두산에는 아직도 눈이 있지만 예년에 비해 적은 편이라 걸어서 천지까지 올라갔다. 천개가 넘는 계단을 올라가는데 얼마나 힘이 들던지, 올라오지 말 걸 하면서 몇 번이나 후회했지만 다 올라가서는 언제 그랬냐는 식으로 한 장 한 장 사진기에 추억을 담으면서 토끼처럼 뛰어다니다가 아쉬움을 머금고 다시 내려와야 했다. 내려오는 길은 가볍게 그리고 홀가분하게 사뿐사뿐 뛰어 내려왔다. 이전에 비해 길이 좋아져서 가는 길이 훨씬 수월했다. 갈림길에서 어떤 사람에게 길을 물어보았는데, 친절히 가르쳐준 길이 우리가 원하던 길이 아니어서 잠시 고생을 했다. 하지만 잘못 들어선 길이 영 틀린 길만은 아니었다. 오히려 완공된 지 얼마 되지 않은 길이라 대부분의 차들은 이 길로 다니지 않기 때문에 한가하게 다녀올 수 있었고(도로세도 내지 않고), 파릇파릇 물이 오른 백두산의 모습을 보았다. 가는 길에 쉬면서 나물도 뜯고 준비해간 음식들도 먹으면서 갔는데도(너무 많이 준비해 가서 다 먹지 못함) 길이 좋아져서인지, 아침 8시에 출발했는데 돌아오니 저녁 8시였다. 몇 년 전만 해도 하루가 꼬박 걸리는 먼 길이었는데, 지금은 많이 단축되어서 다니기에 편리해졌다. 너무 먼 길이라 웬만하면 따라나서지 않는 길인데 모처럼 온 친구와 시간을 보내기 위해 열심히 따라 다니면서 아름다운 추억을 만든 귀한 시간들이었다. 12시간의 여행이 결코 지루하지 않았던 것은 좋은 친구와 함께 쉼을 얻는 소중한 추억의 시간이었기 때문이다. 물론 친구는 무리한 여행으로 몸살이 친구하자고 찾아와 감기에 걸리기도 하고 다리가 삐어서 침을 맞아야 했지만 함께 오른 백두산의 기억은 오래갈 것이다. 멀리 있다 보니 이렇게 찾아오는 친구들이 얼마나 반가운지, 가까이 있어서 언제나 볼 수 있어도 보지 못하고 사는 사람들에 비하면 이렇게 찾아와 주는 친구가 있어 행복하다. 어쩌다 한국에 가보면 우리가 오게 되어 서로 만날 시간을 냈다는 친구들을 보게 된다. 가까이 있다고 보고 싶을 때 볼 수 있는 게 아니다. 분주한 삶을 살다가 계속 미루다 보면 어느새 시간은 흘러가게 된다. 멀리서 온 친구와 오랜만에 만나 음식을 나누고, 지난 인생의 이야기를 주고받는 것은 그분이 주신 또 하나의 선물이 아닐까 생각해 본다.

chapter 10

다양함 속의 조화

전에도 마찬가지였겠지만 급속도로 변화하는 요즘 세상에서 한 가지만 고집하는 사람들을 보면 참 바보 같다는 생각이 든다. 다양함을 인정할 줄 아는 지혜, 그 속에서 더 많은 일들이 일어날 줄 믿는다. 또 그런 다양함을 인정할 때에 모든 일이 순조로울 수 있다는 생각이 든다.

하나님이 이 세상의 것을 만들 때 하나도 똑같이 만들지 않았다는 것이다. 한 엄마의 자녀로 태어나도 다르게 만드셨고, 쌍둥이도 다르다. 또 열 손가락, 열 발가락이 모두 다르듯이 이 세상에 똑같은 것은 없는데, 생각이 모두 같아야 한다는 것은 좀 잘못된 생각이라 여겨진다. 열 사람이 오면 열 가지 생각이 있을 수 있다는 것이다. 그러나 비슷한 생각이라면 또 그 생각이 틀린 것이 아니라면 내 생각을 조용히 내려놓고 따라 줄 필요가 있다. 이 세상에 혼자 할 수 있는 일은 극히 드물다고 본다. 어떤 일을 계획하고 함께 하기 위해 출발했다면 책임자의 생각을 따라주고 자신을 낮추는 자세가 필요하지 않을까?

　비전트립으로 다녀가는 팀 중에는 참 힘든 팀들이 있다. 책임자를 세우고 리더가 이끄는 대로 따르기로 했을 텐데도 힘을 합치기보다는 한 사람 한 사람 자기주장을 할 때는 그 책임자는 물론이거니와 옆에서 지켜보는 사람들도 정말 힘들게 한다. 여럿이 함께 하다보면 내 뜻과 다른 것도 있을 것이고 싫어도 함께 해야 할 일들이 있는데, 그러지 못하는 사람들이 의외로 많이 있다는 데에 어떤 때는 놀라기도 한다. 선교지를 둘러보러 올 때는 대단한 각오를 가지고 왔을 거라 생각한다. 그러나 막상 와서는 선교지 상황을 고려하지 않고 자신들이 계획한 대로 안 된다고 하면 서운해 하며 힘들어 하는 사람들, 그들을 보면 도대체 왜 왔는지 묻고 싶다. 하지만 나도 역시 내 생각을 고집할 수 없어서 답답하지만 꾹꾹 눌러 참아야 할 때가 있다. 그런 일이 있고 나면 제 분에 못 이겨서인지 일을 끝낸 기쁨보다는 속이 상해서 몸살이 날 때가 있다. 한 사람 때문에 전체에게 끼쳤을 어려움들, 그 한 사람 때문에 기분이 상해 더 잘 해주고 싶었지만 마음이 내키지 않아 소홀했던 일을 후회하는 어리석음 등으로 말이다.

　얼마 전 다녀간 팀은 정말 어떻게 해야 할지 감이 잡히지 않았다. 책임을 맡은 사람을 비방하고 끼리끼리 모여 속삭이고 몰려다니고 하라는 일은 하지 않고 도대체 그 귀한 시간을 들여 여기까지 왜 왔는지, 지금 무슨 생각을 하고 있는지, 도무지 성숙한 사람들이라고 볼 수가 없었다. 저런 사람들이 선교지에 간다고 교회에서는 그 귀한 헌금을 썼겠구나 생각하니 괜히 내가 속상했다. 교회에서 그 귀한 선교헌금을 들여서 보내 팀이라고는 생각할 수 없었다. 함께 도와서 일을 봐야 할지, 알아서 해결하도록 해야 할지, 참으로 난감한 상황이었다. 우리가 도울 수 있는 것은 억지로 돕고(돕고 싶어 도운 것이 아님), 돕는다기보다 사실 함께 해야 할 일인데 기쁘게 참여할 수 없었으니 극히 적은 부분의 일들을 도왔을 뿐이다. 결국 나머지 일들은 스스로들 알아서 해결해야만 했다. 이럴 경우는 현장에 있는 사람들의 귀한 시간만 빼앗았다는 생각과 차라리 오지 않았으면 좋았을 거라는 생각이 든다. 사실 그 시간이 너무 아쉽다. 현장을 이해하고 돕고자 하는 마음으로 다녀갔으면 서로에게 얼마나 유익하고 좋았을까 하고 생각하면서 아쉬움을 달래본다. 이럴 때는 결국엔 양쪽 모두 손해일 수밖에 없다. 잘 해주지 못한 우리도 그런 일이 있으면 한동안 일에 집중하기보다 허탈함을 느끼고, 다음에 팀들이 온다 하면 경계하게 되기 때문이다. 그들이나 우리나 모두 다양함을 인정하고 따를 줄 아는 지혜가 필요하지 않을까 생각해본다.

chapter 11

추수감사절에 드리는 감사편지

한해를 마무리해야 할 시기가 다가오는군요. 2007년 추수감사절을 준비하면서 감사가 넘치실 여러분들의 모습이 그려집니다. 한해를 돌아보면서 정말 감사의 내용들이 너무 많았음을 고백하게 됩니다. 지면을 통해 드리는 감사가 얼마나 전달될지는 모르지만 제가 드리는 글보다 훨씬 많은 감사가 있다는 것을 말씀드리고 싶습니다. 15년을 이 땅에 와서 살면서 어려웠던 일보다 행복했던 일들이 많았음을 고백해 봅니다. 5살, 6살 된 두 아들을 데리고 떠난 고국이었고 도착한 낯선 땅이었지만 섬기고 싶었던 곳이었기에 어려운줄 모르고 살아온 지난날들이었습니다. 돌이켜보면 너무나 많은 감사의 조건들이 있었음을 고백하면서 앞으로도 인도하실 그분의 뜻을 기대해봅니다.

벌써 두 아들이 대학생이 되었고 학교생활을 잘 하고 있음에 감사합니다. 지난 봄, 기흉 수술을 한 샛별이를 위해 여러분들이 기도

해주시고 물질로 도와주시고 간호해주심은 잊지 못할 감사의 시간이었습니다. 개원식을 할 때에 친히 오셔서 축하해 주신 정 목사님께 그리고 장로님들과 여러 성도님들께 머리 숙여 깊은 감사를 드립니다. 소식을 전할 때마다 기도해 주시고 격려해 주시며 위로해 주시고 도와주신 모든 일들에도 감사를 드립니다. 소식을 자유롭게 드릴 수 없는 지역에 있어서 원활한 소식을 드리지 못함에도 이해해 주시고 믿어 주시고 후원해 주셔서 감사를 드립니다. 대부분의 사람들이 이해하지 못하는 특수한 사역에도 이해하시고 동참해주신 정 목사님과 뜻을 모아주신 장로님들과 교우님들께 특별한 하늘의 은혜가 넘치시리라 생각됩니다. 차량도 보내주시고 여름 봉사활동에 참여해주시고 이 땅을 위해 늘 기도해주시고 애써 주심에 또한 감사를 드립니다.

올해는 풍년을 허락해 주셨습니다. 돼지, 닭, 병아리들, 개, 모든 농작물들, 농장의 모든 것들이 잘 자라고 있습니다. 얼마나 풍성한 결실을 허락하셨는지 함께 나누고 싶은 마음 간절합니다. 많은 사람들이 교육을 받고 나가 실천하려고 준비하는 모습에 이 일을 통해 일하실 그분의 뜻을 기대해 봅니다.

이 땅의 사람들을 사랑하기로 결심하는 일은 어렵지 않았습니다. 그리고 사건과 일의 만남 가운데 구체적 사랑은 쉽지 않기에 결단과 용기가 필요했습니다. 그러나 한 사람을 사랑하기는 더욱 어려워 주님께 능력을 구했습니다. 더군다나 신의와 약속을 저버리는 한 사람을 끝까지 사랑하기에는 너무 힘에 겨워 나를 포기해야 했습니다. 주님께서 나와 그를 긍휼히 여겨주시도록 기도하고, 또 기도합니다. 이 땅에 와서 처음으로 다가 온 어려운 일이었습니다. 고난 후에 더 큰 은혜로 역사하실 줄 알기에 더욱 감사하렵니다. 마음에 평안을 주시니 참 감사합니다. 그리고 그를 축복합니다. 한낱 미물인 짐승도 자기를 예뻐하는 것을 아는데 그분께서 창조하신 그가 진심을 받아들이지 않는 데에는 그분의 선하신 더 큰 뜻이 있으리라 생각됩니다.

풍성한 추수감사절에 저희들도 이렇게 소식을 드릴 수 있어서 얼마나 감사한지요. 많은 글을 쓸 수가 없어서 간단히 감사의 조건들을 생각해 봤습니다. 첫눈은 10월 19일에 내렸고 어제도 오늘도 농장에는 눈이 내리고 시내에는 비가 내립니다. 겨울을 재촉하는 눈과 비가 내리고 나면 추위가 오겠지요. 추운 겨울이지만 따뜻한 겨울이고 싶습니다.

경주제일교회의 모든 분들이 따뜻하고 풍성한 겨울이 되시길 바라면서 추수감사절에 풍성한 결실의 소식과 기쁨의 은혜가 이웃에서 이웃으로 전달되기를 바랍니다. 저희들을 위해 늘 기도해 주시고 아낌없이 베풀어 주시는 경주제일교회에 다시 한 번 감사를 드리면서 풍성한 가을에 맞이하는 추수감사절에 은혜 충만한 시간들 되시기를 바랍니다. 주 안에서 형제자매 된 여러분 정말 감사드립니다.

행복은 남이 만들어 주는 것이 아니라 내가 만든다는 생각을 가지고 살아간다면
행복이 지속될 것이다.

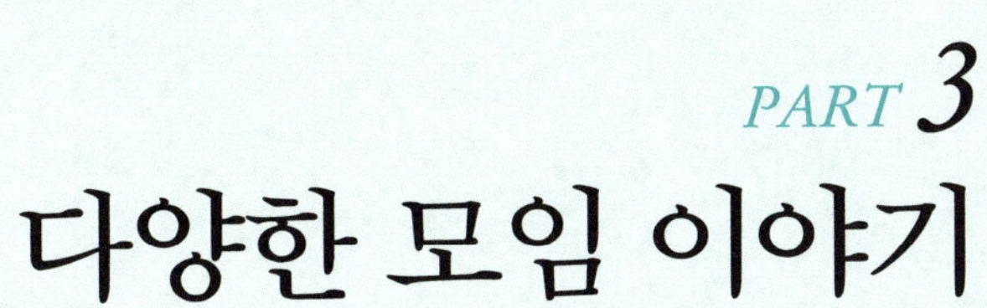

PART 3
다양한 모임 이야기

디아스포라 모임

남들보다 일찍 이곳에 온 우리들은 이곳저곳 여러 모임에서 중요한 일들을 맡아서 감당해야 했다. 어떤 때는 원해서(이곳에 산지가 오래이다 보니 어떤 일은 자발적으로 해야 할 때가 있다.), 또 어떤 때는 떠맡아서 맡게 된 일들이 제법 많았다.

남편은 우리 모임에서 2000년부터 2001년까지 회장으로 섬겨야 했다. HG에 계신 분이 3년을, 또 MC에 계신 분이 한 회기를, 그리고 남편이 다음 회기를 맡아야 했다. 초창기라 해야 할 일이 많았다. 어떤 모임이든 조직이 있고, 그에 따른 일들을 해야 하는데 초창기이다 보니 하나씩 만들어 가는 과정 중에 있었기에 해야 할 일들이 많았다고 본다. 사람들이 점점 많아지다 보니 의견도 다양하고, 요구사항도 다양했지만, 성숙한 사람들의 모임이라 그런지 큰 어려움 없이 지금까지 잘 성장하고 있다.

여성 모임은 작년부터 시작을 했다. 물론 오래전부터 있었고 그것도 만들어지면서 먼저 온 사람이 맡아달라고 해서 내가 맡았다. 하지만 모두들 멀리 떨어져 있고 겨우 일 년에 한 번 만나고 헤어지는 그 모임에서 특별히 할 일을 찾지 못했다. 전체로 모였을 때, 시간을 허락받아 몇 시간씩 이야기(그것도 어린 자녀를 둔 엄마들은 아이들 때문에 계속 참여해서 이야기 하지도 못하던 때)하고 헤어지면 그 다음에 또 만나기가 어려운 시기였다. 그래서 특별히 행사를 계획하지도 못하던 때였고, 그러다보니 조직이란 걸 하기가 어려운 그런 모임이었다. 여러 해가 지난 지난해에 다시 여러 사람들의 요청에 의해 모임이 시작되고, 부회장으로 섬기다가 올해는 회장을 맡게 되었다. 전체 모임에서 작년에 부회계를, 올해는 여성부회장을 맡게 되었다. 거기뿐 아니라 또 다른 모임에서도 중요한 일들을 맡아서 해야 하니 많이 바빴다.

특별히 올해는 디아스포라 모임이 있었다. 처음부터 크게 생각했던 모임은 아니었는데, 의견을 모아 진행하는 과정에 아주 큰 모임이 되었다. 올해가 모리슨 선교사가 온 지 200년이 되는 해라면서 특별한 모임을 갖게 되었던 것이다. 처음에는 HG에서 하기로 했었는데, 복잡한 여러 사정으로 그 계획이 바뀌면서 취소되는가 싶더니 MC에서 하기로 결정되었다고 한다. 다시 장소를 옮겨서 하기로 결정하고 나니, 준비하는데 복잡한 여러 가지 일들이 있었다. 참석하는 사람들이야 별 문제없이 참석하라고 할 때 참석하면 되지만, 준비하는 사람들로서는 신경도 많이 쓰고 해야 할 일도 많은 그런 행사였다. 우리 동네에서도 여러 어르신들이 참석하게 되었다. 우리는 임원이다 보니 함께 출발을 하지 못하고 도착했다고 해도 모시러 가지도 못하고 이런저런 일들로 인해 분주하게 움직였다. 우리 동네에서 간 어르신들이 바쁘게 돌아다니는 내 모습이 곱게 보이질 않았나 보다. 극성스럽게 보였던 것 같다. 그도 그럴 것이 그 분들을 전혀 챙겨드리지 못하고 행사를 돕느라 분주했으니 그럴 만도 하다. 잠깐 시간을 내서 식사하는 곳에 가서 인사를 드리면서 사과를 드렸다. 일을 돕다보니 잘 챙겨드리지 못해서 죄송하다고 말씀을 드렸다. 어떤 분은 일을 하다 보면 그렇지 뭐 하시는데, 어떤 분은 노골적으로 불쾌한 감정을 드러내신다. 그래도 엄밀히 따지면 잘못 했으니 어쩌랴. 따가운 시선을 받으며 죄송한 맘으로 다시 발길을 돌려야 했다.

행사를 하다 보면 다양한 일들을 맡게 된다. 일을 분배하다 보면 행사 시간에 사람들이 모이도록 시간을 알리고 행사장으로 들어가게 하는 일이 있다. 그 일은 사람들에게 미움 받기 딱 좋은 일이다. 삼삼오오 모여 이야기 하는데, 그것을 못하게 하고 모임장소로 들어가게 하다 보면 오해도 생기기도 하는데 스스로 들어가기 전까지 말하기가 어려운 일이다. 이곳에 온지 오래되기도 하고 목소리도 크고 하니, 그 일도 나보고 해 달라는 것이다. 행사를 위해서 누군가가 해야 하는 일이라면 기꺼이 감당해야 했다. 간식시간에 밖에 나와서 시간을 보내다가 행사시간에 들어가지 않는 사람들을 들여보내려고 왔다갔다 하는 모습이 많이 비쳤을 것이다. 그 외에도 앞에 나가서 얼굴 보이는 모습이 여러 번 보이다 보니 참 극성스럽게 보였을 것이다. 그래서 어떤 이들은 오해를 하기도 했다. 그러나 이런 일쯤이야 어쩌랴. 여러 사람들의 이런 저런 수고들을 통하여 큰 행사를 별무리 없이 잘 마칠 수 있었으니 다행이었다.

그리고 집으로 돌아왔다. 오늘 남편을 만난 어떤 권사님이 위로를 하시더란다. 사모님이 굉장히 강하던데 힘드시겠다고. 왜 사람들은 겉으로 드러난 모습만 보고 사람들을 그렇게 쉽게 평가하는지 모르겠다. 그것도 함께 사는 남편에게. 우리는 그런 것에 별 어려움 없이 너무 잘 지내고 있는데 슬쩍 지나면서 본 인상으로 평가하려는 모습들은 자제해 주었으면 하는 바람이 있다. 여러 일들을 진행할 때 강한 면들이 많이 보인 것 같다. 개인적으로 뜨뜨미지근한 걸 싫어하기 때문에 무슨 일을 맡으면 강하게 진행하는 경우가 많다. 그렇다고 그것을 부정할 생각은 없다. 그것이 가정에서 문제가 될 정도는 아닌데 말이다. 초교파 전체 모임에서도 남편은 운영위원을, 나는 회계를 맡게 되었다. 모든 행사를 마치고 수고한 임원들이 인사하는 자리에서 당시 회장이 임원들을 소개하면서 내 차례가 되었는데, 이렇게 소개하는 것이다. 내가 임원들 군기반장이어서 회장인 자신도 꼼짝 못했다나, 그래서 모두가 한바탕 웃었던 기억이 있다.

여러 곳에서 일을 하다 보면, 부드러움보다는 강한 모습이 보여서 생기는 오해들이 있음을 인정하면서도 그런 소리를 들으면 썩 유쾌하지는 않다. 잘 알지도 못하면서 충고라고 하는 말들이 얼마나 개인적인 생각인가를 느끼면서 나 또한 그렇게 남을 평가하지 않았을까 생각하면서 반성하게 된다.

chapter 02

여성 세미나

여성분들과의 모임으로 세미나를 한 적이 있다. 그때 곤명에서 정 목사님을 모시고 귀한 시간을 보낸 좋은 추억이 있었기에 여성 세미나에 대한 기대가 컸다. 이번에는 내가 여성 회장을 맡고 전체 여성 모임으로는 처음으로 세미나를 개최해야 하기에 머리가 복잡했다. 지난번 MC 모임에서 대충 계획을 세웠어야 했는데 워낙 큰 모임(디아스포라 모임)을 하고 난 후에 시간이 없어서 그냥 헤어졌기 때문에 계획을 세우는 데 복잡한 일들이 더 많았다. 임원들이 모두 멀리 떨어져 있는 관계로 자주 모일 수도 없고, 모든 모임에 대한 계획을 메일로 혹은 전화로 조율해야 했다. 강사를 섭외하고 시간을 정하는 일들도 쉬운 일이 아니었다. 준비할 시간도 그리 넉넉하지 않았고 또 1월 중에 하려다보니 대부분 강사님들 일정이 짜여 있는지라 어려움이 많았다. 다행히 이번 디아스포라 모임에서 강의를 하셨던 동숭교회 서정오 목사님께서 그 기간에 시간이 되신다고 하셔서 어려울 수 있었던 강사 문제가 생각보다 쉽게 해결되었다. 일정은 2008년 1월 15일부터 하기로 결정을 하고 세세한 일정을 논의해야 했다. 특강 강사를 섭외하는 과정에서 어려움도 있었지만, 짧은 일정에 주강사, 특강 강사를 모시는 것보다 주강사만 모시고 하는 것이 좋다는 의견이 있었는데 내 생각도 그랬기 때문에 반대 의견도 있었지만 그렇게 하기로 결정을 했다. 이 일로 인해 맘고생을 많이 해야 했다.

다행인 것은 심천의 조 선생이 많이 도와줬다. 일정을 조정하는 문제 외에 소소한 모든 일까지도 최선을 다해 도와주어서 많은 힘이 되었다. 장소에 대한 여러 의견이 있었지만 최종적으로 심천에서 하기로 했다. 심천에서 하게 되어 여러 가지 복잡한 문제들이 한꺼번에 해결되었다. 심천의 조 선생과 그곳의 식구들의 헌신으로 인해 어려움 없이 일정들을 소화할 수 있었음에 감사한다. 서로 의사소통이 어려워 불협화음도 있었지만, 의견이 조율된 상태에서는 세미나를 위해 열심히 준비하기로 하고 오해되었던 부분들은 만나서 이야기함으로 풀 수 있었다. 서로 개인의 이익을 위한 것이 아니었기에 전화로 할 때에는 많이 복잡해 보였지만 만나서 이야기하고 나니 금방 이해하고 풀 수가 있었다. 미리 도착해서 둘러본 숙소가 너무 협소해서 미안한 마음이 있었지만 모든 회원들이 감사함으로 받아들이고 이해해줘서 별 무리 없이 일정을 진행할 수 있었다. 생각했던 인원보다 줄어들어서 강사님께 죄송했지만 이곳 상황이 여의치 않아서 참석하지 못한 많은 회원들이 있었기에 서운해 할 일도 추궁할 일도 아니어서 참석한 사람들이 은혜 받는 것으로 만족해야 했다. 강사님이 워낙 시간을 잘 운영해 주셔서 그리고 장소를 허락하고 물심양면으로 도와주고 섬겨준 조 선생과 임원들과 회원들이 있어서 세미나 일정을 잘 마칠 수 있었다.

　서 목사님은 사모님과 함께 오셨다. 모든 일정을 서 목사님이 하시기로 했는데 개회 시간에 맞추어 오시기가 어려워서 개회를 당시 회장이었던 조 선생이 감당해 주었다. 강사님이 비행기를 이웃 동네까지 타고 오셔서 그 지역에 있던 전 선생이 수고해 주었다. 시간마다 은혜롭게 전해 주신 말씀으로 인해 언제나 그렇듯이 참석한 사람들만이 누릴 수 있는 기쁨과 축복을 얻는 시간이었다. 또 강사님 교회에서 선물을 주셨다면서 화장품 세트를 가지고 오셨고, 조 선생

교회에서 가방을 준비해 주셨고, 내가 천연 미용가루를 가져가서 함께 나누는 귀한 시간이 되었다.

이런 모임들을 하고 나면 준비하면서 어려웠던 일들은 다 잊어버리고 받은 은혜를 생각하면서 감사할 수 있어서 좋은 것 같다. 수고한 여성회원 여러분들께 진심으로 감사드리고 싶다.

chapter 03

학교 돕기 가족 모임

늦은 어느 가을날, 학교 돕기 모임을 가족들과 함께 하는 모임으로 하자고 한다. 보통은 회원들만 모이지만, 일 년에 한번쯤은 가족들이 모여서 교제도 하고 식사도 하곤 했었다. 올해는 가까운 야외로 나가자며 회원들한테 연락해 달라는 것이다. 컴퓨터로 소식을 전할 일이 있으면 거의 내가 하기 때문에 이번에도 연락을 하게 되었다. 근교에 조용하면서도 아늑한 장소에서 모이기로 했다. 한해를 마무리하면서 가족들이 함께 하는 모임으로 준비하고 따라 나섰다. 오랜만에 가족들이 함께 모이니 더욱 반갑고 풍성한 모임이 되었다. 처음 뵙는 얼굴들도 있었고, 가까이 있으면서도 오랜만에 만나는 얼굴들도 있었다. 서로들 반갑게 인사하면서 모임 장소에 도착했다. 시내에서 20~30분만 나오면 이리 조용하고 아늑한 장소가 있다는 것이 감사했다. 어느새 차가워진 날씨 때문인지 참석한 사람들은 따뜻한 아랫목을 찾아 방으로 들어갔다. 저 먼

산에도 가까운 산에도 단풍이 들어 온통 붉은 바다를 이루고 있었는데, 벌써 가을이 다 갔구나 하고 느끼게 되었다. 어디 가면 주변을 돌아보고 카메라를 꺼내 드는 습관 때문인지 남들은 방을 찾아 들어갔지만 옆 동네 사는 동료를 불러서 함께 주변을 돌아보았다. 오랜만에 나간 김에 단풍이 든 먼 산을 열심히 카메라에 담았다. 동료를 세워놓고 폼을 잡게 하고, 나를 찍으라고 하면서 이리저리 둘러보았다. 저녁시간이라 그런지 처음 도착했을 때는 견딜만하더니 점점 추워졌다. 아직 장갑을 끼지 않아서 그런지 손이 시리다. 시린 손을 호호 불고 바람에 날리는 모자를 붙들면서 더 어두워지기 전에 더 많이 돌아보려고 이리저리 다니면서 풍경과 우리들의 모습을 열심히 담았다. 사진 찍기를 싫어한다는 동료한테 조금 더 젊을 때 남겨놓아야 한다면서 카메라 셔터를 눌러댔다. 식당 구석에는 가을걷이로 거둬들인 듬뿍 쌓여있는 호박과 콩더미가 인상적이었다. 겨울 손님들을 위해 호박을 많이 저장하려는 것 같아 보였다. 예쁘게 정리되어 있는 장독들도, 가마솥에 토종닭을 삶는 과정도 구경했다.

　겨울이 일찍 찾아오는 북쪽 지방이기도 하지만, 오늘따라 얼마나 바람이 불고 춥던지 모두들 따뜻한 아랫목에서 이야기꽃을 피우고 있는데 우리도 그곳으로 뛰어 들어갔다. 미리 연락을 해 놓아서인지 군불을 지펴놓아 방안은 따뜻했다. 겨울에는 어른 아이 할 것 없이 따뜻한 곳이 좋은가 보다. 밖에서 얼었던 우리는 따뜻한 방에 들어가 얼었던 몸을 녹일 수 있었다. 벌써 첫눈이 그것도 함박눈이 내린 터라 추운 것이 그리 이상할 것도 아니지만 가을이 오다말고 그렇게 겨울이 오고 있는 것을 보면서 6개월이란 긴 겨울을 보낼 생각을 하니 벌써부터 지루하다. 푹푹 삶은 토종닭이 식탁으로 옮겨졌다. 밑반찬이라고 해야 별거 없지만 삶은 닭으로 저녁식사를 하고 살아가는 이야기들을 나누는 시간이 정겨웠다. 너무 많이 시켰는지 남은 닭과 뼈들은 농장의 개를 주기 위해 우리가 싸가지고 왔다. 내일 농장에 가면 우리 복순이가 얼마나 반가워할까. 복순이는 먹을 것을 가져가면 좋아하면서 꼬리를 흔들고 와서 툭툭 치면서 반가워한다. 복순이가 먹을 것을 가져가는 것은 즐거운 일 중에 하나다. 그래서 식당에 갔다가 고기 종류가 남으면 싸가지고 오곤 한다.

어느새 한국인들이 자가용을 많이 가지고 다닌다. 몇 년 전만 해도 이렇게 나오려면 차를 빌려서 오곤 했는데, 올해는 각자 차들을 가지고 온 분들이 많아서 다른 차를 빌리지 않고도 이동할 수 있었다. 이 가을 정거운 나들이가 풍성한 기억으로 남게 되었다. 계획된 것은 아닌데 날짜를 따져보니 우리 결혼기념일이었다. 늘 모르고 지나쳤던 결혼기념일인데 문득 생각나서 그 자리에서 축하를 받았다. 미리 알려주었으면 케이크라도 살 것 하면서 미안해하는데 말로 축하받은 것도 우리에게는 기쁜 일이다. 모르고 지나칠 수 있었던 결혼기념일이 정겨운 이웃들과 함께 맛난 식사와 즐거운 대화들을 나누었으니 아름다운 추억으로 간직될 것이다.

chapter 04

호스피스 병원 방문

이곳 YJ에도 호스피스 병원이 있다. 말기 암 환자들이 편안히 죽음을 맞이하도록 도와주는 병원이다. Y. CBMC에서 새해 첫날에 가족들과 함께 호스피스 병원을 간다고 한다. 이곳에 와서 생활하고 있는 젊은 부부들이 병원에 가서 선물도 전달하고 식사도 대접하고 나름대로 의미 있는 삶을 살기 위해 새해 첫날에 마련한 것이었다. 남편이 Y.C 지도강사로 섬기고 있고, 새해 첫날 의미 있는 시간을 갖는다고 해서 따라 나서게 되었다.

전날부터 정성껏 수고하여 준비한 풍성하고 맛있는 음식(잡채, 전, 나물, 참치회, 식혜 등)과 떡국을 준비한 젊은 아내들의 수고를 보면서 참 아름답다는 생각이 들었다. 모두들 솜씨들이 참 좋았다. 준비한 음식을 먹기만 하려니 좀 미안했다. 갑자기 참석하느라 난 아무것도 준비하지 못했기 때문이다. 점심을 먹고, 각 병실을 찾아갔다. 복도에 둘러서서 어린아이부터 어른들까지 함께 모여 축복송을 부르고 한 가정이 한 병실에 선물을 들고 들어가 위로했다. 중환자들이기 때문에 오랜 시간 함께 있을 수 없어서 잠깐씩 들어갔다 나왔지만, 아이들에게는 소중한 시간으로 기억될 것이다. 아이들의 교육을 위해서도 부모들이 한번쯤 생각하고 실천하는 것이 좋겠다는 생각이 들었다.

병원 시설은 편리하고 깨끗하게 잘 정돈되어 있었다. 어느 병원보다도 조용하고 깨끗하고 친절했다. 환자들이 안정을 취하고 조용히 쉬어야 해서 축복송을 준비해서 복도에서 함께 부르고, 준비해 간 떡과 과일을 각 병실에 전달하는 것으로 마무리했다. 후에 병실과 멀리 떨어져 있는 곳에 가서 윷놀이를 하고 푸짐하게 준비한 상품도 받으면서 즐겁게 새해 첫날을 보내게 되었다. 예쁜 꼬마들로부터 단체 세배를 받고 준비한 세뱃돈을 주고 새해에는 더 아름다운 삶을 살기로 다짐하고는 헤어졌다.

아침 9시가 조금 넘어 나갔다가 4시가 넘어서 집에 들어왔는데 피곤하지 않았다. 새해 첫날을 의미 있게 보내고 나니 올 한해를 더 의미 있게 잘 살아야겠다는 다짐을 하게 되었다. 어느 해보다도 뜻있게 보낸 귀한 시간이었다. 이런 마음가짐으로 한해를 살아간다면 기쁜 일들이 넘쳐나리란 기대를 하면서 하루를 마무리하였다.

chapter 05

모임을 준비하면서

2009년은 우리들이 준비하던 모임 장소를 한동대로 결정하였다. 한동대는 우리 자녀들이 다니는 학교이고, 한번쯤은 가보고 싶어 하는 곳으로 별 반대 의견 없이 모임장소로 선택하였다. 아무래도 우리 아이들이 다니는 학교라 사용 문의를 내가 맡아서 하게 되었고, 책임을 맡은 총무에게 그 일을 알려줘야 했다. 그 일을 맡아서 하는 데에는 별 어려움이 없었다. 워낙 친절하게 물음에 답해주고, 누구에게 문의해도 담당자에게 연락할 수 있는 방법을 알려주기 때문이다. '학교 시설 사용 허락서'라는 문건을 받아서 총무에게 넘겨주는 것으로 내 임무를 마칠 수 있었다. 그러나 막상 구체적인 조율에 들어가니 우리가 예상했던 것보다 훨씬 복잡했다. 일반 호텔을 사용하는 것보다 저렴한 가격에 학교 시설을 사용하는 것에 모두들 찬성했지만, 학생들 기숙사를 사용하는 문제가 그리 간단하지 않았다. 겨울철에 시설을 사용해야 하는 관계로 숙소를 사용하는 것을 의논하는 과정이 생각했던 것보다 복잡했다. 난방비 문제가 크게 작용하는 것으로 보인다. 우리는 1인당으로 계산되는 줄 알았는데, 학교 측에서는 부부가 한 방을 사용해도 침대가 4개니까 4인분을 내야 한다는 등, 우리의 계산과는 좀 다른 면이 있어서 조율하는데 어려움을 겪었다.

처음에는 모포와 베개에 대한 문제가 있었다. 학생들이 자기 모포를 사용하다가 가져가기 때문에 모포를 우리들이 준비해야 하는 줄 알았다. 숙소를 저렴하게 사용하는 대신 이불을 사서 쓰고 기증하자는 의견을 냈는데, 마침 대여하는 이불이 있다고 해서 염려했던 이불 부분은 해결되었다. 하지만 침대수로 계산할 것인지, 사람 수로 계산할 것인지는 차후에 다시 의논하자면서 숙소 문제는 그 정도로 의견을 나누고 일단락 매듭지었다. 식당 문제도 많이 복잡했다. 모임 성격상 정확한 인원을 예측할 수 없는 관계로 불협화음이 있었다. 한동대에서 지금까지 수련회를 위해 장소를 빌려줬을 때에는 별 어려움이 없었나 보다. 다른 팀은 참석 인원이 정해져 있기 때문에 식사하는 일에 문제될 것이 없었는데, 우리는 정확한 인원을 모르니 식사를 준비하는데 어려움이 많았다. 식당 측에서는 1주 전에 재료들을 사야 하기 때문에 미리 정확한 인원을 모르고는 식사 준비가 어렵다는 이야기였다. 우리는 대강 인원을 정해주고, 나중에 조정하기로 했지만, 역시 그 일은 그리 수월하게 처리하기가 어려웠다. 이럴 때 의견은 나누어진다. 불만을 표시하는 반면, 다른 사람들은 학교를 위해 기부도 하는데 저렴하게 사용하는 대신 이런 어려움은 넘어가자고 한다. 그중에 자기 아이들이 다니기 때문에 그런 말을 한다는 오해를 받기도 했다. 하지만 모두 크고 작은 행사들을 진행해보았던 사람들이라 그런지 일단 결정되고 나니 별 불만 없이 잘 따라 주었다. 학교를 모임장소로 사용하면서 좋은 점도 많았다. 소강당을 많이 사용할 수 있다는 것이 장점 중에 장점이었다. 물론 사용료를 모두 지불해야 했지만, 넓은 공간과 공기 좋은 곳에서 모임을 할 수 있다는 건 좋은 일이었다. 우리 아들들이 다니는 학교이기에 더 정이 갔고, 그들이 다니던 길을 걸어보는 것도 작은 행복이었다.

나는 회계로, 남편은 상임위원으로 다른 임원들과 미리 합류하여 임원회를 하고 모임을 준비하였다. 이 임원 모임에 기쁨의교회가 최선을 다해 섬겨주어서 얼마나 감사했는지 모른다. 최선을 다해 섬겨주시는 모습에 우리는 신나게 일할 수 있었다. 기쁨의교회에서 먹었던 키위로 만든 음료수는 다른 어떤 곳에서 먹었던 것보다 맛있어서 갈 때마다 먹었던 기억도 난다. 서로 조금씩 양보하면서 일을 진행하는데, 여러 사람이 함께 만나하는 일이기에 서로 의견이 다르고 이해하는 부분이 달라서 오는 어려움이 모임을 진행하기도 전에 우리들의 에너지를 빼앗아갔다. 그럼에도 모임을 시작하고, 여러 순서들을 맡겨진 대로 자기 위치에서 애써준 사람들 때문에 끝내고 나니 별 무리 없이 잘 됐다는 평가가 나와서 함께 한 임원들의 마음이 한결 가벼워졌다. 보이지 않게 수고하는 여러 사람들의 협력이, 그리고 이해하고 따라주는 많은 사람들로 인해 어려울 수 있는 모임을 잘 마칠 수 있었음에 감사를 드린다.

chapter 06

주석날 풍경

이미 고국을 떠나 15년을 타국에서 살고 있는 우리는 수없이 많은 추석, 설날을 보내면서도 잘 지낼 수 있었다. 그렇게 지내면서도 특별히 서운하거나 외롭다는 생각이 들지 않았다. 한국처럼 떠들썩하게 귀성길 전쟁을 치르면서 모여서 지내는 명절은 아니지만, 서로 같은 처지에 있는 사람들과의 만남으로 외로움을 덜 수 있었다. 함께 모여 식사도 하고 조촐하지만 뜻있게 시간을 보내면서, 그동안 바쁘다는 이유로 만나지 못했던 동료들과 오랜만에 느긋하게 모여 이야기하는 시간도 소중한 추억이었다. 잠깐씩 만났을 때 할 수 없었던 많은 이야기들을 하면서 이야기꽃을 피울 수 있었다. 때론 시끌벅적한 고향의 명절이 그립지만 조용히 이곳에서 보내는 추석 또는 명절을 잘 보냈던 것 같다. 하지만 저 가슴깊이 자리 잡고 있는 고국에 대한 그리움은 첫해에 느꼈던 그리움이나 십 수 년이 지난 지금이나 별반 다를 것이 없는 것 같다. 올해는 연년생인 두 아들이 대학을 다니기 위해 모두 떠나있는 가운데 맞이한 명절이라 그런지 더 조용하고 쓸쓸하게 생각되는 그런 날이었다. 아들들이 함께 있을 때는 송편도 빚고 많은 음식은 아니지만 그래도 몇 가지는 준비해서 먹었는데, 올 추석 명절은 그냥 조용히 아무것도 하지 않고 보내고 있으려니, 고향이 그리워지고 사랑하는 가족들의 소식이 궁금했다. 올해는 지난해처럼 여러 가정이 함께 만나는 모임을 만들지 않고 그야말로 조용히 지냈다. 그래도 감사한 것은 여러 사람들이 다양한 방법으로 소식을 남겨주어서 그나마 외로움을 달랠 수 있었다. 문명의 발전이 가져다주는 혜택을 마음껏 누렸다. 어떤 이들은 메일로 추석인사를 남겨주고, 미니홈피에 감사의 글들을 남겨주고, 블로거 친구들의 추석인사와 전화로 곳곳에서 소식들을 줘서 한가하지만 두루두루 소식을 들을 수 있는 아름다운 명절이었다. 가까이 사는 어떤 분들은 맛있는 과일도 보내주고, 집에서 만든 송편은 아니지만 송편을 들고 찾아와 주고, 필요한 생필품도 보내주고 작은 정성이지만 서로가 있음을 확인해주는 귀한 시간이 되었고, 이 모든 것이 서로 사랑하는 가운데 이루어진 일임을 알기에 더욱 감사하다. 가을 날씨라고 하지만 유난히 푸르고 깨끗하고 선선한 기분 좋은 추석날, 드넓은 벌판에 알알이 익어가는 농작물들을 보면서 풍성한 가을을 허락하신 주님께 진심으로 감사의 마음을 드리고 싶다.

chapter 07

천년송

돌이켜보면 고국을 떠나 제2의 고국이라 생각하며 이곳에서 살아온 세월이 참으로 짧지 않은 시간이었던 것 같다. 그런데도 구석구석 가보지 못한 곳이 너무 많이 있는 것 같다. 늘 오고가는 길 외엔 못 가본 길들이 많이 있다는 생각이 문득 들었다. 그중에 차로 20분 정도면 갈 수 있는 곳인데도, 자주 가 보지 못한 곳이 있었고, 가봤지만 또 가본 곳만 갔지 주변을 둘러보지 못했다는 생각이 들었다.

소하룡, 그곳에 천년송이 있다는 말을 최근에 듣게 되었다. 천년이 되어서 천년송인지, 오래되어서 그렇게 붙여진 이름인지 모르지만 천년송이 있다는 말을 듣고는 가보고 싶은 마음이 들었다. 이미 오래전에 다녀온 곳으로, 큰 소나무가 있구나 하는 정도로 생각하고 지나쳤지 그것이 천년송인 줄 몰랐던 것이다. 우리가 갔을 그 시기에는 낮은 산 한 모퉁이에 있는 소나무를 보고는 그냥 지나쳤지 그 소나무가 멋있다거나, 잘 생겼다거나 특별하게 보이지 않았기 때문에 관심을 가지고 보지 않았다.

어느 날 소하룡에서 모임이 있다고 해서 이번에는 그 천년송을 꼭 보고 오리라 생각하고 따라 나섰다. 차로 20분정도 달려가니 천년송이 있다는 작은 마을이 나타났다. 산속에 있는 마을이라 그런지 벌써 해가 뉘엿뉘엿 넘어가며 어둑어둑해지고 있었다. 차를 타고 가다가 소하룡이 가까워 오면서 천년송에 대해서 혼자 아는 것처럼 호들갑을 떨며 설명을 했다. 추운 날이었지만 함께 간 사람들을 모두 차에서 내리게 하고는 천년송이 있는 곳으로 올라갔다. 확실히 전에 왔을 때와는 많이 달라져 있었다. 이전에는 소나무 주변에 다른 나무들과 섞여 있었는데, 지금은 계단도 만들어 놓고 울타리도 만들어 놓았다. 사람들이 올라와 구경하다가 쉴 수 있도록 의자도 만들어 놓고 그네도 만들어 놓고 입장료도 받았다. 서둘러 올라가니, 큰 소나무 두 그루가 있는데 사람들이 함부로 만지지 못하도록 소나무 주변으로 울타리도 만들어 주고 소중히 가꾸려고 노력하는 흔적이 보이는 것이 이전과는 달라진 모습이었다. 우리가 가는 날이 추워서 그랬는지, 아니면 늦은 시간이라 그랬는지 입장료를 받는 사람이 없어서 그냥 올라갔다. 신경 쓰고 가꾸어서 그런지 다시 보니 소나무가 정말 잘 생겼다. 우리나라에 이런 소나무들은 이미 귀한 대접을 받고 있는데, 여기는 좀 늦은 감이 있지만 지금이라도 가꾸려고 노력한 모습이 인상적이었다. 늦었다고 생각할 때가 가장 빠르다는 말이 있듯이, 지금이라도 잘 가꾸고 돌보면서 많은 사람들을 찾게 하는걸 보니 이곳도 이제 귀한 것들을 돌보는 마음이 생긴 것 같아 기분이 좋았다. 누구나 보살펴주고 사랑해주고 가꾸어주면 더 빛나는 것처럼 천년송도 관심을 가지고 가꾸어주니 더 멋있어 보이는 것이다. 더불어 찾는 사람들도 생기니 말이다.

추운 날에 올라갔지만 소나무를 배경으로 사진도 찍고 소중한 추억을 만들 수 있었다. 소나무를 배경으로 찍은 사진을 보니 두 그루의 소나무가 더 아름답고 멋있게 보였다. 이후에도 소하룡에 가면 천년송에 올라가서 사진도 찍고 설명도 하곤 한다. 계절에 관계없이 늘 푸르름을 자랑하는 소나무 천년송, 잘 가꾸어서 그런지 더 위풍당당하게 보여 소하룡을 찾게 되면 수다가 끊이질 않는다. 선물로 주신 자연을 잘 가꾸어서 자연이 주는 풍성한 것들을 누리면서 살아가기를 소망해 본다.

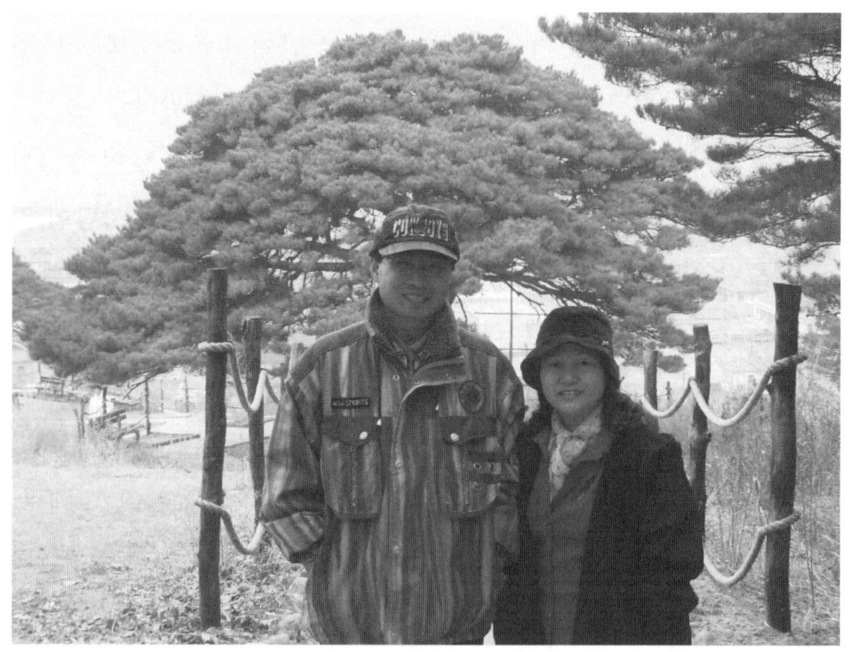

chapter 08

아동절(兒童節)

아동절(兒童節-얼퉁지에). 6.1절(육일절)=아동절(얼퉁지에)=어린이날.

여기서 쓰이는 단어이다. 이곳에서는 6월 1일을 국제 어린이날로 정해서 지키고 있다. 그래서 공원, 놀이시설이나 식당은 정말 복잡하다. 대부분의 가정에 아이가 하나씩이다 보니 딸은 공주요 아들은 왕자 대접을 받고 산다고 해도 과언이 아니다. 평소에도 지극정성으로 아이들을 돌보는 부모들인데, 특별히 오늘은 그들의 날(아동절=얼퉁지에)이니 그들 나름대로의 방법으로 대단하게 챙기는 것이 어색한 일은 아니다.

우리 집 가까이에 젊은 엄마가 아들 둘을 데리고 와서 살고 있었다. 우리 아이들이 들어올 때와 같은 5살, 6살로, 엄마 혼자 데리고 왔기 때문에 다른 가정의 아이들보다 특별히 더 관심이 갔다. 어젯밤 식구들을 불러 식사를 하고 함께 진달래 광장에 가서 야경을 구경하면서 아이들이 신나게 놀도록 했더니, 얼마나 즐겁게 지내는지 데리고 오길 잘했다는 생각이 들었다. 진달래 광장을 한 바퀴 돌면서 사진도 찍고, 솜사탕이 만들어지기를 기다려 하나씩 받아들고는 맛있게 먹으면서 즐거운 시간을 보냈다. 그들이 즐거워하는 모습을 보면서 나오기를 참 잘했다는 생각이 들었다.

그들과 함께 농장에 갔다. 농장에 오면 어른이고 아이들이고 신나게 놀지만 요 꼬마들은 정말 신이 난 것 같다. 병아리를 봐도 신기해하고 어미 돼지도 새끼 돼지도 그들에게는 신기하기만 한가 보다. 마침 얼마 전 태어난 강아지가 아장아장 걸어 다니는 것을 보고는 그 앞에서 쭈그리고 앉아 떠나질 못한다. 삽을 쥐어주면서 땅을 파라고 하니 땀을 뻘뻘 흘리면서 흉내를 내는 모습이 얼마나 앙증맞던지 데리고 오길 잘 했다고 스스로에게 칭찬해 본다. 어린 꼬마 손님들이 농장에서의 하루가 싫지 않았나 보다. 집에 가자고 하니 더 있고 싶다고 한다. 너무 오래 있는 것도 아이들에게 무리라는 생각에 데리고 내려왔다. 식당에 데리고 가서 맛있는 것을 고르라고 하니 이것저것 고르는 모습도 너무 예쁘다. 어떻게 보면 힘든 시기일지 모르지만, 이 아이들에게 이 모든 것이 소중한 추억이 되길 소망해 본다. 그리고 이 추억들이 자신들을 사랑해 주는 사람들이 많았다는 것을 기억하면서 험한 세상을 살아갈 때에 작은 도움이 되기를 바래본다. 그리고 무럭무럭 자라서 훌륭한 사람들이 되기를 기도해 본다.

축구 동호회

평소 축구를 좋아하지 않았는데, 몇 년도인지 확실하진 않지만 말레이시아와의 경기로 기억된다. 차범근 선수가 후반 종료 몇 분을 남겨놓고 4골인가 넣어서 이겼던 경기를 본 적이 있다. 참으로 통쾌한 경기를 보면서 흥분하며 응원했던 기억이 있다. 그 이후 일반 경기는 안 봤지만, 국가대표 경기는 기회가 되면 본다. 또 월드컵을 통해서 축구에 대한 재미를 더 느낄 수 있었다. 애국심 때문일까? 국가대 국가의 경기에는 흥미를 가지고 우리나라가 이기도록 목청을 높여 응원하기도 하고 골을 넣으면 벌떡 일어나 박수를 치곤했다. 그러나 여전히 동네 축구에는 별로 관심이 없었다.

대부분의 남자들이 축구를 좋아하듯이 우리 남편도 축구를 아주 좋아한다. 몇 년 전부터 이곳에 거주하는 선생님들 중심으로 축구를 하기 시작했다. 건강을 위해서는 운동을 해야 하는데, 그 운동을 축구로 대신했다. 한 주에 한 번씩 하는 축구하는 날을 얼마나 기다리는지 모른다. 출장 때문에 할 수 없을 때에는 많이 아쉬워 했다. 처음에는 선생님들이 모여서 축구를 하기 시작했다 때로는 Y대 교직원들과 또 어떤 때는 지역주민들과 어느 팀에서 요청이 오면 오는 대로 안 오면 학생들과 함께 뛰는 것으로 즐거움을 대신했다. 여기서도 남편은 처음 회장을 맡아서 열심히 모이고 축구를 했다. 이듬해 정식으로 축구 동호회가 생겼다. 선생님들뿐 아니라 지역에서 사업을 하는 사람들이 함께 하면서 축구 회원도 많아지고 정식으로 축구동호회란 이름을 사용하면서 모임을 시작했다. 이 모임도 이때부터 회장을 선출하게 되었는데 남편이 처음에 축구모임에서 회장을 했지만 그 이름은 빠지게 되었다. 그런 것을 중요하게 생각하지 않기 때문에 축구하는 것으로 만족하고 있지만 옆에서 보는 나는 별로 유쾌하지는 않았다. 동호회에서 가족 소풍이라든지 연말모임을 통해 행사를 하지만 별 관심이 없어서 참석하지 않았다. 다른 많은 모임에 함께 가는 것을 즐겼지만 축구동호회 모임까지 참석해야 한다는 필요성을 느끼지 못했다.

그러던 어느 해 김밥천국을 운영하는 임 사장이 축구동호회 회장이 되더니 카페를 개설하고 열심히 일하기 시작했다. 어느 날 남편이 축구를 하고 오더니 축구동호회 카페가 생겼다면서 거기 들어가 글을 남겨야 한다고 한다. 축구동호회 회장이 카페에 들어가서 소식을 남겨달라고 요청했다고 한다. 원래 남편은 인터넷을 즐기지 않기 때문에 메일로 소식을 전한다든지 인터넷 카페에 글을 남기는 것은 내 몫이었다. 그래서 축구동호회 카페에 가입을 하고 들어가 인사를 남기는 일도 내가 해야 했다. 그리고 전달할 소식이 있으면 성실하게 전달했다. 비서가 일을 너무 잘 하는 것 아니냐는 농담도 하면서 가끔 좋은 글을 가져다 올리기도 하고 한줄 메모를 남기기도 했다. 그해 축구동호회 연말 행사에 카페에 와서 글을 많이 남겨준 회원에게 선물을 준다는 것이다. 축구동호회는 남자들로 구성되어 있기 때문에 여자들이 잘 안 들어오지만, 몇몇 아내들이 들어와서 소식을 남기곤 했다. 우리는 남편 이름으로 가입이 되어 있지만 주로 글은 내가 남기기 때문에 아내들 중에는 내가 우수회원으로 선정되었다고 한다. 원래 자주 들어오는 김 사장 아내가 있었는데, 그 아내가 한국에 거주하고 있어서 연말 행사에 들어올 형편이 아니라, 다음 사람에게 양보하겠다는 의사를 표시했다고 한다. 그렇게 양보한 덕분에 우수회원으로 시상을 한다면서 꼭 참석해 달라는 전화를 받았다. 그래서 얼떨결에 연말 행사에 참석해서 시상식에 참여하게 되었다. 연말 행사를 하면서 우수회원에게 푸짐한 선물을 주는 것이다. 샤넬화장품과 똑같은 원료로 만든 화장품이란다. 인터넷을 많이 한 우수회원이란 것이 썩 유쾌하지는 않았지만, 푸짐한 선물을 받은 죄(?)로 이후로도 가끔 카페에 글을 올렸다.

그 이후 축구동호회에 소속되어 카페에 글을 올리는 두 분의 아내와 교제하게 되었다. 한국에 있다가 가끔 다니러 오는 김 사장 아내가 들어올 때면 한 번씩 만나서 식사하면서 교제를 했다. 오늘은 두 번째 만나서 집에서 식사하고 교제를 했다. 식사라고 해야 비빔국수를 대접하고 과일과 차를 마시면서 이야기를 나누는 것이었지만, 먹는 것보다 서로 대화하는 것이 좋았던 아줌마들이라 그런지 유쾌한 시간을 보낼 수 있었다. 수다시간은 정만 빨리 지나갔다. 점심을 먹고 잠깐 이야기한 것 같은데 벌써 저녁을 준비해야 할 시간이라 우리는 다음에 다시 만나자는 약속을 하고 헤어졌다.

임 사장 아내는 이곳에 사업하는 남편을 따라 왔다가 교회를 나가기 시작했다. 요즘 얼마나 열심히 신앙생활을 하는지 너무 예뻐 보였다. 이전에 교회를 다녔다면 느끼지 못했을 감사와 감동이 밀려온다는 것이다. 때에 맞게 불러주셔서 은혜 받게 하시는 주님의 섭리가 놀라웠다. 김 사장 아내는 일찍부터 예수를 믿고 있었고 집사로 섬기고 있었는데, 연세가 많으신 친정어머님을 모시고 들어올 수가 없어 잠시 떨어져 지낸다고 한다. 남편과 함께 이곳에 살고 있지 않지만 가끔 왔다 갔다 하면서 지내고 있다고 한다. 서로 만나서 이야기를 나누면서 몰랐던 부분도 알게 되고 서로를 알아가는 시간이 참 귀하게 생각되었다. 이렇게 생각지도 않았던 축구동호회를 통해 만남을 허락하시고 교제하게 하시면서 서로 기도하게 하시니 그 은혜가 놀라웠다.

chapter 10

손님맞이

이 다녀가셨다. 이곳에 있는 식구들을 위해 세미나를 인도하시기 위함이었다. 세미나를 시작하기 전, 시간을 내어 함께 HC를 다녀오면서 끊어진 다리에 가서 강 건너 땅도 바라보고 HC에 있는 다일 어린이집도 방문하였다. 서울 다일 공동체는 HC에 다일 어린이집을 세워 아이들을 보살피고 있었다. 그곳을 방문하여 심장이 나쁜 아이가 있다는 말을 듣고 목사님이 수술비를 부담하시겠다는 약속을 하시고 DM 교회를 방문해 둘러보고 오게 되었다. DM 교회 건축을 위해 여러 가지로 협력하시고 관심을 가지셨다. 건축이 진행되고 있었는데, 비교적 좋은 위치에 아름답게 건축하고 있는 모습을 보면서 흐뭇해하셨다.

목사님의 검소하신 모습은 곳곳에서 나타난다. DM 교회에서 목사님께 식사를 대접하고 싶어서 무엇을 드시겠냐고 하니까, 옥수수

국수를 드시겠다고 한다. HC에서 식사하고 가시라는 걸 다음 약속이 있다고 옥수수 국수를 드시겠다고 하시는데 이는 분명 상대방을 배려한 것이라 생각된다. 음식을 적당히 시키려고 하시는 모습도 늘 보아왔기 때문에 더 존경스러웠다. 호텔에 머무시지 않고 우리 집에서 머무시기로 하셔서 정성껏 준비했다. 묵은 먼지도 털어내고, 새 이불도 준비하고, 3일 아침을 드셔야 하기에 식단도 짜보고, 당뇨가 있으신걸 알기에 당뇨에 좋은 음식과 가려야 할 음식을 체크하였다.

목사님은 오시면 늘 본인이 다른 사람들을 대접하려고 하시기 때문에 사실 집에서 식사하실 시간이 많지 않다. 그리고 함께 식사하고 싶은 사람이 있으면 불러서 식사하자고 하신다. 밖에서 식사할 시간이 많아서 집에서 준비한 대로 섬길 수는 없었지만, 늘 배려해 주시는 그 마음이 고마워서 늘 감사하고 있다. 말로 표현을 잘 못하지만 그런 마음도 이해하실 거라 믿어본다. 짧은 시간 중에 이렇게 함께 한 시간들이 얼마나 귀한 시간인지 모른다.

마지막 저녁에는 주변 식당으로 이동해 우리 농장 돼지를 한 마리 잡아서 파티를 했다. 목사님이 대접하신 것이라 더 의미가 있었다. 한 마리를 잡아서 우리들이 먹고 남은 고기는 참석한 회원들이 싸가도록 했다. 유기농으로 키운 우리 집 돼지는 전혀 오염이 없는, 세상에서 제일 맛있는 고기라고 자부할 수 있다. 모였던 식구들이 맛있다며 얼마나 잘 먹는지, 이런 시간을 자주 하면 좋겠다는 생각을 하면서 이 귀한 시간을 마련해 주신 모든 분들께 감사드렸다.

이곳에 살면서 메말랐던 심령에 귀한 말씀으로 채워주시고 육의 양식도 채워주어 그 시간을 잊을 수 없다. 참석했던 많은 사람들이 목사님 말씀을 가끔씩 한다. 그렇게 귀한 목사님이 후원해 주시니 얼마나 좋냐며 다 우리 복이라고 부러워한다. 너무 좋은 목사님이신 것 같다면서 만날 때마다 물어본다. 치커리를 하는 장로님 부부는 목사님이 당뇨가 있으신걸 알고 추수하면 치커리를 보내주신다. 짧은 시간이지만 그 시간을 기억하는 많은 사람들이 있다. 우리가 요청하면 언제든지 들어주시려고 노력하시는 모습이 참 좋다.

"이런 모임이 있는데 오셔서 말씀 전해주세요."

언제라도 요청하면 시간을 조율해서 응해주시려고 애쓰시는 모습이 참 좋다. 그래서 너무 버릇없어 보일지 모르지만 늘 부탁드린다. 우리가 하는 일을 귀하게 보시고 늘 힘을 주시기 위해 노력하시는 목사님, 바쁜 중에도 먼 길 달려오셔서 귀한 시간 함께 해 주신 목사님께 진심으로 감사드린다.

chapter 11

이웃 농네를 위한 모임

한국을 다녀오고 아직 피곤이 풀리지 않은 상태인데 모임에 참석해 달라는 요청이 왔다. 강사님이 여성인데 모이는 사람들 대부분 남자이니 강사님을 위해 꼭 참석해 달라는 부탁을 받고 가기로 결정했다. 이곳은 늘 차표가 없어 긴장하는데 이번에도 여전히 차표를 구할 길이 없었다. 기차도 비행기도 버스도 모두 없는 가운데서도 포기하지 않고 다른 지방을 거쳐서 가기로 결정하고 나니 기차표를 구할 수 있었다. 8시간 기차를 타고 다시 버스를 타고 5시간을 가니 드디어 모임 장소에 도착할 수 있었다. 한적한 시골마을에 자리 잡은 장소는 피곤한 몸을 이끌고 온 내게 편안한 쉼을 허락해 주었다. 여 주인의 정성스런 밥상도 그렇고 만남을 위해 각 지역에서 모인 모든 사람들도 친근하고, 한 가지 목적으로 모인 사람들인지라 모두 정겹게 인사를 나누고 한 가지 주제를 놓고 이야기 할 수 있었기에 빡빡한 일정 가운데서도 쉼을 얻을 수 있어 참 감사했다.

　도착하는 날 내린 눈으로 대지는 하얀 빛으로 물들어 있었다. 춥지도 않고 덥지도 않은 날씨여서 주변을 산책하기도 알맞은 날이었다. 뒷산에 올라가 떠오르는 해도 바라보고, 지저귀는 새소리도 들으면서 도시에서 느끼지 못하는 여유를 가질 수 있었다. 새콤하게 절여놓은 취나물도 입맛을 돋우어 주었고, 정성스레 차린 식사를 대할 때마다 감사가 넘쳤다. 마음껏 찬양할 수 있는 시간도 좋았고 서로 나누는 이야기가 정겨웠다.

　저녁시간에 떠난 산책이 예상보다 길어지면서 어두운 산길을 타고 내려오다 엉덩방아를 찧어 며칠 고생한 것도 추억이다. 어찌 보면 순진하게 주인장 말을 들은 것이 잘못된 선택이었지만 추억이 되어 다행이다. 한 20분이면 된다던 길이 얼마나 멀던지. 늘 다니던 주인장은 아마도 20분이면 가능했을지 모르지만 우리는 한 시간이 넘게 걸렸다. 길도 험하고 어제 온 눈이 얼어붙으면서 비탈길에서 그만 미끄러지고 말았다. 앞서가던 남편이 달려와 손을 잡아주니 여기저기서 남편 믿고 일부러 넘어진 것 아니냐는 관심어린 핀잔과 부러운 시선 속에서 또 한 번 행복한 여인임을 느끼게 되었다. 날이 어두워지니 내려오는 길이 더 험하게 느껴졌지만, 든든한 남편이 부축해 주니 비탈길도 쉽게 내려올 수 있었다. 숙소까지 무사히 도착했다는 안도감이 들어서인지 아까 넘어진 곳이 아파왔다. 곧 저녁밥상이 들어왔다. 산책길이 험해서였는지, 운동한 후의 식사라 그런지 맛있게 저녁밥을 먹고 나니 피곤이 밀려왔다. 우리의 피곤함을 아는지 모르는지 진행자는 예정대로 저녁모임을 진행했다. 정신을 차리고 저녁 모임을 참석하다보니 어느덧 취침시간이 되었다. 또 하룻밤을 편안히 쉬고 난 후, 주인이 싸주는 취나물을 들고 다시 길을 떠나 집으로 오는 길도 포근한 날씨 속에 흡족한 여행길이었다.

보통 잉워(3층 침대)를 타고 다니다가 롼워(2층 침대)를 타니 대기실부터가 차별화되어 있었다. 잉워는 줄을 쭉 서서 아주 복잡한 곳을 통과해야 하는데, 롼워는 소파가 있는 넓은 대기실에서 앉아서 쉬다가 잉워보다 빨리 표를 점검하고 기차로 갈 수가 있었다. 아주 여유 있게 갈 수 있어서 편했다. 이 작은 호사를 누리게 된 것이 얼마나 행복한지, 앞으로도 롼워를 타면 좋겠다면서(롼워는 표를 구하기가 힘들어서 앞으로 또 타게 될지는 모르지만) 호들갑을 떨었다. 롼워를 타든 잉워를 타든 또 다른 교통편을 이용하든 앞으로도 어떤 일이든 행복한 마음으로 살겠다고 마음먹으면서 집으로 돌아왔다.

두 번째 모임은 첫 모임 후, 몇 개월이 지난 어느 날 우리 지역에서 하기로 결정을 했다. 여러 지역에서 많은 사람들이 참석해 주었다. 장소는 시내에서 30분 정도 들어가는 산골마을로 정했는데 의외로 조용하고 따뜻해서 아주 좋은 시간을 함께 할 수 있었다. 장소로 이동하기 전 간식을 준비했다. 상점에 들러 커피와 귤과 사과를 샀다. 함께 차를 타고 이동하던 남자 분들이 도와주어서 쉽게 구입하고 이동할 수 있었다. 여러 명의 발제자들이 준비한 귀한 강의도 우리에게 도전을 주는 귀한 시간이었다. 멀리 한국에서 중앙대 윤교수님도 우리 모임을 위해 기꺼이 달려오셨다. 나한테는 전문적인 여러 이야기들이 어려웠지만 그래도 한 뜻을 가지고 모인 사람들이라 허심탄회하게 이야기하는 귀한 시간을 가질 수 있었다. 이런 시간이 아니면 한국에 윤 교수님의 존재를 몰랐을 텐데 만남을 통한 귀한 사귐을 얻을 수 있었다. 후에 그 집에 초대받아 융숭한 대접을 받았던 일도 이 만남을 통해서 사귐이 있었기 때문이다. 이 모임을 위해 그 바쁜 시간을 할애해서 찾아주신 교수님이 계셔서 얼마나 감사하던지 우리는 두 귀를 쫑긋 세워 열심히 강의를 들었다. y대 정 교수님도 가까이 살면서 자주 만나지도 못하고 강의를 들어볼 시간이 없었는데 이번 기회에 신선한 강의를 듣게 되어서 좋은 시간이었다. 직접 강 건너에 가서 고아원을 돕고 있다는 분의 강의도 들을 수 있었다. 열악한 환경에도 도움의 손길들 때문에 그나마 잘 지내고 있다는 소식과 더 많은 도움이 필요하다는 것을 강의로 듣고 느끼면서, 속히 그 땅에도 개방의 물결이 흘러가길 간절히 기도하였다.

주인장이 춥다고 얼마나 군불을 지폈는지 방바닥이 뜨끈뜨끈하다. 더위를 많이 타는 나는 힘들었지만 주인의 마음 씀씀이가 너무 고마웠다. 벽난로가 있기에 고구마를 구워 먹으면 좋겠다고 하니 있는 고구마를 꺼내 직접 구워주는데 그 성의에 얼마나 행복했는지 모른다. 행복은 거창한데 있는 것이 아니라 작은 것에 있다는 것을 다시 한 번 깨닫는 시간이었다. 마지막 날 점심은 최근에 맛있게 먹었던 추어탕 집으로 갔다. 지인의 초대로 추어탕을 먹어봤는데 맛이 아주 좋아서 그곳을 자주 이용하곤 했었다. 처음 와 본다는 친구가 자기한테 소개해 주지 않았다고 얼마나 구박을 하던지 우리도 알게 된지 얼마 안 되었다고 해도 서운하다면서 구박을 한다. 그 구박을 다 받고도 함께 식사한 사람들이 만족해 하니 다행이었다. 장소가 다소 협소하긴 한데, 전라도 남원에 가서 직접 배워왔다는 추어탕은 맛도 있고 가격도 저렴해서 모두들 좋아했다.

식사 후 돌아갈 시간이 남은 사람들은 우리 농장에 와서 구경을 했다. 윤 교수님은 방금 낳은 따끈따끈한 날계란을 드시면서 너무 행복해 하신다. 고소하고 아주 맛있다고 한다. 농업에 관심이 많으셔서 그런지 유기농으로 양계를 하고 있는 것에 관심을 많이 가지면서 아파트를 팔고 전원주택에서 살고 있는데 마당에 양계를 하고 싶다고 한다. 다른 지역에서 왔던 많은 사람들도 관심을 보이면서 계란을 주문해서 먹겠다고 약속한다. 모임을 갖기 몇 주 전 이곳 라디오 방송국에 가서 우리가 하는 농업에 대해 강의를 한 적이 있는데, 그 강의 내용을 함께 들으면서 신뢰가 쌓인 것 같다. 이번 모임을 통해서 서로 잘 안다고 생각했었는데, 알고 보니 서로 너무 몰랐던 많은 부분이 있었던 것을 알았다. 그런 부분들을 이번 기회를 통해 교제하면서 알게 되어서 더 친밀해지는 귀한 시간이었다.

제3차 이웃동네를 위한 모임이 있다고 한다. 일 년 전에 모이고 다시 모이는 모임이다. 11월 3일로 예정된 모임이 17일로 연기되어 약간의 어려움이 있었다. 11월 3일에 맞추려니 한국에 나갔다가 한 주 만에 들어와야 해서 나가려던 계획을 뒤로 미루고 남편 혼자 나가고 나는 나가지 않았던 아쉬움이 있었다. 한국에 자주 나가지 못하는 우리는 한 번 나갔을 때 여러 가지 일들을 보고 와야 하는데, 남편의 이번 일정은 아주 짧은 관계로 대충 일을 보고 들어왔다.

　우리가 워낙 변방에 살다보니 출장을 가려면 어려움이 많다. 이번 출장도 모임장소인 DD 지역으로 가는 버스나 기차가 없기 때문에 중간지점인 SY를 거쳐 가야 해서 간단한 출장이 아니었다. 15시간의 기차를 타고 가서 다시 버스를 이용하여 3시간 30분 정도를 가야 하는 일정이므로 출장을 가기로 결정하기까지는 약간의 갈등이 있다. 뒤늦게 중간지점인 SY에서 차를 빌려 함께 이동한다는 연락을 받고는 감사한 마음에 저녁에 출발해서 아침에 도착하는 SY 가는 기차에 몸을 실었다. 11월 중순인데, 기차 안이 얼마나 추운지(보통 기차 안이 이렇게 춥지는 않는데 요즘 석탄 값이 오르면서 일어난 현상으로 보임) 우리 부부는 꽁꽁 언 동태 신세가 되어 버렸다. 모자 달린 두꺼운 겨울옷을 입고 모자까지 쓰고 기차에 마련된 이불을 덮었는데도 추워서 잠을 이루기가 어려웠다. DD 지역에서 부탁받은 돼지고기를 가져가기 위해 돼지 한 마리를 잡고, 5근씩 담아 한 박스를 만들어 함께 기차에 실었다. 40kg이나 되는 짐을 가지고 가는 것도 어려웠고, 몇 달 전에 출판한 책을 소개하고 전달하기 위해 가져가는 길도 여간 어려운 일이 아니었다. 다행히 기차 안이 추워서 고기는 신선했다. 고기를 위해 추웠던 것 아니냐며 다행이라고 스스로 위로를 하면서 SY에 도착했다. 이미 다른 동료들과 한국에서 오신 두 분 강사님이 차를 대기하고 기다리고 있었다. 보통 기차가 연착하는 경우는 드문데 눈이 많이 와서 그런지 20여분 연착하는 바람에 기다리는 사람들한테 미안한 마음이 들었다. 지루하게 기다렸을 그 분들한테 죄송하단 말도 제대로 하지 못하고 서둘러 차에 올랐다. 밤새 달려온 기차 안에서 꽁꽁 언 몸이 미리 대기하고 있는 차를 타니 차 안이 아늑하고 따뜻했다. 아침을 먹으려고 주먹밥과 컵라면, 김치를 준비했지만, 기차 안이 너무 추워서 먹을 생각을 하지 못했다. 그래서 아침도 먹지 못하고 다시 길을 떠나야 했다. 아침을 먹지 않았을 거라 생각하고 햄버거를 준비했다고 한다. 남편은 햄버거로 아침 식사를 대신하고 힘들어하는 나는 잘못 먹었다가는 멀미할까봐 걱정이 되어 아침은 건너뛰기로 했다. 일반버스를 타면 더 많은 시간이 걸리겠지만, 빌린 차를 타고 가다보니 시간이 단축되었다. 중간에서 잠시 쉬고 다시 달리다보니 3시간 만에 DD 지역에 도착했다. 모임장소에는 DD 지역에 사는 젊은 여성회원들이 미리 와서 손님들을 위해 맛있는 점심식사를 준비해서 기다리고 있었다. 한국인들이 많지 않은 지역인데 젊은 여성회원들이 모여서 기쁘게 준비하는 모습이 부러웠다. 그들의 협동하는 모습이 얼마나 아름답던지, 그들의 헌신이 참으로 귀하게 보였다.

맛있는 육개장에 전, 샐러드를 비롯하여 김치와 몇 가지 밑반찬을 준비해서 점심식사를 대접해준 젊은 여성회원들께 감사를 드린다. 육개장이 얼마나 맛있었는지 밥을 적게 먹는 나도 한 그릇을 다 비웠다. 모두들 맛있다고 칭찬하는 것도 잊지 않았다. 시간마다 커피와 과일과 떡과 간식으로 대접해 준 손길들이 있어서 빡빡한 일정 속에서도 즐겁게 지낼 수 있었다. 한인교회에서 대접해 준 점심식사와 장로님이 대접해 준 저녁식사 등 때마다의 식사로 인해 살과의 전쟁을 해야 했지만 모두들 즐거운 시간을 보낼 수 있었다.

두 번째 모임에서 다음에는 여성회원들이 많이 참석했으면 좋겠다고 했더니 이번 모임에는 정말 여성회원들이 많이 참석해 주어서 외롭지 않은 시간을 보낼 수 있었다. 모임은 회를 거듭할수록 점점 무르익어가는 모습을 볼 수 있었다. 1, 2차 모임 때보다 많은 사람들이 모였고, 더 알찬 프로그램들을 진행해 주어서 감사했다. 강 건너를 바라보면서 간절히 간구했던 시간들도 너무 귀했고 그들을 위해 무엇을 해야 하나를 두고 의논하며 강의를 들으며 애를 쓸 모습들이 있어서 더 감사한 시간이었다. 수험생들처럼 5분 휴식 후, 다시 강의를 들으면 몸은 힘들지만 계획된 일정을 따라가느라 애쓰는 모습들이 귀하게 보인다. DN 모임에서 귀한 선물을 보내주셨다고 한다. 문화원에 마련된 책을 한 권씩 선물로 주셨다. 한 권씩 받아든 책으로 인해 더 풍성한 시간이 되었음에 감사드린다.

캄캄한 밤 압록 강변을 거닐면서 대조된 모습이 마음 아팠다. 한쪽에서 휘황찬란한 불빛이 비쳐오고, 건너편 쪽에는 불빛조차 인색한 모습에서 그 땅에도 속히 풍성한 삶들이 찾아주길 간절히 바란다. 돌아오기 전 끊어진 다리도 가 보았다. 일본이 건설하였다는 철교가 얼마나 튼튼한지 그때의 일본의 강성함을 다시 느끼게 하는 시간이었다. 다시 돌아오는 길, DD에서 SY로 오는 3시간 반이 나를 지치게 했다. 준비된 자가용에 올라타는 순간 불길한 예감이 들었다. 기분 좋으라고 뿌려놓은 향수 냄새가 나를 괴롭혔다. 원래 멀미를 좀 하는데, 차를 타자마자 멀미가 시작되었다. 염치불구하고 그 좁은 승용차 안 가운데 자리에서 남편의 무릎을 베고, 옆 동료의 다리 위에 내 다리를 얹고 참아보려고 애를 썼지만, 운전기사가 차를 얼마나 심하게 몰던지 중간에 기름을 넣느라 쉰 후에 다시 출발하면서 멀미가 더 심해져 얼마나 힘들었는지 모른다. 드디어 SY에 도착했는데, 3시간 30분 동안 계속된 멀미로 인해 동료들과 인사도 제대로 하지 못하고 헤어졌다.

문화원에 들리니 초췌한 내 모습에 깜짝 놀라는 문화원 원장님과 잠깐 이야기를 나누는데 너무 힘들어 보였는지 옆에 마련된 도서실이 온돌이라며 잠깐 누워 쉬라고 배려해 주어서 어지러움을 달랠 수 있었다. 또다시 기차를 타야 하는데 시간이 얼마 남지 않았다. 맛있는 저녁을 대접하겠다고 하는데, 먹는 것을 사양했더니 두 사람은 간단히 자장면을 먹겠다고 한다. 따라가서 구경만 하니 너무 미안해하면서 짬뽕을 먹으면 좀 편안하지 않겠냐면서 주는데 안 먹는 게 더 좋을 것 같아서 사양했다. 그렇게 그 맛있다는 자장면도 먹지 못하고 다시 기차에 오르게 되었다. 역시 돌아오는 기차도 춥기는 마찬가지였다. 더군다나 저녁도 먹지 못했으니 추위는 더 느껴졌다. 옷을 든든히 입고 모자를 쓰고 이불을 덮었는데도 춥기는 마찬가지였다. 설상가상으로 2층 침대의 손님이 얼마나 기침을 해대던지 신종 인플루엔자가 유행인 요즘 기침하는 손님과 가까이 지내려니 불쾌한 기분이 들었다. 그러더니 내 이마에 열이 나면서 자꾸 기침이 나는 것이다. 아스피린을 한 알 먹고 준비해간 마스크를 쓰고는 잠을 청했다. 그렇게 하룻밤을 자고 나니 그리운 우리 집이 있는 YJ역에 도착했다. 여러 사람들과의 만남은 늘 기대하게 하고 즐겁게 하고 헤어지면 다시 만나고 싶은 그런 마음을 준다. 이번 출장은 그야말로 고생을 많이 한 그런 출장길이었지만, 귀한 분들을 많이 만난 소중한 시간이었음에 감사를 드린다.

chapter 12

멀고, 크고, 넓은 땅

이 땅은 인구도 많지만 넓은 땅을 가지고 있는 나라이다. 우리가 방문하려는 곳은 정말 먼 곳이다. 비행기 타고 버스 타고 또 갈아타고 어느 지점에 도착하여 한참을 기다리니 농장차가 왔다. 농업교육을 해 달라는 요청이 와 달려가는 길이다. 농장차를 타고 구불구불 돌아 산속으로 들어가니 산속 깊은 곳에 아름다운 농장이 나타났다. 아무리 주변을 둘러봐도 앞, 뒤, 옆 모두 푸른 산으로 뒤덮여 있고, 위로 하늘만 뻥 뚫려 있었다. 알로에, 산세베리아, 란 등을 키우는 농장인데, 농장에 도착하니 더위에도 아랑곳하지 않고 식물들을 돌보는 손길들이 보였다. 그들을 보니 더위에 달려와 숨이 헐떡거리지만 기분은 상쾌했다. 이리도 열심히 사는 사람들이 있다니, 역시 이 세상은 살맛나는 세상이라는 생각이 들었다. 북쪽 끝에서 남쪽 끝에 오다보니 집에서 떠날 때는 쌀쌀했는데, 이곳은 어찌나 더운지 더위에 약한 나는 헉헉대면서 늘 가지고 다니는 미니부채를 꺼내 부치며 시원한 곳만 찾아다니면서 수선을 떨었다. 발전기로 전기를 사용하는데 낮에는 전기를 사용할 수가 없고, 밤에만 불을 밝히기 위해 발전기를 돌려 전기를 사용한다고 한다. 그러니 냉장고, 선풍기가 있어도 사용하지 못한다. 마을과 그리 멀리 떨어지지 않아서 전선을 연결해 전기를 사용하려고 했는데, 인적이 드문 곳이라 그런지 자꾸 전선을 잘라가서 아예 발전기를 이용해 전기를 쓴다고 한다.

유난히 더위를 타는 나는 참 힘들었다. 전기를 마음대로 쓸 수 있는 곳이라면 선풍기라도 돌리겠지만 여기는 그럴 수 없으니 부채를 부치고 시원한 그늘만 찾았다. 이럴 때 냉커피 한잔이 얼마나 그리운지 냉장고를 사용하지 못하니 냉커피는 꿈속에서나 마셔야 할 처지였다. 그렇게 더위를 이기며 지내다보니 해가 뉘엿뉘엿 넘어가고, 덥다고 아우성치던 소리도 쑥 들어가고 시원한 밤이 되었다. 우리는 그 밤 갑자기 벌레 떼의 공격을 받으면서 소란을 피워야 했다. 이곳은 밤이 되어도 불을 켤 수가 없다고 한다. 불빛을 따라 찾아오는 벌레 때문에 저녁을 먹고는 얼른 불을 꺼야 한다고 한다. 그리고 일 년에 일주일 짝짓기 기간을 갖는다는 이름 모를 벌레가 불빛을 따라 찾아온다는데 그 수가 어마어마했다. 이 벌레가 나타날 때가 되었다고 생각해서 밤에 불빛을 없애야 한다고 생각은 했는데, 오늘 밤일줄 몰랐다고 한다. 하루를 넘기지 못한다는 그 벌레는 구석구석 안 들어온 곳이 없었다. 벌레 떼의 공격을 받고 문을 닫고 모기장 속은 안전하리라 생각하고 불을 끄고 모기장 속에 들어가 두어 시간을 보낸 우리는 이상해서 다시 불을 켜고 모기장 안을 살펴보니 글쎄 그 벌레가 모기장을 뚫고 수없이 들어와 있었다.

그 모습을 본 주인장은 우리에게 말을 한다.

"금방 다시 밖으로 나올 줄 알았는데 오래 버티시더군요."

헉! 아니 미리 알려줬어야지. 이게 무슨 경우람. 날개가 떨어진 그 벌레는 개미과로, 날개가 떨어져도 기어서 모기장도 뚫고 들어오는 것이었다. 아무리 작은 구멍이라도 뚫고 들어가는 재주가 있는 벌레였다. 금방 힘을 잃은 벌레들을 쓸어버리느라 얼마나 고생을 했던지. 쓸고 또 쓸어도 다시 나타나는 벌레 떼. 그날 밤 벌레와의 한바탕 전쟁을 치렀다. 남아있는 벌레와 찜찜하지만 그 밤을 함께 지내야했다. 그 벌레들이 구석구석 안 들어간 곳이 없이 찾아들어가 이러다가 날이 궂기라도 하면 구서구석에서 썩는 벌레들로 인해 애를 먹는다고 한다. 아무리 구석구석 쓸어버린다 해도 또 나오고 또 나온다고 한다. 과연 그 벌레들이 없는 곳이 없었다. 집에 와서 가방을 열어보니 가방 구석구석에 들어가서 죽어있는 벌레들이 많이 있었다. 우리가 떠난 후, 일주일 동안 그 벌레로 인해 전쟁을 치를 농장 가족들이 생각난다. 아름다운 농장을 가꾸기까지 수고한, 그리고 지금도 수고하는 분들에게 감사한 마음과 어려움 가운데서도 소망을 가지고 살아가기를 부탁해 본다.

아름다운 새소리도 어떤 때는 소음으로 들려 그만 울어주었으면 하는 생각이 들 때가 있다. 그래서 그만 울어달라고 새들에게 부탁해 본다.

"얘들아, 이제 그만 울어라. 잠 좀 자자."

이름 모를 새들의 울음소리. 개구리의 울음소리. 도시에서는 그리운 그 소리가 깊은 산속 고요한 그곳에서, 그것도 잠을 자야 할 밤에 아무소리도 들리지 않고, 새소리와 개구리 소리만 들리니 시끄럽다는 생각이 들었나보다. 친환경 생명농업 교육을 위해 저 멀리 남쪽 지역에 갔었는데, 그곳의 농장식구들은 아마도 저 새소리와 개구리 소리, 그리고 또 다른 소리들을 자장가로 듣고 사는 것 같은데, 먼 여행길에 쉼을 얻기 위한 나는 그 소리가 아름다운 자장가로만 들려오지 않았다. 마중 나온 사람들 차를 타고 깊은 산속으로 들어가니 하늘만 뻥 뚫린 것처럼 사방이 산으로 둘러싸여 있는 그곳에 아름다운 농장 모습이 보였다. 몇 가정이 함께 살면서 서로 어울려 맡은 일들을 하는 모습들이 아름다워 보였다. 어떤 자매는 식당에서 식구들 밥을 짓고, 어떤 아저씨는 채소를 가꾸느라 땀을 흘리고, 또 다른 이들은 여러 가지 화초들을 키우느라 비지땀을 흘리면서 농장에서 일하고, 농장에 귀염등이 이제 갓 돌 지난 아이는 여러 어른들의 사랑을 받으면서 무럭무럭 자라고 있었다. 농장을 지키는 개들도 한몫을 하고 있었다. 농장 주변을 지키며 날아다니는 나비, 잠자리, 심지어 모기도 자기의 몫들을 감당하느라 분주히 움직이고 있었다. 내가 제일 싫어하는 뱀도 많이 있다는데 다행히 한 번도 마주치지 않았다. 뱀도 건드리지 않으면 공격하지 않고 피해간다고 한다. 작은 폭포에서 물 흐르는 소리, 그 물이 작은 시내를 이루어 농장을 따라 졸졸 내려가는 그 모습들. 그 냇물이 하도 신기하고 시원해 보여 발을 담그고 더위를 식히려고 했는데, 한 여름에 내리쬐는 햇빛이 너무 강해 그만두고, 대신 집 앞에 만들어 놓은 수영장에 발을 담그고 잠시 더위를 식혀 보았다.

어찌 보면 너무 한가한 그리고 정겨운 농장 모습. 식사시간 마다 한 자리에 모여 식사를 하는데, 그곳에서 재배한 상추가 억세기는 해도 고소하고 맛있어서 상추만 먹었던 기억이 난다. 마지막 돌아오는 날 점심은 상추를 좋아하는 걸 알았는지 얼마나 많이 가져다 놓았는지 결국 다 먹지 못하고 왔다. 집에 와서도 생각나는 맛있고 고소한 상추였다. 주인장이 주는 커피와 수박을 먹으면서 쉼을 얻은 우리는 다시 집을 향해 출발하면서 아름다운 농장이 번창하기를 위해 기도했다. 인심 좋은 농장 안주인은 집에 가져다 심으라며 란을 싸 주었다. 고이고이 간직하여 차를 타고 비행기를 타고 며칠에 거쳐 집에 왔는데도 싱싱하게 잘 버텨주었고 심어 놓았더니 잘 자라고 있다. 란은 죽어도 금방 알 수가 없단다. 오래된 후에야 죽은 것을 알 수가 있다고 한다.

추운 북쪽 지방에서 푸르름이 넘치는 남쪽으로의 출장 중에 각종 아름다운 꽃과 연초록의 푸르름으로 피곤한 눈이 쉼을 얻었고, 진기하고 풍성한 볼거리를 통해 견문이 넓어지게 된 것을 감사드린다. 힘들고 긴 여행이었지만 반겨주는 이들을 만나고, 못 다한 이야기들을 나누면서 좋은 시간을 보내고 돌아오게 되어서 감사드리며, 더 건강한 모습으로 많은 일들을 감당하게 되기를 소망한다.

우리가 사는 지역에서 가족처럼 가깝게 지내던 친구 가족이 멀리 남쪽으로 이사를 했다. 한번 가보고 싶었는데, 너무 멀리 있다 보니 기회를 만들기가 쉽지 않았다. 그러던 중 그쪽에 한국 사람이 운영하는 원예 농장이 있는데, 거기에서 생명농업 교육을 받고 싶어 한다면서 한번 와서 강의를 해 달라고 한다. 그 일만 위해서 가기는 너무 먼 거리였는데, 마침 옆 동네에서 모임이 있었다. 겸사겸사 다녀오기로 하고 출발했다. 옆 동네 모임을 마치고, 길을 물어서 찾아갔다. 터미널에서 기다리고 있는 동료를 만나 일정을 물어보니 바로 농장으로 가려고 준비했나 보다. 여기까지 와서 집에 가봐야 하지 않겠느냐고 하면서 우리를 집으로 안내했다. 조용하면서도 맡겨진 일을 최선을 다해 감당하는 그의 아내는 오랜만에 찾아온다는 우리 때문에 신경을 많이 썼나 보다. 그냥 집에서 쉬어도 되는데 굳이 호텔로 인도한다. 만나서 이야기하고 싶어서 먼 길 찾아갔는데 호텔에 머무르게 하니 서운한 마음이 있었지만, 그들의 마음이 이해되어 그대로 따랐다. 사는 집이 좁은 집은 아닌데, 두 아들에 몸이 성치 않은 사촌언니까지 와서 지내고 있다 보니, 우리를 호텔로 안내한 것 같아서 이해하기로 했다. 아주 깨끗하고 넓고 좋은 호텔이었다. 늦은 시간까지 호텔에서 이야기하다가 그들은 집으로 돌아갔다.

그렇게 하룻밤을 지내고 다음날 농장으로 출발했다. 그의 아내는 가지 않으려고 했던 것 같은데, 함께 가야 한다고 하니 따라 나섰다. 농장을 오며 가며 많은 이야기들을 나누었다. 농장에서 강의를 마치고 바로 시내로 가려고 하니 가서 더 쉬었다 가자고 한다. 집에서 재워주면 들어가고, 또 호텔로 안내하면 그냥 시내로 가겠다고 하니 알았다고 한다. 그런데 다시 호텔로 숙소를 잡아 놓았다. 호텔에서 일하는 한 청년에게 한국어를 가르치다가 그를 아들처럼 생각하며 지낸다고 한다. 그가 일하는 호텔이라 혜택이 있다면서 부담 없이 머물라고 부탁한다. 로마에 가면 로마법을 따르라고 했던가. 초대한 사람들이 하라는 대로 하는 것이 서로를 위해 좋은 일인 것 같아 그냥 그렇게 머물렀다. 호텔에 근무하는 청년을 한국에 보내서 호텔경영학을 배워오도록 하고 싶단다. 만나보니 한국말도 곧잘 하는 참하게 생긴 착실한 청년이었다. 그 청년 때문에 저렴하게 숙소를 잡았으니 편히 쉬라고 한다. 그렇게 또 신세를 지는 것 같아 불편했지만, 따르는 수밖에 없었다. 같은 지역에 살다가 그리로 이사한 또 한 가정이 있어서 저녁에 만나 식사를 하고, 잠시 쉬면서 이야기를 나눈 후 헤어졌다. 숙소에 와서 이야기를 나누다가 밤 12시가 넘었는데 야식을 먹으러 나가자고 한다. 이 시간에 무슨 야식을 먹으러 가냐고 하니까, 여기는 늦은 시간에 많은 사람들이 야식을 먹으러 나온단다. 구경삼아 나갔더니 오밤중에 많은 사람들이 나와서 야식을 먹고 있었다. 그래도 건강한지 궁금했다. 더운 지역이라 시원한 밤에 활동을 많이 한다고 한다. 그리고 늦은 아침까지 잠을 잔다고 한다. 낮에는 더워서 활동하기가 어렵다고 하며, 이른 아침 전화하는 것은 실례라고 한다.

하도 넓은 지역이다 보니 북쪽 사람들과 남쪽 사람들 방식이 다른가보다. 땀을 많이 흘려서 그런지, 그렇게 늦은 시간에 먹고 자도 건강에 이상이 없나보다. 떠난 후 처음 만나서 반갑고 소중한 시간

이었는데, 그 귀한 만남을 뒤로 하고 또 다시 멀고 먼 길을 달려 집
으로 와야 했다.

chapter 13

풍경에서 느끼는 행복

농촌의 사계절의 풍경은 정말 아름답다. 봄은 봄대로, 여름은 여름대로, 그리고 가을은 가을대로, 겨울은 삭막해 보이지만 그런대로 아늑해 보이는 것이 아름다운 농촌의 풍경이다. 농장 모퉁이를 돌면 어미 소와 아빠 소, 그리고 아기 소가 어울려 되새김질을 하면서 여유롭게 쉬는 모습과 그 주변에 암탉과 수탉들이 어울려 지내는 모습이 보인다. 역시 덩치가 큰 소들은 움직임이 별로 없는데, 닭들은 움직임이 많은 것을 볼 수 있었다. 찍은 사진을 살펴보니 몇 장 안 되지만 소들은 움직임이 별로 없는데 닭들은 여기 저기 돌아다니는 모습이 담겨 있었다.

이렇게 한가하고 여유로운 모습이 동물에게는 보이는데, 과연 우리들도 이렇게 지낼 수 있을까? 왜 우리들에게는 이런 모습이 잘 안 보이는 걸까? 조금 더 여유를 가지고 이웃을 돌아본다면 우리도 가능하리란 생각을 해 보면서, 그런 날이 오기를 기대해 본다.

우리 농장에 교육이 있는 날, 교육생들에게 식사를 대접하고는 점심시간이 지난 이른 오후에 집으로 내려오는 길에 여유롭고 아름다운 모습에 잠시 머물다가 그 모습이 너무 아름다워 카메라를 꺼내서 몇 장의 사진을 찍었다. 가방에 늘 카메라를 넣어 가지고 다니기도 하지만 블로그를 시작하면서 블로그에 글과 사진을 찍어 올리는 게 습관이 되어, 이런 기회를 놓칠 수가 없어서 이 각도 저 각도에서 사진을 열심히 찍었다. 사진을 찍고 집에 와서 컴퓨터에 올려놓고 보니, 정말 좋다는 탄성이 저절로 흘러나온다. 이런 아름다운 모습들이 있어 차를 태워준다 해도 싫다고 거절하면서 걸어내려 오는 걸 즐거워한다.

주변을 돌아보면서 걸어내려 오는 것이 좋은 이유가 몇 가지 있다. 차를 타고 내려오면 나만의 즐거움이 있다. 아름다운 주변의 풍경을 느낄 수 있고, 일부러 운동 삼아 걷기도 하는데, 이런 기회를 이용해 걸으니 건강에 좋고, 신선한 공기를 맘껏 마실 수 있다. 늘 말하지만 행복은 멀리 있는 것이 아니란 생각이 든다. 지금 내가 가장 행복하다는 생각을 가지고 살아보자. 행복은 남이 만들어 주는 것이 아니라 내가 만든다는 생각을 가지고 살아간다면 행복이 지속될 것이다. 우리 마음에 여유를 가지고 행복을 만들어 가보자.

나에게 양육하라고 맡겨주신 자녀들을 잘 양육하기 위해 노력했다.
그리고 그들이 잘 자라주어 독립하게 되어서 더욱 감사드린다.

PART 4

사랑하는 샛별, 은총이 이야기

chapter 01

두 아들을 한국으로 보내며

늘 나는 용감한 엄마라고 말해왔다. 자녀들 걱정에 힘들어 하는 부모들을 보면 한소리 했다. 떠날 때가 되면 떠나는 것이 자연스러운 거라고, 있을 때 잘 해주면 되는 거라면서 늘 자신만만했다. 그러면서 나는 아이들이 떠날 때 잘 보낼 수 있을 거라고 이야기했다. 큰 아이 샛별이가 떠날 때 잘 할 수 있을 것 같았다.

2005년 12월 말, 이제 한국에 가면 혼자 지내야 할 샛별이가 떠나는 날이다. 함께 공항에 가서 출국수속을 해서 들여보낼 때만 해도 등을 두드리면서 가서 잘 하라고 격려하면서 들여보냈다. 출국장 안으로 들어가던 샛별이가 마지막으로 얼굴을 내미는데, 감추려고 애쓰던 눈가에 눈물자국이 보였다. 그러면서 나의 눈에서 흘러나오는 눈물을 막을 수가 없었다. 샛별이의 눈물을 본 내 마음은 스스로 통제하기가 어려웠다. 닦아도 또 닦아도 주체할 수 없이 흘러내리는 눈물은 버스를 타고 집으로 오는 내내 멈출 줄을 몰랐다. 그 눈물이 며칠을 갔는지 모른다. 식탁에 앉아서 수저를 들라고 하면 또 주르르 흘러내리는 눈물로 인해 어찌할 바를 몰랐다. 샛별이가 잘 갔느냐고 친구들로부터 전화가 오면 또 주르르 흘러내리는 눈물. 애써 태연한척 하려고 해도 흘러내리는 눈물 때문에 어느새 목은 메여 있었다. 샛별이 이름만 들어도, 생각만 해도 눈물이 흐르는 것이었다. 이 눈물이 언제 그치려나. 그리 당당하던 사람이 목이 메고 자꾸 눈물을 흘리니 주변에서 괜히 농을 하지만 그 농이 그리운 아들에 대한 내 마음을 달래지는 못했다. 컴퓨터에 있는 샛별이 사진을 인쇄해서 여기저기 부치기 시작했다. 오며가며 보고 또 보면서 그리움을 달래기 시작했다. 얼마가 지난 후부터 그 눈물이 멈추었다.

이미 형을 보내보았기에 둘째 은총이가 떠날 때는 괜찮을 거라고 생각했다. 2006년 12월 말, 은총이가 떠나는 날 가정예배 시간 기도가 내 담당이었다. 5살 때 이곳에 와서 아무런 말썽 없이 잘 자라준 은총이가 이제 대학생이 되어 부모 곁을 떠난다고 생각하니 너무 감사하고 서운해서인지 기도를 할 수가 없었다. 끅끅거리며 한참을 멈추었다가 다시 기도하기를 반복하다가 겨우 기도를 마칠 수 있었다. 엄마의 흐느낌 때문인지 은총이도 눈가를 훔치고 있었다. 다행히 아침예배 시간에 다 울어서인지 공항에서는 샛별이때처럼 울지는 않았다. 은총이 후배들이 공항에 배웅을 나와서 그들을 데리고 오다보니 우는 것도 잊어버렸다.

이렇게 두 아들을 모두 보내고 나니 그 빈자리가 생각보다 컸나

보다. 한 일주일을 아들의 빈자리가 그리워 헤매면서 산 것 같다. 아무 말이 하고 싶지 않았다. 남편에게 꼭 필요한 이야기만 하고는 입을 다물었다. 말을 하다가는 또 흐르는 눈물을 주체할 수 없을 것 같아서 애써 참으며 노력했다. 나의 허전함을 느껴서인지 말없이 참아준 남편이 있었기에 그나마 길게 가지 않은 것 같다. 나에게 양육하라고 맡겨주신 자녀들을 잘 양육하기 위해 노력했다. 그리고 그들이 잘 자라주어 독립하게 되어서 더욱 감사드린다. 이제 남은 우리 두 식구가 주어진 일들을 잘 감당하면서 사는 것이 하나님이 나에게 명령하신 일들이라고 생각한다. 두 아이가 떠나간 그 자리를 부지런히 일하는 것으로 채우면서 살아가리라.

chapter 02

사랑하는 샛별이 병원 생활 이야기

1) 기흉 수술

따르르릉, 따르르릉.

요란스럽게 전화벨소리가 울렸다. 한국에서 온 전화였다. 누굴까? 작은 아들 은총이의 목소리가 들렸다.

"엄마."

"응."

"잘 있었니?"

"네."

"엄마 형이 입원했대요."

가슴이 철렁 내려앉는 것을 애써 참으며,

"왜? 무슨 일인데."

"뭐, 폐 기흉인가. 그렇대요."

"그게 뭔데?"

“폐에 공기가 찼는데, 지금 검사 중이래요.”

“아무래도 엄마한테 연락은 해야 할 것 같아서요.”

“그래, 어떠데.”

“잘 몰라요.”

“다시 연락 오면 전화 드릴게요.”

샛별이 전화번호를 눌렀다. 신호는 가는데 받질 않는다. 타는 가슴을 달래며 안절부절 못했다. 다시 은총이였다.

“엄마, 형한테서 전화 왔는데 조금 전에 엄마랑 전화했을 때 엑스레이(X-ray) 찍느라고 받을 수가 없었대요. 며칠 입원해야 한대요.”

다시 전화를 거니 샛별이가 받았다.

“무슨 일이니? 말 좀 해봐.”

“네, 폐에 공기가 들어갔는데 엑스레이 결과 보고 공기만 빼낼지, 수술을 해야 할지 결정한대요.”

“옆에 의사 선생님 계시니? 바꿔줘.”

“선생님 저 샛별이 엄만데요. 어떻게 된 겁니까?”

“기흉이라고. 혹시 인터넷하십니까?”

“네!”

“기흉을 한 번 찾아보세요.”

“수술을 해야 할지 결과를 보고 알려 드리겠습니다.”

“제가 지금 C국인데요.”

“네, C국이요. 그럼 못 오시겠군요.”

“네.”

“아, 그러세요. 너무 걱정하지 마시고 1시간 후에 전화가 안 가면 간단한 수술인 줄 아세요.”

“네, 부탁합니다.”

그래도 불안했다. 경주에 계신 정영택 목사님께 전화를 드렸다.

“안녕하세요, 목사님. 샛별이가 입원했대요.”

울컥하는 마음을 간신히 추스르며 떨리는 음성을 자제하며 말씀드렸다.

“무슨 일이래요?”

“아, 아직 모르구요.”

“검사 중이래요.”

“선린병원이요.”

“아! 알았어요. 내가 취할 수 있는 모든 조치를 다 할 테니 염려 마세요.”

“고맙습니다. 부탁드려요.”

잠시 후 은총이가 전화를 했다.

“형 수술했대요. 며칠 입원하면 된다니까, 엄마 걱정 마세요. 저도 내일 쉬는 날이니까. 다녀올게요.”

잠시 후 다시 경주에서 전화가 왔다.

“계속 통화중이라 이제야 연결이 됐네요.”

“샛별이와 통화 했어요?”

“아니요. 은총이와 했어요.”

“계속 통화 중이라 샛별이와 하는 줄 알았어요. 그리고 걱정 마세요. 샛별이와 통화하면서 기도해 주었어요. 내일쯤 다녀올 테니 걱정하지 마시고 이쪽에다 다 맡기세요. 포항에 사는 딸이 저녁에 가 볼 거에요. 선린병원은 한동대와 연결돼 있어서 잘 해줄 거에요.”

샛별이와 연결이 됐다.

“어때? 수술했다면서.”

“네, 지금 공기 빼내고 있는 중이예요.”

“인터넷 보니까 운동도 심하게 하면 안 된다더라. 먹는 것도 잘 먹어라. 너처럼 마르고 그런 애들한테 잘 걸린다더라.”

“그렇대요. 너무 말랐다네요. 잠시만. 엄마, 교수님 계신데 바꿔 드릴까요?”

“누구? 그래.”

“안녕하세요? 죄송합니다. 아까 연락드리니 연결이 안 되더군요.”

“네, 1시 30분차 타고 내려오느라 그랬습니다. 여기 학생들도 있고 그러니 염려마세요.”

“감사합니다. 잘 부탁드립니다.”

한동대는 팀 교수님이 계셔서 40여 명의 학생들을 1년간 교수님이 담당해 주신다. 담임제도와 마찬가지라 문의할 일이나 어려운 일이 있으면 팀 교수님과 연락한다. 전화하면 친절하게 받아 주시니 너무 고마웠다. 급한 김에 작년에 팀을 맡았던 교수님께 메일로 소식을 남겼더니 답이 왔다. 샛별이와 통화했는데 목소리가 좋다고 하시며, 내일 찾아가겠다고 걱정하지 말라고 하신다. 너무 고마운 분들이 많다. 멀리 떨어져 있어도 옆에서 잘 지켜주는 분들이 계셔서 한시름 놓았다. 답답했던 가슴이 좀 진정이 됐다.

출장 갔던 남편이 놀랄까봐 돌아오기까지 기다렸다. 시내에 도착했다며 연락이 왔다. 샛별이의 상황에 대해서 간단히 이야기했다. 아직 일이 덜 끝났다며 남편은 샛별이의 상황을 자세히 묻는다. 한국에 전화하면서 목소리가 안 나와 간신히 알렸다고 하니까, 그렇게 강한 당신도 아들 일에는 약해지고, 아들 생각만 하면 눈물이 나느냐면서 농담을 건넨다. 그 이야기를 하는데 눈에서는 또 눈물이 나온다. 강하면서 약한 것이 엄마인가 보다. 큰 문제가 없을 거라 믿고 다시 전화해 봐야겠다.

2) 수술이 잘 됨

지난 번에 수술했다고 해서 그런 줄 알았더니 공기만 빼내고 기다렸다고 한다. 공기를 빼내고 며칠을 기다려서 다시 공기가 차지 않으면 괜찮은데, 그래도 공기가 차면 결국을 수술을 해야 한다는 것이다. 그러니까 응급처치로 공기를 빼내는 것을 수술이라고 했던 것이다. 공기만 빼내고 며칠을 기다렸는데도 계속 공기가 나와서 다시 수술을 해야 한다며 내일 11시에 수술시간을 잡았다고 한다. 황 사모님이 친히 가셔서 수술동의서에 사인하고 샛별이 수술하는 것을 지켜보고 계신다고 한다. 엄마인 내가 나가서 수술하는 과정과 수술 후의 회복을 위해 도와줘야 하는데 그렇지 못해 걱정이 되었다. 의사 선생님께 물었다.

"정말 수술하는데 나가지 않아도 되나요."

의사 선생님이 위로를 해 주신다. 크게 보호자가 필요하지 않으니 맡기고 기도해달라고 하신다. 수술 후 하루가 많이 힘든데 옆에서 잘 보살필테니 너무 염려하지 말라는 위로의 말을 듣고는 여러 사람들한테 기도를 부탁했다. 수술을 집도하는 의사 선생님과 수술받는 샛별이를 지켜달라고, 아직은 어린 나이인데 혼자 수술하는 과정을 잘 견디게 하시고 용기 잃지 말게 하시고 수술하는 의사 선생님과 담당자들을 지켜 주셔서 잘 마칠 수 있도록, 그리고 더욱 건강한 모습으로 귀한 일꾼으로 자라도록 위해서 간절히 기도해주시길 주변에 부탁하고 그 시간 위하여 기도했다. 수술하는 옆을 지켜주지 못하는 엄마인 나도 많이 힘이 들지만 홀로 용감히 버티어야 하는 샛별이 만큼은 아니겠지 하면서 여러 사람들한테 기도 부탁을 했다.

샛별이 수술이 잘 되었다는 연락이 왔다. 11시 30분쯤 수술실로 들어갔는데, 2시간 후인 1시 30분에 수술을 잘 마쳤다는 연락이 왔다. 옆에서 지켜봐 주신 사모님이 우리가 걱정할 것을 생각하셔서 바로 연락을 주셨다. 아직 마취가 덜 풀려서 통화는 힘들고 잘 마쳤으니 염려하지 말라고 한다. 얼마나 감사한지 그 시간에 우리는 기도 모임 중이었다. 기도해 주신 많은 분들께 연락드려야 하는데 그 시간 모임이 있어서 모임을 끝내고 연락을 드리느라 좀 늦게 수술이 잘 되었고 기도해 주셔서 감사하다는 연락을 드렸다.

음력 4월 8일 휴일을 앞두고 병원에 입원했던 샛별이는 학교 공부에 지장을 받지 않도록 빨리 퇴원하기를 바랐는데, 의사 선생님께서 이번 주 안으로 퇴원할 수 있도록 해 주겠다고 하셨다고 한다. 수술은 잘 되었다고 한다. 엄마도 없는 샛별이 옆을 지켜주시느라 수고하신 사모님과 권사님들께 감사하다는 인사도 제대로 드리지 못했지만, 마음속으로 얼마나 든든하고 고마운지 지면을 통해 다시 한 번 감사드린다.

수술을 한다는 연락을 드리니 정 목사님이 한번 다녀가라고 하신다. 괜히 아들 걱정에 울고 있지 말고 모든 경비를 부담할 테니 다녀가라고 하신다. 너무 고마운 말씀인데 그건 아닌 거 같았다. 잠깐 나갔다 오려고 너무 많은 경비를 들이는 것은 도리가 아닌 것 같고 또 잘 보살펴 주실 거라 믿고 나가지 않겠다고 했다. 사실 수술시간에 맞추어 갈 수도 없었고 수술 후에 가 봤자 왔다갔다 경비만 든다는 생각을 하니 가지 않기로 한 것이 잘 한 결정이라고 생각했다. 또 홀로서기에 들어간 아들을 위해서도 좀 아프다고 할 때 쪼르르 달려나가는 것은 아닌 것 같았다. 그러면서 강해지는 것 아닌가 하는 생각도 들었다. 그랬더니 당회장 말도 안 듣는다고 흐뭇한 호통을 치시는데 너무 감사했다. 아이가 수술을 해서 들어간다고 했을 때, 뭘 오느냐 여기서 알아서 하겠다고 하시니 얼마나 감사한지 몰랐다.

역시 난 복 받은 사람이란 생각이 들었다. 기도해 주시고 도와주셔서 감사하다는 인사를 드리고는 빨리 회복되어서 퇴원하도록 그리고 더욱 건강하도록 기도해 달라는 욕심을 부리면서 다시 한 번 기도 부탁을 드려본다.

감사합니다.

축복합니다.

사랑합니다.

정 목사님과 황 목사님, 그리고 황희임 사모님을 비롯하여 여러 사람들이 수술 후의 간병과 퇴원하는 절차 등을 위해 수고해 주셔서 혼자가 아닌 주변의 사람들에게 사랑의 빚을 지고 퇴원을 했다. 그리고 경주제일교회 권사님들이 입원비를 감당해 주셨단다. 이 빚을 어찌 다 갚아야 할지. 너무 많은 사랑의 빚을 지고 있다는 생각에 더 열심히 맡겨진 일을 감당해야겠다는 생각이 든다.

잘 먹는데도 늘 마르는 샛별이가 걱정이었는데, 그런 가운데서도 샛별이를 통해 이루실 그분의 뜻을 기대해 본다. 그래도 다방면에 유능한 모습으로 자라서 너무 감사하다. 수술이 많이 힘들었을 텐데도 아픈 모습 보이지 않고 잘 참아서 모두들 너무 안쓰러웠단다. 황 사모님이 옆에서 지켜보는데, 아프다는 소리를 하지 않더란다. 옆 병실에 똑같은 수술을 하고 있는 사람이 저 때가 가장 아픈데 학생이 잘 참는다며 이야기하더란다. 엄마가 옆에 있으면 아프다고 응석도 부릴 텐데 엄마가 없으니 아프다는 소리도 안 하는데 오히려 그 모습이 안쓰러웠다고 한다. 후에 물어보니 정말 참을만했다고 한다. 지켜주시고 도와주신 모든 분들께 감사드린다.

3) 또다시 수술을

기흉 수술 후, 일 년이 조금 지난 6월 1일 저녁 샛별이가 전화를 했다.

"엄마, 저 119 불렀어요. 응급실에 가야할까 봐요."

"왜 무슨 일이니?"

"샤워를 하는데 지난번 수술한 곳에 통증이 와서 119 불렀어요."

"옆에 형 있니?"(한 학기동안 함께 사는 선배 형이 있었다.)

"네, 함께 갈 거구요. 은총이가 내려온다고 했어요."

다시 연락이 왔다. 간단한 시술로 부분 마취를 하고, 지난번처럼 옆구리에 호수를 넣어 공기를 빼고 엑스레이를 찍고, 일단 하루 지난 다음 공기가 다시 차면 수술을 해야 한단다. 샛별이는 약을 받아가지고 집으로 가고, 외박계를 쓰고 온 은총이는 형을 바래다주고 일단 학교로 갔다고 한다. 공익근무 중인 샛별이는 하루 병가를 내고 수요일 병원으로 갔다.

"엄마, 아무래도 지난번 보다 증상이 심한 게 입원할 것 같아요."

병원에 간 얼마 후에 전화가 왔다.

"CT(컴퓨터 단층촬영)를 찍어보고 지난번 것과 대조한 다음 수술을 결정할 거지만 일단 입원해야 한대요."

CT 결과가 나왔다. 바로 수술해야 한다면서 4시에 하든지 내일 하든지 하겠다더니, 바로 4시에 수술한다고 한다. 아빠한테도 전화를 해서 기도해 달라고 한다. 샛별이의 소식을 몇 군데 알리면서 기도해 주십사 부탁을 했더니 친구가 걱정하며 위로해준다. 필요한 경비도 일부 지원해 주면서 이곳저곳 아는 분들을 동원해 신경을 써주기 시작했다. 경주에 전화를 해서 수술하기로 결정했다고 하니, 염려하지 말고 미안해하지도 말라면서 잘 보살펴 주겠노라고 하신다. 사실 1년 전 수술할 때 모든 경비며, 간호하는 일을 경주제일교회 사모님과 성도들이 담당해 주었기 때문에, 또 수술한다고 알리기가 죄송했다. 잠시 망설였지만 그래도 알리는 것이 옳다고 생각해서 다시 알려드렸더니, 오히려 염려하시면서 위로해 주신다. 수술하는 몇 시간이 얼마나 길던지 안절부절 못하는 내 모습이 내가 봐도 안쓰러웠다. 샛별이에게는 용기를 주면서 정작 엄마인 나는 마음이 몹시 불안했다. 당장 달려가 보살펴 주지 못하는 마음도 그렇지만, 두 번의 수술을 혼자서 감당하는 샛별에게 너무 미안했다. 학교 일도 뒤로 미루고 달려 내려온 은총이에게도 역시 많이 미안했다.

이럴 때 형제가 가까이 있으니 얼마나 감사한지 형이 아프다고 하니까 은총이가 수고를 한다. 그래서 형제는 용감하다고 하나 보다. 모든 일을 뒤로 미루고 형 옆에 있어주는걸 보니 뿌듯하다. 3시 45분, 15분 후면 수술실에 들어간다더니 5시 55분 수술이 끝났다면서 은총이에게서 전화가 왔다. 마취가 안 깨어서 형하고 통화는 할 수 없다며, 나중에 다시 전화하겠다는 은총이의 음성을 듣고 감사했다. 눈 때문에 현역 2급을 받고 군대를 가려고 기다리던 중, 기흉 수술을 받고 재검을 받아서 공익근무를 하게 되었는데, 대구에서 한 달 훈련받고 포항 북구청에 근무한지 며칠 되지 않아 다시 병가를 내서 수술하게 된 것이다.

한 달 훈련이 많이 힘들었나 보다. 한 달 훈련을 받으면서 여러 가지 생각을 했던 것 같다. 학교생활을 하면서는 학교교회를 다녔는데, 공익근무 중에는 경주제일교회를 다니겠다고 해서 그러라고 했다. 결국 또다시 경주제일교회의 도움을 받게 되었다. 사모님이 다시 애써 주셨다. 이번에는 샛별이가 교회에 소속되어 있다 보니 청년부 담당 이수영 목사님(당시 전도사님)이 퇴원 수속을 위해 애써 주셨다고 한다. 잘 회복해야 될 텐데 걱정이 되었다. 혼자서 밥해 먹고 다녀야 하는 공익근무 생활이 샛별이의 몸을 얼마나 회복하는데 도움을 줄지, 그렇다고 달려 나가 샛별이와 함께 살 수도 없는 일이고, 오직 주님께 기도하면서 보살펴 주기를 기대하는 수밖에 없었다. 물론 주변의 많은 분들이 살펴주고 계시지만, 엄마인 자신이 하지 못하니 영 미안한 마음뿐이다.

사랑하는 샛별아, 은총아 미안하다. 그리고 너무 고맙고 자랑스럽다.

샛별아, 1년 전 수술한다고 연락 왔던 기억이 나는구나. 눈물범벅이 되어서 경주에 전화했던 기억이 난다. 두 번째라 그런가. 아님 소식 듣고도 달려갈 수 없어서인가. 지난번보다 훨씬 안정된 내 모습을 보는구나. 울 아들은 지난번 아픔이 기억나서 힘들 텐데. 엄마가 옆에 없어도 주님이 함께 하시니까. 안심해라. 더 크게 사용하시려는 깊은 뜻이 계신 것 같다. 내가 아파보지 않고는 남의 아픔을 이해하지 못한다는구나. 샛별이에게 긍휼의 마음을 주시려나보다. 수술하는 동안 엄마는 기도하련다.

샛별아, 힘내! 아픔도 이기고, 감당할 수 없는 아픔이 올 때는 예수님의 아픔을 기억하면 이길 수 있다더라. 이 글을 읽을 때쯤이면 퇴원해 있겠지. 아픈 만큼 더 성숙해져 있을 우리 아들을 생각하면서 옆에 있어주지 못하는 맘을 달래본다.

사랑한다. 아들아.

4) 세 번째 수술

한동대에서 행사가 막 시작되었는데, 샛별이한테서 전화가 왔다.

"엄마, 병원에 왔는데 다시 수술해야 한대요. 아마 아빠, 엄마가 오셔서 사인해 주셔야 할 것 같아요."

엄마는 늘 자녀들 이야기를 들으면 안절부절 못하는가 보다. 행사담당 총무에게 샛별이 이야기를 하는데, 또 주책없이 눈물이 주르르 흐른다. 기도하겠다는 총무에게 고맙다고 인사한 후 나오는데, 주르르 흐르는 눈물을 닦는 모습을 보고 주변에서 걱정스레 물어온다. 대답도 못하고 화장실로 들어갔다. 그래도 하도 많은 눈들이 있어서인지 붙잡고 묻는 사람들 때문에 난처했다. 대답을 하려니 목이 메면서 또 눈물이 주르르 흘렀다. 그만 물었으면 좋겠는데, 걱정이 되어서 묻는 그들을 뭐라 할 수도 없고, 눈가는 빨개지고, 겨우 설명하고는 위로를 받고 행사준비용 차를 이용해 남편과 함께 병원으로 갔다.

우리는 한국에 도착하자마자 병원으로 갔다. 병원에 도착해 의사와 만나보니 이제 괜찮을 것 같다고 해서 퇴원했는데, 한 달도 되지 않아 다시 병원을 찾은 것이다. 한국에 없을 때에야 어쩔 수 없지만, 옆에 있으면서 몰라라 할 수 없는 상황이어서 급한 일들을 처리하고, 잠깐 일을 맡겨놓은 후 병원으로 달려갔다. 두 번의 수술을 부모 없이 한 것을 안다. 그래서 이번에도 그런 줄 알고 있다가 우리가 나타나니 반갑게 맞이해 준다. 걱정하지 말라는 간호사들에게 고맙다고 인사하고, 수술 동의서에 사인만 해주고 기도해 준 후 곧 바로 모임 장소로 올라갔다.

수술이 끝나면 몇 시간 동안 돌봐줄 분을 소개받아서 맡겨놓은 후, 우리는 저녁모임 후에 병원에 오게 되었다. 병실에 들어가니 옆 병실에 있는 분이 그런다.

"처음에 학생 혼자 들어오는 것을 보고 고아인줄 알았더니, 부모님이 계시네요."

무안해서 얼른 인사를 했다. 그리고 우리 상황을 설명하고, 도와주신 데 대한 감사의 인사를 드렸다. 병실도 좁은데다가 우리 둘이 잘 수도 없기에, 남편은 샛별이 자취집으로 보내고, 내가 병원을 지켰다. 수술할 때 소독한 소독약을 씻어주지 않아 머리와 옷이 엉겨붙어 있었다. 물휴지로 닦아주고는 지난번 수술 때도 이랬겠구나, 어떤 분이 이런 수고를 했겠구나는 생각이 드니 고마운 마음과 더불어 한편으로는 샛별에게 너무 미안했다.

다음날이 되니 특별히 내가 봐 줄 일이 없고, 머리만 감겨달라고 해서 감겨주었다. 샛별이가 바쁘신데 올라가 보시라고 해서, 옆 병실에 계시는 분에 부탁드리고 우리는 모임 장소로 올라갔다. 수술하는 것도 지켜보지 않고 또 병실도 지키지 않고 올라왔다고 주변 사람들이 핀잔을 주었지만, 그것도 관심이기에 고마워하면서 변명 아닌 변명을 해 본다. 수술은 의사가 하는 것이고 굳이 병실에 우두커니 앉아 있을 일이 아니어서, 우리는 행사에 참여하고 행사를 마칠 수 있었다. 광고시간에 기도 부탁을 했는지 우리를 아는 사람들이 샛별이 안부를 묻는다. 어떤 사람들은 시간을 내서 병원을 다녀왔다고 한다. 몇 명의 동료들은 샛별이 용돈을 주라며 봉투를 주고 가서서 요긴하게 사용했다. 이 공간을 통해 다시 한 번 감사의 인사를 드리고 싶다. 관심 가져 주고 사랑해주어서 얼마나 고마운지, 특별모임 기간이라고 수술비도 최대한 할인해 주어서 부담을 많이 줄일 수 있었다.

세 번째 수술을 하는 샛별이를 보고 의사도 어이가 없나 보다. 멀리서 온 우리를 보기가 민망했나 보다. 이런 경우가 흔치 않게 가끔 있다고 변명 아닌 변명을 하면서 설명을 한다. 5년에 한 명 정도가 이런 경우가 있다고 한다. 어떤 사람들은 의사가 실력이 없다고 서울에 가서 수술한 후 다시 재발하면 의사 잘못이 아니라는 것을 알고 다시 찾아온다고 한다. 자꾸 수술하는 것이 의사 잘못이 아니라는 것을 우리에게도 알리려고 애쓰는 모습이 보였다. 다시 오지 말라고 이번에는 조그만 것들도 다 묶어버렸다면서 최선을 다해 수술했다고 한다. 이것저것 물어보는 나에게 부모의 심정을 이해해서인지 친절하게 최선을 다해 설명해 준다. 의사 선생님 말씀대로 우리의 간절한 바람도 다시 병원을 찾는 일이 없었으면 좋겠다.

chapter 03

샛별과 은총, 집에 오다

안 아플 자식들이라고 한다. 은총이가 부모를 떠나 간지 반년이 지난 어느 날, 방학을 이용해 집을 찾아왔다. 한 학기를 마치고 그리운 부모를 찾아온 것이다. 반 년 만에 찾아온 아들은 늠름해진 모습으로 친구 한 명을 데리고 왔다. 부모님께 걱정 끼치지 않으려고 비행기를 타는 대신 배타고 기차타고 그렇게 먼 길을 달려온 것이다. 왜 얼른 와서 만나고 싶은 맘이 없었겠는가. 빨리 오고 싶었지만 경비를 절약한다고 몇 시간이면 올 길을 그렇게 며칠을 걸쳐 달려온 것이다. 화요일에 출발해서 금요일에 도착했으니 긴 여정이었다. 또다시 그런 긴 시간을 들여 돌아가야 한다는데 그렇게 보내기는 싫었다. 이곳에서 직항은 너무 비싸서 대련까지 기차 23시간을 타고 가서 거기서 배 대신 비행기를 타고 가기로 결정했다. 아빠 엄마가 무슨 돈이 있냐면서 백두산도 가지 않겠다, 그냥 배타고 가겠다고 우기는 아들을 설득해 결국 비행기 표를 마련했다. 벌써 철이 들었는지 돌아가서 아르바이트를 해서 도움이 되겠다고 한다. 이렇게 부모를 걱정하는 아들을 보니 흐뭇했다. 주일을 지켜야 하니 알바 구하기가 쉽지가 않다고 한다. 하지만 그 생각이 기특해서 한번 해보라고 했다. 주일을 지키는 조건으로.

이제 이틀 후면 다시 길을 떠날 아들. 농장에서 지난 행사 때 수고했던 분들과 아들 친구와 점심식사를 하고 들어 왔다. 어느새 성장한 아들이 부모 걱정을 하는 모습이 대견스럽다. 어제 백두산을 다녀온 아들이 많이 피곤해 했지만, 농장에 들러 일을 보고 떠나야 하기에 일찍 서둘렀다. 한 주에 한 번 농장식구가 모두 모이는 날이다. 모임 후에 농장을 둘러보고 바로 내려왔다. 시내에서 필요한 것을 사고 점심을 먹고 집으로 와서 짐을 챙겨 기차역으로 갔다.

"엄마, 오지 마세요. 아빠도 바쁜데 오지 마세요."

결국 남편은 손님들과 시간을 보내느라 배웅도 못하고 나도 집 앞에서 차를 태워 보내고 들어왔다. 이제 다 성장한 아들! 제 일을 스스로 찾아하는 아들! 염려하지 않아도 되겠다는 생각이 드니 감사하다.

한 주간은 시끌시끌했는데 이제는 허전할 거 같다. 아직도 기차역에 있을 아들은 23시간 기차를 타고 다시 6시간을 기다린 후 비행기를 타고 한국으로 갈 것이다. 2시간이면 가는 길을 이리 멀리 돌아 보내려니 마음이 짠하지만 그것도 세상을 살아가는 소중한 경험이 될 거라 생각하면서 스스로를 위로한다.

이 여름 잠깐 다녀간 은총이의 빈자리가 너무 컸다. 결국 돌아가서 아르바이트를 하지는 못했단다. 포항에서 학교를 다니고 있기 때문에 그리고 주일을 지켜야 하기 때문에 쉽게 구할 수 없을 것이란 생각은 했었다. 대신 다음 학기 준비를 하고 있다는 말을 들으면서 이제 스스로 결정하도록 맡겨도 되겠다는 생각을 하게 되었다.

샛별이는 한동 아카데미라는 강좌를 듣느라 늦게 왔다. 성수기에다 여권에 비자에 비행기 표를 구입하느라 늦게 도착한 샛별이는 몸을 추스려야 했다. 기흉 수술 이후에 많은 기능들이 약해져 있었다. 한의사가 와서 진맥을 하고 약을 지어 먹였다. 농장일로 인해 많은 것을 해주지는 못하고 그냥 집에 있는 것으로 만족해야 하는 상황이었다. 한 주 만에 우리는 모임 때문에 떠나야 해서 샛별이와 함께 가기로 했다. 그래서 비행기는 편도만 끊어오고 모임장소에서 바로 한국으로 들어가기로 했다. 모임에서 봉사하다가 모임을 다 마치지 못하고 재검 때문에 서둘러 나가야 했다. 샛별이는 3학기를 마치고 들어온 집이었는데 변변히 챙겨주지도 못하고 보내고야 말았다. 그래도 후회하지 않기로 했다. 후회해봤자 소용없는 일이기도 하고 이후에 최선을 다하면 되는 일이기 때문이다.

chapter 04

사랑하는 아들의 전화

5월 8일 모처럼 시장을 갈까 말까 망설이다가, 대충 집 청소를 하고 시장 갈 준비를 하고 나갔다. 요 며칠 점심때 쯤 되면 바람이 심하게 불었는데, 삼일 전에는 지붕이 날라갈 정도로 심하게 불었다. 미얀마에 닥친 재앙으로 여러 생각이 오고 가는 중에 이곳에도 아주 세찬 바람이 부는 것을 보고 걱정이 앞섰다. 모처럼 시장에 간 이유는 사실 경제사정이 좋지 않아서, 될 수 있으면 시장을 보지 않고 끼니를 때우고 있었다. 대충 냉장고를 뒤져 그날그날 살고 있었는데, 때마침 통장에 돈이 들어와 신나게 시장에 갔다. 모처럼 시장에 가서 그런지 오른 물가를 보고 깜짝 놀랐다. 어쩜 이렇게 물가가 올랐는지 치솟는 환율 때문에 걱정인데, 거기다가 시장 물건은 터무니없이 올라 있었으니, 모처럼 시장에 갔지만 무엇을 사야 할지 망설여졌다.

'아니 어쩌라고….'

시장에 막 들어서는데 전화벨이 울렸다.

"엄마, 저예요."

목소리가 샛별인지 은총인지 구분이 안 갔다. 형제이기에 목소리도 닮았나보다. 은총이가 전화한 것도 반가운 일이지만, 훈련소에 있는 샛별이가 어버이날이라고 특별 전화할 기회를 얻었나 싶은 기대가 있었기 때문일 것이다.

"엄마, 형도 훈련 받느라 전화도 못할 것 같고 그래서 제가 했어요. 어버이날인데 아빠랑 미역국도 끓여 드시고 맛난 것도 드시면서 건강 챙기세요."

"야! 무슨 생일이냐."

"아니 건강을 생각하셔서 잘 드시라고요."

늘 막내인줄 알았는데 어느새 철이 들었나보다.

"너는 어떻게 지내고 있니?"

"전 잘 지내고 있어요."

"아르바이트 하는 곳 주인이 잘 해 주어서 잘 먹고 잘 지내고 있어요."

학교에서 아르바이트를 시작했는데 주인이 잘 해 준다고 한다.

"그래 고맙다. 열심히 공부하고 무엇보다 건강 생각해라. 전화 요금 많이 나오겠다. 잘 지내라."

아르바이트 하는 곳에서 성실히 하니까, 삼촌처럼 생각하라고 했는지, 삼촌이라고 부르는 것을 보니 은총이가 마음에 들었나보다. 가끔 먹을 것도 챙겨주고 잘 대해 준다니 참 감사했다.

전화를 끊고 다시 시장을 둘러보는데 너무 비싸 선뜻 무엇을 사야할지 망설여졌다. 늘 김칫거리만 풍성히 사는 나는 오늘도 어김없이 열무를 사고, 오가피 나물을 사고, 과일을 사서 배달시키고 생선가게로 갔다. 고기 대신 등 푸른 생선을 샀다. 고등어를 사고, 마른 명태와 멸치를 사고 버스를 기다렸다. 짐은 많은데 버스는 왜 이리 복잡한지, 짧은 거리이긴 하지만 짐을 들고 서서 오기는 많이 힘들었다. 집이 5층이라 무거운 짐을 들고 낑낑대고 계단을 올라오는데, 윗집에 사는 이웃을 만났다.

"아니 두 분이 사시면서 무슨 시장을 그렇게 봐 오세요?"

"그러게요."

쑥스럽게 인사하고 올라와서 오가피 나물을 다듬었다. 한철 나오는 나물이라 나올 때에 많이 사서 다듬고 살짝 데쳐, 한번 먹을 만큼씩 냉동실에 넣어두었다. 나물이 먹고 싶을 때에 언제든지 먹을 수 있도록 준비해 두는 것이 지혜 있는 주부라 생각하고, 봄이면 나물을 사다가 준비해서 냉동실에 저장하곤 한다. 좀 많이 사왔는지 다듬는데 상당히 오랜 시간이 걸렸다. 허리는 아프고 손톱은 새까맣게 물들고, 그래도 다 정리하고 나니 맘이 뿌듯했다. 작은 것 하나에도 이리 기분이 좋을까. 열무를 다듬어서 물김치와 붉은 고추를 갈아 넣고 열무김치를 담았다. 무를 큼지막하게 썰어 넣고 고등어조림도 했다. 튀김을 좋아하지 않아 구이보다는 조림을 하는데, 울 남편은 특히 거기에 들어있는 무를 더 좋아한다. 언제나 무엇이든 만들어 주면 맛있게 먹어주고, 칭찬도 아끼지 않는 남편이 고맙기만 하

다. 하루를 마무리 하면서 힘들었지만 부자가 된 듯한 넉넉한 날이
었다.

chapter 05

사랑하는 아들들을 군에 보내면서

큰 아들 샛별이가 공익근무를 하게 되었다. 눈 때문에 현역 2급을 받았다는 소식을 들은 지 몇 달 후, 기흉 수술을 받게 되었다. 수술 후 재검을 신청해서 4급을 판정받고, 논산훈련소가 아닌 대구에서 훈련을 받는다는 샛별이를 별 부담 없이 훈련소에 보낼 수 있었다. 멀리 떨어져 살다보니 입대하는 데 가 보지도 못했지만, 한 달 훈련만 받으면 집에서 출퇴근을 할 수 있다는 것에 맘이 놓였다. 물론 집이라고 해야 혼자 자취를 하지만, 그래도 별 걱정을 하지 않았다. 그렇게 샛별이가 훈련소에 있을 때에는 인터넷 편지가 있는 줄도 모르고 한통의 편지도 보내지 못하고 지냈는데, 어느덧 4주 훈련을 무사히 마치고 포항 북구청에서 근무하고 있다.

그리고 몇 달 후, 2학년 1학기를 마치고 군대를 가겠다며 서두르는 은총이에게 천천히 가라고 했더니 선배들 이야기가 2학년 1학기를 마치고 가는 것이 좋았다는 이야기를 했다면서 여기저기 지원을 할 때에도 마음이 그리 불편하지는 않았다. 공군을 가야 하나, 해병대를 가야하나 여러모로 고민하던 중 육군 일반병으로 지원하는 것이 빨라서 9월 1일 훈련소에 들어가게 되었다. 그 소식을 듣고는, 훈련 후에 추워질 텐데 차라리 봄에 가는 것이 좋지 않을까 하고 혼자서 고민의 고민은 다 했지만, 아들의 결정을 따를 수밖에 없었다. 한국에 나가서 훈련소에 들어가는 아들을 보내고 와야 하나 고민하다가 용감하게 혼자 가겠다는 아들의 말을 듣고 나가지 않기로 결정했는데, 훈련소에 입소하는 날, 비가 부슬부슬 내리는 용산역에서 입영열차를 기다리고 있다는 아들의 전화를 받고 마음이 아렸다. 친구 이진옥 집사가 은총이에게 전화를 했는데, 목이 메어 기도도 해 주지 못했다는 이야기를 듣고, 다시 전화해서 아침은 먹고 출발했느냐고 하니, 김밥천국에서 김치찌개를 먹었다는 이야기에 눈시울을 적실 수밖에 없었다. 이 무심한 엄마 따뜻한 밥 한 끼 먹이지 못하고 김밥천국에서 김치찌개라니. 엄마의 무심함에 너무 미안한 마음이라 도무지 미안하다는 이야기조차 할 수가 없었다.

그렇게 입대한 아들에게 인터넷 편지를 쓸 수 있다는 정보를 알게 되었다. 언제쯤 소속을 알 수 있을까 하고 컴퓨터를 두드리던 중, 큰 아들한테서 연락이 왔다. 연무대교회에서 은총이 소식을 문자로 보내 주었는데, 23연대 10중대 1소대로 배치 받았다고 한다. 육군 홈페이지에 들어가니 활짝 웃는 아들의 단체사진이 있었다. 그날부터 아침저녁으로 편지를 보내기 시작했다. 너무 극성이라고 해도 어쩔 수 없다고 생각하면서, 궁금한 마음에 컴퓨터 자판을 두드리면서 사랑의 메시지를 보내기 시작하였다. 간간이 오는 아들의 편지에는 늘 잘 있다는, 아빠에게서 들었던 군대가 아니라는, 생각보다 편하다는, 동료들이 너무 착하다는, 먹는 것이 맛있다는 등등. 좋은 이야기만 써 놓아서 엄마를 안심시키려는 아들의 마음이 고마웠다. 긴 출장으로 인해 편지를 보내지 못할 때는 너무 마음이 아팠지만, 대신 친구 이진옥 집사가 보내주는 편지에 안심을 하면서 그렇게 엄마의 마음을 전하곤 했다. 엄마는 무슨 편지를 사명감을 갖고 하냐는 큰 아들의 핀잔을 들으면서도, 군대에 갔으면 집을 잊게 도와주라는 남편의 말과 그 말에 동의하는 친구들의 말에도 상관없이 열심히 또 열심히 편지를 보내곤 했다.

10월 7일이 퇴소인줄 알았는데 추석 연휴와 국군의 날 연휴로 한 주 뒤인 14일로 퇴소가 연기가 되었다고 한다. 그 말에 걱정을 하니까 남편은 지금 이 시간도 국방부 시계는 흘러간다. 제대 날에는 변함이 없으니 걱정 말라는 남편의 말에 동의하면서도, 어디로 자대 배치가 될까 하고 무지무지 걱정이 되었다. 또 전경으로 갈 확률이 50%라는 말에 이 걱정 저 걱정 하지 말아도 될 걱정을 하면서, 한편으로는 긍정적으로 믿고 맡기자며 늘 편지를 썼음에도 엄마인 나는 늘 걱정 속에 있었던 것 같다.

어느덧 자대배치를 받는 날이 되었다. 열심히 컴퓨터 자판을 두드려도 알려주지 않던 자대배치 소속을 큰 아들 샛별이가 전화로 알려 주었다.

“엄마 무슨 법무부 소속이라는데 경비교도대래요.”

“그래, 어떤 곳인지 찾아보고 알려줘라.”

그리고 인터넷을 뒤지기 시작했다. 경비교도대, 이름도 어색했지만 인터넷에 떠도는 이야기는 온통 암울했다. 야전삽으로 맞아 죽었다, 선임들의 갈굼(암송, 구타, 3인분 식사를 하게 하는 등)에 우울증을 견디지 못해 자살한 교도대원을 국립묘지에 묻게 해 달라는 부모의 절규, 요즘 좋아졌다고는 하지만 육해공군에 비해 사각지대에서 은근한 구타가 이루어진다는 등 좋은 이야기는 찾아볼 수가 없었다. 궁금한 사항을 물어보라는 메시지가 연수원에서 왔다며 아들이 전화번호를 남겨놓았다. 조금의 망설임도 없이, 무슨 말을 물어봐야 할지도 생각지 않고 전화 다이얼을 돌렸다. 차분하면서도 친절한 남자 목소리가 들렸다. 횡설수설 묻는 말에 친절히 대답해 주는 사람도 경비교도대에 근무하는 군인이라고 했다. 너무 염려마시라고 육군보다는 훈련이 적어 육체적 어려움이 없다는 말을 듣고는 친구 이진옥 집사에게 경비교도대가 어떤 곳인지 알아봐달라고 했다. 친절히 알려주는 친구가 얼마나 고마운지. 걱정하는 내게 더 알아보고 알려주겠다며 친절히 전화로 안내해 주었다. 잠들기 전까지 경비교도대에 대해 남편에게 이야기하는데, 도무지 그 말이 입에 붙질 않아서 고생했다. 열심히 설명하는 내게 남편은 꿈속에서도 경비교도대에 가서 근무하고 오는 것 아니냐고, 모든 걸 맡겼으니 다 맡겨야 한다고 위로한다.

다시 다음날 일어나서 인터넷 이곳저곳을 돌아다니면서 정보를 수집하던 중 법무 연수원에서도 인터넷 글쓰기가 가능하다는 것과 경비교도대 부모 모임이 카페에서 이루어지고 있는 것을 알고 찾아가 선임 부모들이 써 놓은 글들을 읽어 보면서 한결 마음의 안정을 찾을 수 있었다. 다시 법무부에 전화하니 인터넷에 떠도는 말은 80년대 이야기라면서, 그때는 모든 군대가 어려웠는데 지금은 구타가 없으니 걱정하지 마시고 안심하라고 하는 군인의 안내를 듣고는 조금씩 안정을 찾았다.

은총이 동기들 중에 89명이 경비교도대로 왔다고 한다. 대부분의 부모들은 당황하며 도대체 경비교도대가 뭐야 하며, 나처럼 놀라서 이곳저곳에서 정보를 얻느라 수고했다고 한다. 정보를 얻고도 대부분의 부모들은 듣기에도 거북한 교도소, 구치소 근무라니 좀 찜찜했나보다. 어떤 사람은 면회를 가는데, 무슨 교도소 하니 택시 운전수가 안됐다는 표정으로 쳐다보면서 옥바라지에 얼마나 수고가 많으냐면서, 택시비도 안 받았다고 한다.

이제 2주 후에 면회도 이루어진다고 하는데, 우리는 갈 수 없는 상황이라 대신 큰 아들이 면회 가서 밥도 사 먹이겠다고 했다. 마침 주일이라 큰 아들이 면회 가는 것도 걱정이 돼서 어디서든 예배를 드리고 가라고 말해 주었다. 큰 아들이 자유롭게 근무해서 얼마나 다행인지, 그렇게 또 2주를 기다려야 한다. 친구가 오늘 저녁 전화통화 약속을 받아놓았다고 한다. 다른 군인들은 집으로 전화한다고 너무 기뻤다는 등 너무 짧았지만 목소리 들어서 좋았다는 등 기뻐하는 소리를 들으면서도 전화통화도 맘대로 할 수 없는 상황이 못내 미안했는데, 오늘 저녁 통화를 하게 해 준다고 해서, 미리 무슨 말을 할까 정리를 하면서 기다리기로 했다.

드디어 은총이와 전화 연결이 됐다. 잔뜩 주눅이 든 목소리를 들으면서 묻는 말에 간신히 대답하는 듯하여 신경이 쓰였다. 잠깐의 통화를 한 후, 나중에 편지를 받고 보니 모두 근무하는 중이어서 조용히 받다보니 주눅이 든 것처럼 느껴졌다는 것이다.

매일매일 인터넷 편지를 쓰면서, 대한의 아들이라면 한 번은 겪어야 할 군대생활을 위해 기도하고 있다. 드디어 자대배치 되는 날, 샛별이한테서 전화가 왔다.

"엄마, 은총이가 청송 2교도소로 배치 받았대요."

얼른 인터넷을 뒤져 청송 2교도소를 찾아냈다. 친절히 전화를 안내하는 안내방송에 따라 다이얼을 돌리니 중대장과 연결이 되었다.

"안녕하세요. 오늘 배치 받은 김은총 엄마입니다. 거기는 종교 활동을 어떻게 하는지요?"

"네?"

"예배를 어떻게 드리냐고요?"

"그런 거 없는데요."

"그럼 밖으로 나가나요?"

"아니요."

"그럼요?"

"개인적으로 해야 하는데요."

가슴이 철렁 내려앉았다.

"지금 신병 인도를 받지 못한 상태에서 어떻게 이야기 할 수가 없으니 신병 인도한 후 다시 이야기하지요."

"알았습니다."

밤 9시에 소대장이 전화를 했다. 김은총이 잘 도착했다면서 아들을 바꾸어 주는 것이었다. 잘 지내라고 당부하고는 소대장과 통화를 했다. 중대장한테 이야기를 들었다면서 자기도 믿는 사람인데 기도 많이 해 달라는 것이다. 예배가 끊어진지가 1년이 넘었다고 한다. 워낙 소수가 근무하는 부대인지라 매주 예배 인도하는 분이 오시는데, 비번인 사병들을 예배드리게 했더니, 교회 다니는 사람만 예배드리게 하니 불만도 많고 인원이 너무 적어 그만 드리게 되었다는 것이다. 일단은 믿는 아이들끼리 모여서 예배드리는 것을 허락하며, 자신도 근무하는 날은 은총이와 함께 예배를 드리겠다는 것이다. 너무 고마웠다. 전화를 끊고 근처에 있는 교회와 연결을 하니, 부대가 허락만 하면 한 명이든 몇 명이든 가서 예배 인도를 해 주겠다는 것이다. 너무 고마웠다. 주변에 믿고 의지할 사람들이 많이 있어서 다행이다.

이곳으로 보낸 데에는 예배 회복이 절실하셔서 은총이를 보냈다는 생각이 떠나질 않는다. 파송교회에 전화로 기도부탁을 해 놓았더니, 교인 중에 주변 교도소에 근무하는 분이 있다고 한다. 그곳의 중대장이 은총이와 통화하고 그곳에 잘 부탁한다는 이야기를 했다고 한다. 주변에서 너무 챙겨 은총이가 왕따를 당하지 않을까 또 고민하게 된다. 아직도 예배에 대한 것은 정해진 것이 없다. 오늘 주변교회 목사님이 은총이 면회를 하고 그 부분을 언급하신다고 한다. 좋은 쪽으로 결정되어서 서로 안심하고 지내는 날이 오기를 기도한다.

샛별이 대구훈련소 입소

2008년 4월 28일, 둘째 은총이의 생일이다. 서로 떨어져 있는 관계로 전화로 혹은 미니홈피나 메일로 축하인사를 대신해야 하는 서운함이 있다. 큰 아들 샛별이는 공익 근무를 위해 한 달간 훈련소에 입소하는 데 은총이 생일날과 겹치게 된 것이다. 군대보다 수월하다고 하지만 한 달간 훈련을 받아야 하는 아들을 보러 가야 하나 하는 갈등도 잠시 그냥 생각을 접었다. 바쁘기도 하지만 경비도 경비인지라 괜히 마음먹었다 못 가면 서로의 마음이 더 아플 것 같아. 그냥 내색도 하지 않았다.

전날 북경으로 출장을 가게 되었다. 바쁜 일정을 보낸 터라(친구가 일주일 휴가차 다녀갔고, 다음날 손님이 오서서 주일날 떠났고, 우리도 주일 밤 비행기로 북경을 가야했기에) 훈련소로 떠난다는 아들한테 연락도 못하고 북경에 도착했다. 북경에 도착하여, 한밤중이지만 전화 통화를 시도했는데 연결되지 않아 아침에 일어나 다시 전화를 붙들고 다이얼을 돌렸다. 늦지 않게 훈련소에 가려고 미리 대구에 와서 하룻밤을 찜질방에서 보낸다고 한다. 잘 다녀오라는 말을 남기고 남편이 전화로 간절히 기도해 주고 우리는 다음 일정을 봐야 했다. 이틀 전 일인데, 일을 마치고 집에 오니 아들 생각이 간절하다.

'지금쯤 무얼 하고 있을까? 잘 할까?'

괜히 걱정하면서 하루를 보낸다. 옆에 있다고 대신해 줄 수 있는 것도 아니다. 그동안 다 주님께 맡겼듯이 모두 맡기고 즐겁게 지내려고 마음속으로 다짐해 본다.

"아들아, 사랑한다. 너는 잘 할 수 있을 거야. 잘 마치고 꼭 필요한 부서로 배치 받아 앞으로 살아갈 날들의 도움이 되는 시간들로 만들어 가거라."

샛별이에게 보낸
엄마의 사랑의 편지

#1.

사랑하는 샛별아!

요란하게 소식을 전하는 샛별이가 아니었기에 소식이 없어도 안심, 소식이 오면 소식이 와서 더 안심이 된다. 이렇게 요즘은 머릿속에서 네 생각이 끊이질 않는구나.

여전히 잘 있겠지. 안심이 되면서도 군대 훈련이라는 것이 이렇게 걱정되게 만드는구나. 괜한 염려겠지. 잘 지내고 있을 샛별인데, 어디다 내 놓아도 잘 지낼 텐데. 그렇지?

그래, 샛별아. 너의 모든 것을 주님께 맡기고 걱정하지 않으련다. 지금까지 한 번도 걱정 끼치지 않고 성실하게 자라준 네가 군대 훈련이라고 소홀히 하겠니. 힘든 동료들을 위로하면서 즐겁게 지내고 있을 거라고 믿는다. 고된 훈련이 너를 성장시키는 길이라고 생각하고 잘 이겨 내거라. 한 달 훈련을 마치고 자대배치 받아 군대로 갈 친구들을 생각하면 훨씬 수월하지 않겠니. 다 너를 위해 예비하신 가장 복된 길일거야. 엄마는 이렇게 생각했단다. 유난히 고지식하고 원리원칙을 따지는 네가 군대에서 이해할 수 없는 행동과 상황을 만났을 경우, 반드시 맞서서 납득이 되어야 물러설 샛별이기에 그런 길을 피하도록 공익근무를 허락하셨다고 생각했단다.

군대라는 곳은 이해할 수 없는 일이 많은 곳이 아니겠니? 너를 가장 잘 아시는 주님께서 가장 선한 길로 인도하셨다고 생각한다. 아빠가 그러더라. 샛별이와 은총이 너희 둘 모두 현역으로 갔다면 휴가를 나왔을 때 얼마나 어려웠겠니. 늘 친척집에 갈 수도 없고, 학교에 갈 수도 없고 이런 어려움을 아시는 주님께서 너를 공익근무로 배치시키면서 은총이 휴가 때에 편히 쉴 수 있는 집을 마련해 주시기 위한 예비 된 길이라고 하시더구나. 그 길이 어떤 길이든지 가장 필요한 때에 가장 좋은 것으로 주시는 주님의 뜻 아니겠니.

사랑한다. 샛별아, 오늘도 너를 생각하면서 생각나는 대로 몇 자 적어본다. 밥 잘 챙겨먹고, 건강해. 다음에 또 쓸게.

#2.

사랑하는 아들 샛별아.

오늘 부대에서 편지가 왔더구나. 설레는 맘으로 얼른 뜯어보니 네 편지가 아니고 중대장이 보낸 편지더구나. 그래도 너무 반가웠다. 그리고 중대장에게 전화를 해서 네 소식을 들었다. 걱정 말라는 말과 23일 귀가한다는 얘기를 들었다. 아빠 엄마가 부대 앞에 가서 너를 만나고 싶지만, 그렇지 못해서 은총이가 갈 것 같아. 서운해도 이해하지? 사진을 퍼 왔는데 너무 작아서 너를 찾는데 오래 걸렸다. 둘째 줄 가운데가 샛별이구나. 많이 지치고 힘든 표정들이구나. 즐겁게 지내 거라.

이 편지는 집에 와서나 볼 수 있겠지. 부디 샛별이가 원하는 곳으로 배치 받기를 바라는 맘이다.

더위에 얼마나 고생이 많지? 샛별아, 너 아니? 아빠 엄마는 늘 너를 위해 기도하고 있단다. 부디 훈련 잘 마치고 좋은 소식 올 때까지 기다리마.

사랑한다. 샛별아.

#3.

샛별아.

오늘 너의 편지가 도착했구나. 글 전체에 힘듦이 보이는 것 같더라. 수고했다. 이제 며칠 있으면 훈련이 끝난다지. 아마 은총이가 갈 거다. 함께 맛난 것도 사 먹고 그동안 수고했으니 좀 쉬어. 참 근무지는 받고 나오겠지. 네가 원하는 곳으로 배치받기를 기도할게. 늘 성실히 하는 너의 모습이 보여서 엄마는 안심하면서도 또 염려가 된다. 동료들과 잘 지내고 있다니 감사하다. 또 보자.

#4.

사랑하는 샛별아.

하룻밤만 자면 퇴소 하는구나. 얼마나 길었니? 엄마도 5월이 더디 가더구나. 이제 근무지가 정해지겠지. 너에게 꼭 필요한 곳에 배치될 거라 믿는다. 수고했어. 단련된 울 아들 보고 싶은데 아쉽구나.

아들아, 이제 너의 앞길을 위해 예비하신 주님의 뜻을 따라 힘차게 달려가길 바란다. 어디서나 인정받는 샛별이가 되길 바래. 인연은 소중한 거란다. 필요 없는 인연은 없으니까 주변에서 일어나는 귀한 인연을 통해 이루어 가실 주님의 뜻을 기다리거라.

집에 오면 경주 한 번 다녀와.

사랑한다. 샛별아.

- 편지를 보내지 못해서 미니홈피에 남긴 간단한 글.

chapter 08

샛별이가 훈련소에서
보낸 효도편지

샛별이가 훈련소에 입소했는데, 부대 관계자가 해외에는 편지가 갈지 안 갈지 모른다고 불분명한 답변을 했었나보다. 그래도 어버이날이라고 편지를 쓰라고 했는데 쓰면서도 신이 나지 않았던 것 같다. 편지 내용에 그런 모습들이 보였다. 전화도 할 수 없고, 소식도 전할 수 없으니 참 답답했겠다는 생각이 들어 마음이 아팠다. 훈련소에 있을 때 편지도 한 장 보내주지 못한 것이 더 미안해지면서 샛별이가 처음으로 보낸 편지를 한 자 한 자 컴퓨터로 두드려 본다.

부모님께,

갈지도 모르는 편지를 적으려니 정말 답답합니다. 5월 8일 어버이날을 맞아 쓰는 이 편지가 도착할 때쯤 이미 훈련소를 나와 있을 것 같습니다. 입소하는 날 아침, 아버지께서 해 주신 기도가 정말로 큰 힘이 된 것 같습니다.

　요즘은 예전의 내무반을 생활관으로 부르는데, 생활관 전우들도 좋은 사람들이고, 조교인 분대장들도 따뜻하고 편안히 자기 동생처럼 대해줍니다. 지금 제가 있는 곳이 대구 50사단이라고만 말씀드렸던 것 같은데, '대구 50사단 신병교육대대 5중대 5소대 14생활관 198번 훈련병 김샛별'이 현재 저의 위치입니다. 배식조에 지원해서 밥 먹을 때마다 수세미 담당을 하기도 하고, 같은 생활관에 무용을 전공하는 선임 형으로부터 체조를 배워서 몸을 만들기도 한답니다. 첫 2~3일은 시간이 정말 안 가는 것처럼 느껴졌는데, 이제는 조금 적응이 되어가는 것 같습니다. 2주차가 지나면 정말 시간이 빨리 지난다고 하던데, 정말 그럴 것 같다는 생각이 들기도 합니다. 그래서 그런지 은총이는 그냥 가능하면 해외로 나가서, 현역으로 뛰지는 않았으면 하는 생각이 문득 들기도 합니다. 사실 군대가 무엇으로 인생에 도움을 줄지 아직은 잘 모르겠습니다. 한 달을 버티는 것도 이렇게 지루하고 답답한데, 2년이라면 정말 힘들 것 같습니다. 전화 포상을 받아도 해외 통화는 안 되는 것으로 알고 있고, 편지도 갈지 안 갈지 모른다고 하고, 은총이는 최근에 번호를 바꿨는데 그 번호가 기억도 안 나고. 그래서 그런지 튀기보다는 조용히 묻혀서 훈련소 생활을 마치고 싶습니다. 훈련소를 나가서 배터리를 충전하고 나면 전화 하겠습니다. 이 편지를 받아보실지 잘 모르겠는데, 그래도 혹시나 받으셨다면 답장은 안 해 주셔도 될 것 같습니다.

　아직까지는 아픈 곳 없이 성실히 훈련소 생활에 임하고 있으니

너무 걱정하지 마세요. 곧 목소리로 찾아뵙겠습니다. 이 편지가 갔
다면 홈페이지 주소등도 발송되었을 테니 제 사진은 찾아보실 수 있
을 것 같습니다.

부모님, 감사합니다! 사랑합니다!

아들 김샛별 올림.

chapter 09

훈련소 퇴소하는 날

*사랑하는 샛별이*가 대한민국의 남자라면 의무적으로 가야 하는 군복무의 임무를 다하기 위해 4월 28일부터 4주간의 훈련을 받는다. 대구 신병대대 50사단 5중대 5소대에 배치 받았다. 현역으로 가려고 했지만, 기흉 수술을 받아 공익 근무를 해야 하는 서운함이 있었다. 그러나 모든 것을 아시는 주님께서 샛별이를 인도하셨음을 알기에 감사하는 마음으로 훈련에 임하는 모습을 볼 수 있었다. 멀리 떨어져 있다는 이유로 훈련소에 입소하는 날에 함께 하지 못해 아침에 남편이 전화로 간절히 기도해 주는 것으로 아쉬움을 달래야 했다.

5월 한 달이 왜 이리도 더딘지. 5월 17일 중대장한테서 편지가 왔다. 잘 지내고 있으니 걱정 마시라고 소식을 전해와 너무 반가웠다. 중대장과 국제전화로 샛별이의 안부를 묻고 그리운 맘을 달래야 했다. 5월 21일, 아들 샛별이로부터 편지가 왔다. 훈련소에 입소하는 날 아침. 아빠가 해준 기도가 많은 힘이 되었다는 샛별이. 부모가 해외에 있기 때문에 편지를 쓰면서도 과연 배달이 될지 안 될지 모르는 상황이라 답답했던 모습이 편지에 고스란히 담겨 있었다. 포상전화를 받고도 국제통화는 할 수가 없어서 못했다나. 편지가 도착할 때쯤이면 퇴소할 것 같다면서 퇴소하면 핸드폰 충전해서 목소리로 찾아뵙겠다는 아들의 편지를 받고 눈물이 나고 목이 메었다. 부대 홈페이지에 들어가서 단체로 찍은 사진 한 장을 겨우 찾을 수 있었다. 새까맣게 탄 얼굴에 모두 지쳐있는 모습들을 보면서 너무 안쓰러워 마음이 착잡했다.

드디어 오늘 사랑하는 아들 샛별이가 한 달간의 고된 훈련을 마치고 퇴소한단다. 대부분의 부모들이 그 날을 기다리면서, 부대 근처에 가서 기다리고 있다가 훈련을 마친 아들들을 태워서 그리운 집으로 데려간다고 한다. 얼른 달려가서 안아주며 수고했다고 위로해 주고 싶지만 갈 수 없는 이 맘, 대신 은총이가 부대 앞에서 형을 만나 식사하고 수고한 형을 위로해 주겠단다. 이럴 때 부모가 함께 하지 못하지만 형제가 있어 안심이 된다. 부대 근처로 찾아간 은총이가 전화를 했다.

“엄마, 형이 안 보여요. 혹시 연락 안 왔어요?”

“아니, 연락 없었는데. 그리고 지금 전화할 수 없을 것 같은데.”

“알았어요. 기차역에 가서 찾아볼게요.”

그러더니 결국 못 찾고 기차를 타고 포항으로 간다고 한다. 샛별이에게 전화를 계속 했지만 한참 후에 통화가 되었다. 집에 와서 전화기를 충전하고 이제야 통화를 할 수 있었단다. 은총이가 남긴 메시지도 이제 확인을 했다면서, 은총이가 오는 것을 몰랐고, 포항으로 가는 동기부모가 차를 가지고 와서 그 차를 타고 함께 포항으로 왔다는 것이다. 은총이가 가는 것을 몰랐냐고 하니까, 오는 것을 몰랐다고 한다. 퇴소하기 전 가족들이 찾아온 사람들은 끝나고 어디로 모이라고 이야기를 했는데 자신의 이름은 부르지 않아서 은총이가 온 것을 몰랐다고 한다. 은총이는 부대에 전화해서 가겠다고 신청을 했다는데, 행정적인 착오가 있었던 것 같다. 어렵게 부대까지 갔던 은총이는 혼자서 기차를 타고 다시 포항으로 가고, 샛별이는 집에 와서 쉬고 있다고 하니 안심이 되었다.

무사히 훈련을 마치고 집에 돌아와 준 사랑하는 샛별이가 대견스러웠다. 이제 근무지를 배치 받아 2년이란 시간을 보내야 하는데, 근무할 곳이 포항 북구청이라고 한다. 주소를 포항으로 옮겼더니, 그리로 배치된 것이다. 샛별이는 가까이에 있는 동사무소에 배치되기를 원했다고 하는데, 동사무소보다 구청이 더 좋겠다는 생각이 들었다. 청년 시절에 꼭 필요한 경험들을 하길 바라는 맘으로 어느 곳에 배치 받든지 최선을 다해 성실히 근무하라고 당부하고 싶다.

수고했다. 사랑하는 아들, 샛별아!

chapter 10

공익근무

사랑하는 샛별이가 4주간의 훈련을 마치고 포항 북구청 주민생활지원과에 배치 받아 근무하고 있다. 첫 출근 소감을 물으니, 부서의 모든 분들이 너무 좋다고 한다. 그 말을 듣고 다시 한 번 감사했다. 한동대를 졸업한 선배도 한 분 계시다는 말을 듣고 더 안심이 되는 것은, 아직도 내 생각 속에 학연, 지연이 자리 잡고 있는가 보다. 직접 아는 사람도 아니고 학교 선배라는데 그 말을 듣고 안심이 되다니.

새로운 현장에서 하나하나 배워가며 감당해야 할 모든 일 가운데 늘 간섭하시고 도우시는 주님의 손길을 다시 한 번 기대하면서, 공익근무 기간이 유익한 시간이 되도록 잘 가꾸어 가길 바라는 마음이다.

해안도로를 자전거로 40분을 가면 포항 북구청이란다. 자전거로 다니는 것이 위험하지 않느냐고 물어보니 해안도로를 타고 다니기 때문에 크게 걱정하지 않아도 된다고 안심을 시킨다. 버스를 타고 다니려니 기다리는 시간도 아깝고, 버스 요금도 비싸고 번거로워 해안도로를 달려 자전거로 출퇴근한다고 한다. 홀로 서기를 하는 아들한테 이래라 저래라 하는 것이 소용없다는 걸 알기에 날이 궂은 날은 차를 타고 다니라고 부탁했다. 공익 근무하는 요원들에게 점심값과 교통비로 한 달에 일정액의 월급이 나온다고 한다. 점심도 공익 근무하는 선배동료들과 함께 주변 식당에서 먹는다고 한다. 적은 생활비를 보내주고 있어 걱정이 되기도 하지만, 워낙 알뜰하게 살고 있기에 절약해서 잘 살아보라고 당부했다.

유난히 아침잠이 많은데 아침에 일어나 아침밥을 지어먹고 출근하고, 퇴근하여 저녁밥을 지어먹고, 집안 살림까지 해야 하니, 안타까운 마음과 걱정스런 마음이 앞서지만 이것도 역시 홀로 감당해야 할 일이라 내색하지 않으려고 한다. 혼자 밥 해먹고 다니는 것이 어렵지는 않은지, 몸이 약해져서 걱정이 되긴 한다. 주부인 우리도 하루 세끼 밥 해먹고 반찬 하는 것이 어려운데, 잘 해먹으리란 생각이 너무 과한 욕심은 아닌가 싶지만, 때때로 도와주시는 분들이 계셔서 지금도 맡겼듯이 앞으로도 맡기는 수밖에 없다고 생각한다.

사랑한다. 샛별아, 아주 많이….

chapter 11

아빠의 사랑의 편지

사랑하는 그리고 보고 싶은 아들 은총아!

네 엄마 성화에 아빠가 세 번째 편지를 쓴다. 앞에 보낸 두 번의 편지는 너무 잘 써서 그랬나. 국방부에서 가져갔는지 육군본부로 가 버렸는지 알 수가 없구나(인터넷으로 편지를 썼는데 시간이 오래 걸려서인지 보내는 과정에서 사라져 버렸다. 그것도 두 번씩이나, 그래서 따로 썼다가 복사해서 보낸다).

이제 훈련에 한참 물이 오를 때구나. 훈련 기간에 추석이 끼어 있고 운이 좋은 편이구나. 추석에 떡은 그렇겠고 과일은 좀 먹었니? 옛날 아빠도 9월에 입대하여 훈련을 받았던 것 같아. 추석에 떠오른 덩그런 큰 달을 바라보며 훈련소 연병장 귀퉁이 초소에서 동초 근무 서던 기억이 나는구나. 그때는 부모형제들이 모여 추석을 지냈겠지만, 지금은 우리 식구들이 따로 따로 추석을 보낼 수밖에 없구나. 그러나 동일한 한가위 보름달이 떠오른 한 하늘 아래 살고 있는 것이 분명하니 높으신 그분 안에서 평안과 기쁨을 맛보렴.

훈련병 시절이 그리 길지는 않을 거야. 지금은 좀 지루하게 느껴지겠지만. 모든 훈련병들의 제일 가까운 장래의 소망은 빨리 훈련 마치고 자대 배치되는 것이지. 그리고 자대 배치된 군인들은 휴가와 제대라는 분명하고 가장 구체적인 소망을 간직한 시기라고 볼 수 있지. 가야 할 길이 멀다고 느껴져도 주님 안에 있는 더욱 큰 꿈을 품고 하루하루를 의미 있게 보내길 바란다.

무슨 일을 하든지 마음을 다하여 주께 하듯 하고 사람에게 하듯 하지 말라 골 3:23

이 말씀을 기억하고 훈련소 생활과 군생활의 하루하루를 좋은 날들로 빚어내 보렴. 지극히 높으신 분께서 너를 위해 계획해 놓으신 날들을 최선을 다해 그분의 뜻을 이루어라. 편한 날이 다 좋은 것은 아닐 수도 있어. 무의미하게 지나가 버릴 수도 있기 때문이지. 고생스럽고 힘든 것이 모두 나쁜 것이 아님을 너도 잘 알 거야. 건강한 몸과 성숙한 인격은 그냥 살다보면 저절로 생기는 것이 아니니까 말이야.

너에게 귀한 열매를 주시기 위한 그분의 배려가 모든 과정 가운데 있다고 믿는다. 오직 명령만을 따라야 하는 군생활은 어쩌면 영적훈련의 기초와도 같다고 생각해. 나의 의지와 달라도, 지금 하기 싫어도, 왜 그렇게 해야 하는지 때론 이해되지 않아도, 명령이니까 해야 하는 것처럼 말이다. 십자가의 군병으로 빚어져 그분의 말씀 앞에 순종하는 영성훈련의 장으로 만들어 가거라.

매일 매일 점호 준비하듯이 하루를 마감한다면 훨씬 보람되고 성공적인 삶을 살게 될 거라는 생각이 드는구나. 주님 안에서 평안과 소망의 밤 되거라.

C국에서 은총이를 대견스러워 하는 아빠가.

2008. 9. 14.

chapter 12

이진옥 집사의 사랑의 편지

은총아!

오늘도 하루가 저물어가는구나. 아침인가 싶더니 어느새 저녁이구나. 오늘도 주어진 하루 동안 많은 잎들이 곱게 물들고, 탐스러운 과일들은 단맛을 더했을 게야.

오늘은 무슨 훈련을 받았니? 편지를 읽을 때쯤엔 힘들고 지친 훈련을 마무리하고 다시 활기를 되찾아 친구들과 웃으며 오늘을 되돌아보고 있겠구나. 그런 시간이 있음으로 다시 다른 훈련을 감당할 수 있지? 힘들다는 이유로 불평을 늘어놓거나 불만을 토로하면 지친 몸이 더욱 피로할 거야. 훈련이 힘들었다고 할지라도 저녁시간엔 웃으며 마무리하면 좋을 거 같아. 쉽진 않겠지만 말이야. 그 고된 훈련을 여자인 내가 어떻게 알 수가 있겠니. 다만 부모라는 이름으로 말하는 거니 이해해라.

오늘 아침에 우리 세현이(작은 아들)가 전화를 했더구나. 세현이는 운전병이라 이번 위로휴가를 마치고 복귀할 때 휴대폰을 가지고 갔어(너도 세현이 부대에 배치되었으면 싶어서 기도하는 중이란다).

"엄마, 오늘이 무슨 날인지 아세요?"

"글쎄."

"엄마 작은아들 오늘 진급하는 날입니다."

이제 작대기 두개를 달고서 육군 김 일병이 되는 날인가 봐. 내일이 진급하는 날인데 국군의 날이라 하루 당겨졌나 봐. 은총이도 일주일 후면 이등병이 되고 다시 5개월이 지나면 김 일병이 되겠구나. 아들이 군대에 입대하면 집에 있는 엄마도 모든 관심이 군대로만 쏠려 있어.

은총아,

남은 훈련소의 시간들을 의미 있게 지내길 바란다. 함께 있는 친구들과 잘 연락할 수 있도록 하고 언제 어디서 다시 만나더라도 얼굴 붉히지 않고 반갑고 기쁜 낯으로 만날 수 있도록 말이야. 특히 예수 그리스도를 모르는 친구들에게 예수님을 전하도록 힘써라. 물론 잘하고 있으리라 믿지만 말이야. 그리고 힘들고 지칠 때마다 부모님을 생각하며 힘을 내자. 늘 기도로 사랑의 수고로 아들을 위하여 눈물 흘리며 기도하시는 부모님을 생각하며 나머지 훈련도 잘 감당하길 기도할게. 무엇보다 건강하길 바라며, 이만 줄일게.

엄마 친구, 이진옥 집사가.

chapter 13

논산훈련소로 보낸
엄마의 사랑의 편지

믿음직스러운 울 아들 은총아!

사랑하는 아들 은총이에게 쓰는 스무 번째 편지구나. 훈련소는 토요일에 쉬는지 모르겠구나. 좀 쉬게 해 주면 좋겠구나. 형하고 통화하니 네 편지가 왔다고 하더라. 형은 오늘 MT간다고 히더라. 휴학생이 무슨 MT냐고 하니까, 남들도 그렇게 이야기 한다나. 네가 군대 가고 형은 더 외로운 것 같더니만 다행히 학교 근처에서 근무하니까, 학교 친구들도 만나고 나름 행복을 찾는 것 같아서 안심이란다. 은총이도 자대배치 받고 나면 좀 수월해지겠지. 물론 군대라는 데가 수월한 곳이라 생각하면 안 되겠지만 이전하고는 많이 다르다고 하니 기대해 보자꾸나. 캄캄한 밤. 울 아들도 이제 쉴 시간이구나. 혹시 밤 근무도 하는 건 아닌지. 물론 하겠지. 자대배치 받고 해야 할 훈련들 미리 다 받아 보는 것 아닐까? 다시 한 번 말할게. 어차피 받아야 할 훈련이니까 긍정적으로 생각하고 건강하고 멋진 사나이가 되는 과정이라고 생각하고 잘 감당하거라. 은총이 같은 군인들이 있어서 모든 국민들이 편안히 지내고 있는 거거든.

울 아들이 이 말씀 기억하면서 지낸다면 새로운 힘이 나지 않을까 생각하면서 이제 취침 준비를 하고 있을 사랑하는 아들이 보고파 깊어가는 가을밤에 엄마가 사랑의 편지를 내려놓고 간다. 물론 이 편지는 내일쯤 도착하겠구나. 엄마, 아빠가 날마다 기도하고 있단다. 늘 기억하고 있지. 아들 화이팅!

사랑하는 아들 은총이에게 엄마가.
2008. 9. 19.

논산훈련소에서 보낸 효도편지

훈련소에 입소한지 5일째 되는 날 보낸 편지를 2주일이 지난 오늘에야 받아보게 되었다. 잘 있다고 하니 너무 반갑고 감사한 일이다. 부모들 안심시키려 한 말도 많이 있겠지만 그대로 받고 감사하려고 한다.

#1.

부모님께.

벌써 군에 입대한지 5일이 지나고 처음으로 편하게 쉬고 있습니다. 입소대라는 곳에서 3박 4일을 보내고, 3일째 되던 목요일 이곳 훈련대, 23교육연대 10중대로 와서 지금까지 잘 지내고 있습니다. 아버지가 말씀하신 대로 요즘 군대는 아주 많이 다릅니다. 폭언이나 욕설 등은 거의 하지 않습니다. 구타 등 가혹행위도 이제는 아예 하지 않습니다. 구타를 하게 되면 바로 영창에 들어가 징역을 살아야 하는 이유도 있지만, 요즘은 훈련병 새내기들에게 기본권을 보장해 주기 때문인 것 같습니다. 지금껏 '다'나 '까'로 끝내야 하는 줄 알았는데 아니라고 합니다.

편하게 쓸게요. 분대장, 소대장, 중대장님 모두 다 너무너무 좋은 10중대에 걸렸어요. 이곳을 명품 중대라고 하시면서 "여러분도 명품이다"라고 말씀해 주시더라고요. 5주의 훈련기간 동안 마지막 주에 부대 아니, 중대별로 시합 같은걸 열어서 하는데 최다 우승 중대가 바로 10중대라며 자랑스러워 하세요. 중대장님이 굉장히 재미있으신 분이시고, 졸리거나 무섭지 않고 편하게 대해주세요. 이곳에서 가장 높은 계급을 가지고 계신 교육대장님도 너무 재미있고 잘해주셔서 불편함 없이 정말 잘 지내고 있어요. 밥도 맛있고 같은 생활관을 사용하는 전우들도 너무 재미있고 착해서 5주 동안 살아가는데 아무런 문제도 없을 것 같아요. 모든 분들이 똑같이 하시는 말이 훈련소 기간 중에는 1주차가 거의 50%를 차지한다고 해요. 체감 시간이나 비중에서요. 1주차만 잘 보내면 이후에 시간들은 금방 지나간다고 말씀하시는데, 전 이미 1주차를 잘 지내고 있어요. 저희 1소대 오늘은 칭찬도 받고 상점도 받았어요. 그만큼 단합도 잘되고 있고 너무 편하니 걱정 마세요.

입소대에서 중국어 통역병 시험을 봤는데 2년 반 정도 한어 공부를 하지 않으니까 정말 하나도 모르겠더라고요. 자대배치 받으면 꼭 중국어 공부를 할 생각이에요. 만약 통역병에 붙는다면 좋겠지만, 그렇지 않아도 열심히 한다면 다들 인정해 줄 것이고, 4개월만 열심히 하면 되니까 걱정은 절대하지 않으셔도 돼요. 편지는 형을 통해 보내려고 생각 중인데 혹시나 부모님께 보낼 수 있다면 그렇게 할게요. 지금은 전화를 드릴 수는 없으니까, 나중에 자대배치 받고 방법을 찾아서 꼭 전화 드리도록 할게요.

아버지, 어머니도 잘 지내시구요. 저는 항상 기도하고 있어요. 사랑합니다!

      P.S : 부모님 오시는 날에 맞춰서 나갈 수 있다고 하니까 그렇게 할게요.

논산훈련소 23연대 3교육대 10중대 1소대 4분대 44번 훈련병

김은총 올림.

#2.

아버지, 어머니 은총이에요.

먼저 번에는 중국으로 편지를 보내줄 수 없다고 그래서 형한테 보냈는데, 주일에 교회를 갔더니 해외로도 보내준다고 하더라고요. 그래서 교회 갈 때 가져가려고 다시 써요.

요즘 군대는 먼저 번에 말씀드렸다시피 아주 많이 편해요. 전혀 힘들지 않아요. 발에 물집 잡힌 사람 하루에 두 번씩 계속해서 체크하고, 물집 잡힌 훈련병은 전투화 신지 않게 해주고 운동화 신으라고 배려도 해줘요. 구타나 욕하면서 이유 없이 얼차려 주고 그런 건 이미 오래전 옛날 이야기에요. 아빠한테 들었던 것과는 너무 달라서 그래도 살만해요. 아빠가 갔던 시대에 비교하면 지금은 완전 천국이라 해도 과언이 아니에요. 그 외에 훈련들도 엄청 힘들고 쓰러져 가면서 할 줄 알았는데 전혀 그렇지 않고, 충분히 소화해 낼 수 있을 만큼 잘 하고 있어요. 자대배치 받으면 첫 3개월은 좀 힘들다고는 해요. 2년 간 군 생활하는 건데 3개월 정도는 힘들어도 상관없을 것 같아요. 그 정도야 참아야지요. 같이 군생활 하는 우리 분대도 되게 좋아요. 너무 착하고 재미있고, 형님들이 많아서 이해도 배려도 잘 해주시고 그래서 편하게 잘 지내고 있어요. 너무 걱정하지 마세요.

아참, 제 사진 올라왔을 거예요. 그거 찾아서 보시면 돼요. 사진 보시면 아시겠지만 웃고 있어요. 즐겁게 잘 지내고 있다는 거겠죠. 지내면서 분대장들, 선후임 관계 같은 것 보고 그러면 다들 친해보여서 걱정은 많이 들지 않아요.

이 편지 쓰는데 2일 걸렸어요. 방금도 모이라고 해서 갔다 왔는데 편지 온 것 받았어요. 엄마, 형, 엄마 친구 분한테 온 것 총 3개 받았어요. 잘 읽었어요. 근데 너무 자주 안 보내서도 돼요. 나중에 자대배치 받으면 더 빠르고 간편하게 미니홈피에 안부 전할게요. 이 편지도 언제 갈지 모르겠어요. 그럼 저는 이만 쓸게요. 나중에 또 쓸게요.

충성! 아버지, 어머니 사랑합니다.

23연대 10중대 1소대 4분대 44번
김은총 올림.

엄마, 아빠!

엄마가 가장 궁금해 하시는 것에 대해 알려 드릴게요. 지금은 추석 연휴 기간이에요. 토, 일, 월, 총 3일 동안 휴가? 휴가는 아니고, 휴일이라서 3일 동안 쉬고 있어요. 뭐, 훈련만 계속하다가 3일 동안 푹 쉬고 있으니까 편하긴 편한데, 안 좋은 점은 쉰 날만큼 자대배치를 늦게 받는다는 거죠. 그건 그렇고요. 저희 훈련소는 최신식이에요. '신 막사'라고 해요. 되게 좋아요. 깔끔하고 넓고 깨끗해서 사진을 찍어 보여드리고 싶지만, 사진기도 없고 군대내 그런 것들은 함부로 보여주고 그러면 안 된다고 하네요. 그리고 교회에서는 꼭 할 생각이에요. 찬양팀 말이에요. 군대교회에도 찬양팀이 있고, 그래서 자대배치 받고나면 바로 찬양팀에 들어갈 생각이에요. 그리고 추석이라고 전화 짧게 시켜줬었어요. 형한테 전화했는데 1541 콜렉트콜을 수신거부 해놨나 봐요. 그래서 전화 못했어요. 중국도 전화 안 된다고 해서 엄마, 아빠한테 전화도 못 드렸어요. 자대배치 받으면 형한테 국제전화카드 보내라고 해서 받으면 전화 자주 드릴게요. 뭐 컴퓨터도 자주할 수 있다고 하니까 온라인상으로도 연락 계속 드릴게요.

9월 1일에 입대했는데 벌써 9월 15일이네요. 입소대에서는 시간이 정말 안 갔는데, 교육연대에 들어와서는 시간이 금방금방 지나가요. 그렇다고 훈련이 엄청 힘들고 그런 것도 아니라서 매우 편해요. 중국에서도 교회 갈 때마다 자주자주 걸어 다녔더니 1시간 정도 걸어 다니는 건 힘들지도 않아요. 잘 지내고 있으니까 정말 걱정은 하지 않아도 돼요. 지금까지 해왔던 대로 앞으로도 잘 할 수 있도록 기도해주세요. 저도 요즘 기도 많이 하고 있어요. 이 상태로 계속 기도하는 습관, 지혜를 구하고 의지하는 습관, 잊지 않을 수 있게 해달라고 기도해주세요. 말 안 해도 당연히 해 주실 테지만. 그러면 전 이만 밥 먹으러 갈게요. 충성!

아들 은총 올림.

chapter 15

법무연수원에서 보낸 효도편지

안녕하세요. 법무연수원에서 경비교도대 수업 듣고 있는 작은 아들 은총이에요. 여기도 인터넷 서신이 오는 줄은 몰랐는데 오더라고요. 단, 댓글 달아라. 이런 건 없어요. 경비교도대라고 하서서 많이 모르실 거예요. 저도 5주차, 마지막 주가 되서 처음 알았거든요. 그래서 육군훈련소에서 버스타고 여기 용인으로 올 때 조금 두려움(?) 같은 것도 있었어요. 근데 와서 교육도 받고 여기 있는 기간병들 이야기를 들어보니, 그것도 할 만한 것 같아요. 아니 이건 할 만한 정도가 아니라 매우 편하고 노는 보직이에요. 저희는 육군과는 달리 '근무'를 한다고 생각을 하면 편하다고 해요. 이름 그대로 교도소나 구치소에서 경비를 서는 것이 주된 임무이기 때문에 군대에서 하는 60km 행군, 유격 훈련, 사격 훈련 이런 건 하지 않고요. 그 시간에 근무를 서고 경비를 하는 거예요. 설명하기가 좀 복잡한데 크게 총 4개의 지방교정청으로 나뉘고

요. 그 안에 여러 개의 교도소 및 구치소로 나뉘어 있어요. 저희가
자대배치를 어떻게 받느냐면, 교육을 받은 내용들을 실기와 필기로
나눠서 시험을 치고 성적순으로 자신이 가고 싶은 지방교정청을 선
택하게 돼요. 그런 후 모두 선택했다면, 한 지방교정청을 선택한 사
람들끼리 모여서 제비뽑기를 해서 최종적으로 갈 곳이 정해지는 거
예요. 말이 좀 복잡하고 이상한데, 어쨌든 99%는 운이라는 이야기
죠. 저는 여러 면에서 생각해 봤을 때 포항 교도소로 가고 싶더라고
요. 휴가 나갈 때도 편하고 엄마 아빠 뵙기도 더 수월하고 친구들 면
회 올 때도 좋을 것 같아서요. 포항교도소가 흥해읍 학천리에 있는
곳인데, 아무튼 가고 싶어요. 꼭 좀 기도해주세요. 저도 열심히 기도
하고 있어요. 좋은 곳으로 알아서 인도하시겠지만, 그래도 전 포항
에 가고 싶어요.

근데 저는 어찌 보면 서울구치소로 갈수도 있을 것 같아요. 어떤
기간병이 저한테 아니 저희한테 음악 잘하는 사람 있냐 해서 손들고
이러저러한 악기들 할 줄 알고, 몇 번씩 해왔다고 말했더니, 오, 악
기는 자기랑 비슷하게 한다고 말하더니 "너도 악대에 갈 수 있겠다"
고 말하더라고요. 악대는 서울 구치소밖에 없대요. 어찌됐든 좋은
길로 인도하시겠죠. 기도는 드리고 있지만 뭐 별다른 걱정은 하지
않아요.

아차! 중요한 걸 말씀 안 드렸네요. 제가 지금 있는 이곳이 너무
좋아요. 밥도 엄청 맛있고 육군과는 다르게 너무 좋아요. 육군에 가
면 무식하게 포크숟가락 하나만 가지고 밥 먹는데 저희는 젓가락도

사용하구요. 훈련도 거의 없고 이론공부 많이 할 수 있고 너무 편해요. 절대 걱정은 안하서도 될 것 같아요.

여기 안에는 교회가 없나 봐요. 그래서 이번 주, 다음 주는 교회를 못갈 거 같아요. 뭐 저 혼자서 성경 읽고 묵상할거에요. 요즘에도 불침번 근무 서면서 읽고 있어요. 신앙생활도 걱정 안하서도 되요. 아, 군대에 오니 말주변도 없어지고 글도 조리 있게 못 쓰겠어요. 횡성수설해도 이해해 주세요. 그리고 인터넷 서신은 오후 7시 30분 이후로는 가급적이면 작성하지 말아 달래요. 오전에 써달라는 말 같아요. 아무튼 엄마 아빠 걱정 마시구요. 저도 우리 가족을 위해 기도하고 있으니까. 저를 위해서 기도해주세요. 너무 당연할 걸 말했나?

전 이만 청소하러 갑니다. 충성!

아들 올림.

chapter 16

부대 배치 후 보낸
엄마의 사랑의 편지

#1.

논산훈련소에서 5주간의 훈련을 받고 법무연수원에서 후반기 교육을 받고 앞으로 2년간 살아야 할 곳이 청송 제2교도소 내에 있는 2533부대라는 곳이구나. 어제 너를 보내놓고 계속 기도했다. 하나님이 은총이를 왜 그 많은 곳 중에 이곳으로 보내셨을까? 엄마에게 계속 다가오는 말씀은 그곳의 예배 회복을 위함이란 생각이 든단다. 네가 배치 받을 곳이 청송 제2교도소라는 소식을 듣고, 먼저 문의해서 물어본 것이 예배였단다. 생각지도 못했던 소식을 듣게 되었지. 당연히 있으리라고 생각했던 예배가 그곳에서는 나가지도 못하고, 누가 와서 하지도 못하고 스스로 드려야 한다니. 오늘 아침 그 부분을 놓고 기도하면서 얼마나 울었는지 모른단다. 은총이를 통해 예배를 회복하시겠다는 생각을 하면서 하나님이 기뻐하시는 일이란 생각이 들더구나. 우리 아들을 얼마나 훈련시키시려고 그러시나.

엄마가 들은 음성은 은총이를 통해 그곳에서 예배가 살아나게 하시려고 그러신다는 생각이 떠나질 않는구나. 네가 신임이어서 주동적으로 무엇을 하기는 어렵겠지만, 다행히 소대장님도 믿는 분이라고 하니 우선은 혼자서라도 예배를 드리다보면 주변에 믿는 친구들이 모여들 거라 생각하고 있다. 너무 어렵게 생각하지 말고 순서에 억매일 필요는 없지만, 사도신경하고 찬송하고 기도하고 성경보고 그 성경말씀을 토대로 함께 나누고 나눈 말씀을 근거로 기도제목을 나누고 함께 위해서 기도를 하고 찬송 부르고 주기도문으로 끝내면 되지 않겠니. 엄마가 계속 알아보고 있단다. 주변교회에서 너희가 있는 곳에 가서 예배 인도하는 것이 가능할지, 너희들이 교회로 가는 것은 가능한지 너희 부대에 인원이 적어서 밖으로 나가기는 쉽지 않다고 하더라. 아빠도 엄마도 늘 그것을 위해 기도할 테니 너희들도 기도하면서 이루어질 때까지 스스로 예배하는 삶을 살도록 해라. 매일매일 예배해야 하고, 주일날은 특별히 더 예배해야 하는 거 알지? 주일에도 근무를 선다면, 그 시간을 피해서 꼭 예배드리도록 해라.

형이나 경주에 이야기해서 책을 좀 보내도록 해볼게. 무슨 면회가 또 있나보던데 이번엔 형도 가기 어렵지 싶다. 면회를 안 가더라도 용감하게 잘 지내주길 바란다. 함께 간 민성이와도 잘 지내고, 민성이 부모는 인터넷 편지를 한 번도 안 한 것 같더라. 찾아보려니 찾을 수가 없더구나. 휴가라고 해도 어디 가기는 쉽지 않을 것 같은데 포항은 좀 가깝니? 휴가 나왔다 들어갈 때 너무 촉박하게 잡고 다니지 말고 시간 넉넉하게 잡아서 늦어서 불이익 당하는 일이 없도록 명심해. 너희들은 혼자 다닐 수 없다고 하더라. 꼭 선임이 함께 해야 한다는데, 서로 존중해주고 기분 나빠서 서로 어려워지지 않도록 잘 지내길 바란다. 사소한 다툼이, 오해가 일을 크게 만들 수도 있다고 하니 명심하고. 참 C국에 있었다던 선임은 누구냐, 전화카드도 빌려 줬다면서 너무 고맙다. 잘 지내보도록 해라.

이제 네가 했듯이 엄마가 형을 통해 우편으로 편지를 전달해야 하려나 보다. 너희 부대도 카페가 있던데, 잘 활용되지는 않는 것 같 아서 그곳에 편지를 써서 전달될 때를 기다리느니 형한테 우편으 로 부치라고 해야 할 것 같다. 오늘 네가 논산훈련소에서 보낸 4통 의 편지를 받았다. 꼼꼼하게 손으로 쓴 너의 편지를 받고 얼마나 감 사했는지, 잘 지내주어서 너무 고맙고 거기서도 잘 지내리라 생각한 다. 엄마가 가끔 소대장과 통화하려고 한다. 너희가 있는 곳이 광덕 인데 광덕교회가 우리 교난 교회더라. 시간이 되면 그곳에 가서 인 사해라. 엄마가 전화해서 네가 그곳에 있다고 말해놔서 기억하고 있 을 거란다. 이제는 가장 걱정되는 것이 예배인데, 울 아들 하나님이 얼마나 사랑하시고 얼마나 믿으셨는지, 그곳에서도 스스로 예배하 도록 맡기시니 네가 성장할 수 있는 좋은 기회라고 생각하고 열심히 하도록 해라. 때가 되면 이루어주실 거라 생각한다. 그때가 이번 주 일 일수도 있고 아닐 수도 있지만, 아직 때가 안 온다면 네가 스스로 할 힘이 더 남아 있다고 생각해 보자. 엄마가 자주 편지 쓸게.

아들, 화이팅!

2008. 10. 28.

#2.

네가 청송으로 간지가 일주일이 안 되었는데도 엄마는 몇 달이 지난 느낌이구나. 잘 지내고 있겠지. 오늘 네가 그곳으로 가고 첫 번째 맞이하는 주일인데 예배는 어떻게 드렸는지 매우 궁금하구나. 부대와 교회가 서로 이야기 나누고 있는 중이니 때가 되면 좋은 소식이 있을 거란다. 엄마가 이 일에 관계함으로 인해 은총이에게 피해가 없기를 바랄 뿐이란다. 엄마가 예배 문제에 접근하면서, 우리 아들을 통해 그곳에 예배 회복이 절실하셨다는 생각이 끊이질 않더구나. 소수의 인원이 모여 있는 곳이라 잘 하면 좋지만, 어쩌면 어려움이 예상되기도 하는데, 우리 아들 잘 하리라 믿는단다. 리더십은 강함에서 있는 것이 아니란다. 사랑으로 이해하고 부드러움으로 대하는 것이 강함보다 훨씬 좋은 리더십이란다. 너도 시간이 지나면 후임도 들어오고 선임이 되어갈 텐데, 좋은 리더십의 본을 보여주길 바란다.

희원이 형이 제대를 했다는구나. 너한테 면회 한 번 다녀오겠다고 하면서, 그곳에서 긍정적인 사고를 가지고 잘 지내주어야 즐겁고 보람된 군 생활이 될 거라고 하더구나. 처음부터 생각했던 것이 긍정적인 사고였잖니. 우리 아들은 잘 하리라 믿으면서 늘 말씀 안에서 살다보면 어떤 어려움도 감당할 거라 믿는단다. 편한 것만이 좋은 것은 아니거든. 네가 말했듯이 적당한 긴장, 적당한 힘듦이 오히려 너를 강하게 만들고 해이하지 않게 해 줄 거란다. 오지에 있다 보면 당하는 어려움들을 찬양하면서, 말씀 보면서, 기도하면서 이겨내

길 바란다. 혹시 누가 왕따 시키려하면, 그를 위해 기도해 주거라. 얼마나 힘들었으면 다른 사람을 왕따 시키면서 자기 자리를 지키려 하겠니. 엄마가 한 번 말했었지. 너를 힘들게 하는 사람이 있으면 미 워하기보다 기도해 주라고, 너를 좋아하고 아껴주는 사람이 있으면 그를 위해서도 지속적인 사랑을 베풀어주기 위해 기도하거라.

이 가을에 엄마가 글쟁이가 되려나보다. 아들한테 편지만 쓰면 줄줄 써지니, 이것도 복이라는 생각이 드는구나.오늘은 너무 좋은 날씨란다. 아직 근무는 서지 않는다며? 이제 근무서기 시작하면 많 이 힘이 들 거야. 죄를 짓고 들어와 있는 사람들을 지키기 위해 서 있는 근무이기에 때론 그들과 마주치기도 하겠지. 긍휼히 여기는 마 음으로 기도하거라. 교도소에 죄짓고 오는 사람들이 없는 날이 올 수 있도록, 그래서 전국에 교도소가 줄어들도록.

아들아, 너를 통해 일하실 주님을 찬양한다. 너무 나대서 선임들 눈총의 대상이 되지 말고, 늘 성실히 섬기는 삶을 살다보면 너의 진 실 됨은 전달될 거란다. 동료가 잘 지낼 수 있도록 서로 힘이 되어주 고.

아들아, 오늘도 주 안에서 승리하거라.

아들을 사랑하는 엄마가.
2008년 11월 2일에 예배를 마치고.

한바탕씩 웃고 나면 그동안 쌓였던 스트레스가 싹 달아나는 것이다.

PART 5

아름답고 소중한 이야기

chapter 01

사랑하는 엄마 이야기

엄마

예전엔 미처 몰랐지요.
엄마의 그 마음을.

엄마는 힘든 걸 모르는 줄 알았고,
엄마는 안 가져도 되는 줄 알았고,
엄마는 배고픔도 모르는 줄 알았답니다.
엄마의 지갑은 늘 풍성한줄 알았고,
무엇이든 원하면 뚝딱 나오는 도깨비 방망인 줄 알았답니다.
그래서 필요할 때마다 달라고 졸랐었지요.
그럴 때마다 어려움 속에서도 늘 챙겨주시던 엄마,
어쩌다 주실 수 없을 때는
그것 때문에 서운해 하는 그런 못난 자식이었지요.

이렇게 어리석었던 막내딸이 결혼해서 아이를 낳아 기르다 보니
이제야 어렴풋이 알았습니다.
그 모든 것이 엄마이기에 감당하셨다는 것을요.

엄마도 힘드셨고,
엄마도 배고프셨고,
엄마도 갖고 싶은 게 있었다는 것을요.
엄마의 지갑이 비었음에도 자식들 힘들까, 주눅 들까,
늘 풍성한 척 우리들의 요구를 들어주셨다는 것을요.
일찍 아버지를 떠나보내시고,
'애비 없는 자식이라 그렇구나'라는
소리 들을까 노심초사 하시면서 저희들을 기르셨지요.

엄마!
지금도 엄마를 살갑게 챙겨드리지 못하고,
오히려 멀리 떨어져 살면서
늘 걱정 끼쳐드리는 막내딸이 되었답니다.
그러나 엄마 안심하세요.
저희들 지금 잘 살고 있습니다.
엄마 사위 아시잖아요.
더없이 살갑고, 더 없이 아내를 사랑하는
그래서 행복하게 잘 살고 있습니다.
이제 우리도 자녀들 떼어놓고 보니

엄마의 심정 이해가 갑니다.

잘살고 있음에도 늘 걱정되는 자녀들, 엄마도 그랬지요.

어찌 살고 있을까?

전화가 오면 오는 대로 무슨 일이 있나 걱정,

안 오면 안 오는 대로 왜 소식이 없을까 걱정,

그런 엄마 마음 헤아리지 못하고

자주 소식 드리지 못하는 이 못난 자식.

그래도 엄마 이해하실 거죠.

다 부족해서 그런답니다.

아직도 철이 덜 들었지요.

앞으로 조금 더 잘 하도록 노력해볼게요.

엄마!

사랑합니다.

우리 엄마

우리 두 아들(샛별, 은총) 눈에 비친 우리는 어떤 모습일까? 어느 날 문득 궁금해졌다. 그래서 큰 아들한테 물어봤다.

"너는 부모님을 존경하니?"

고개를 끄떡 끄덕. 아휴, 다행이다. 그래도 아이들 눈에 비친 우리 모습이 나쁘지는 않았나보다.

어릴 적 내 눈에 비친 우리 엄마는 슈퍼우먼이셨다. 엄마 하면 떠오르는 것이 '부지런함'이었다. 눈을 떠 보면 새벽예배를 다녀오신 후, 어느 사이 두엄을 이고 밭에 나가셨고, 학교에 갔다 오면 언제나 밭에 계시던지, 소여물을 주시던지, 군불을 때시던 엄마였다. 겨울에는 해가 뉘엿뉘엿 넘어가야, 저 이웃 마을 언덕바지를 넘어오곤 하셨다. 겨울에 우리 엄마는 주로 사과와 새우젓을 이웃 마을에 이고 다니시면서 파셨다. 전문농사를 짓는 집이 아니었기에 땅도 없었고, 있다고 해도 지을 수 있는 형편도 아닌 시절이었다. 엄마는 교육자이셨던 아버지와 함께 살면서 늘 가난과 씨름해야 했고, 아버지가 돌아가시고 남아있는 자녀들을 키워야 했기에 아파도 아프다고 누워 있을 수가 없었고, 없어도 없다고 하실 수 없었다. 수없이 고생만 하셨던 엄마의 고난의 시절이었다. 그래서 일거리가 없는 겨울에는 장사를 하셨다. 그 당시 장사라고 해야 이웃마을에 물건을 이고 다니면서 파는 그런 장사였기에 고생이 말이 아니었다. 물건을 가지고 갈 때에는 물건 때문에 힘들고, 물건을 다 팔고도 늘 무거운 함지박을 이고 오셔야 했다. 당시에는 물건을 사고 현금으로 주는 것이 아니라, 곡식으로 물건을 맞바꾸는 시절이었기 때문이다. 내가 초등학교를 졸업하고 이미 서울에 와 있는 오빠와 언니 때문에 우리 가족은 서울로 이사를 했다. 그리고는 오빠와 언니의 직장생활로 가정을 꾸려가게 되었다. 중학교도 못 갈 줄 알았던 나는 서울에 와서 오빠와 언니들의 도움으로 중학교를 다닐 수 있었고 계속해서 공부하여 신학교까지 졸업하게 되었다. 그리고 지금 선교사로 나와서 살고 있다.

이렇게 우리 엄마는 늘 내 머리 속에 고생을 많이 하신 분, 그러나 누구보다 부지런하고 굳센 분이셨다. 시골교회에서 열심히 신앙생활을 하신 엄마는 때때로 교사들을 데려다가 먹이셨다. 부흥회를 한다거나 여름성경학교를 하면 엄마는 어김없이 씨암탉을 잡아 닭칼국수를 해서 대접하셨다. 엄마를 따라 부흥회도 따라다니고, 여전도회 회의도 함께 참석하고 새벽기도와 각종예배를 따라다닌 기억이 새록새록 하다. 서울에 와서 어느 때부터인가 엄마는 늘 교회에 가서 기도하시면서 밤을 지내곤 하셨다. 이렇게 늘 자녀들을 위해 기도하시고 헌신하고 봉사하신 분이다.

과연 훗날 우리 두 아들은 나를 어떻게 표현할까? 엄마를 본받아 우리도 정말 열심히 살아야겠다는 생각을 하면서, 지금까지 잘 키워주신 엄마께 감사드린다.

사랑하는 엄마!

매일이 어버이날이어야 하지만, 우리들이 그렇게 못하니까 하루를 정해 특별히 감사한 마음을 표시하라는 의미로 정해진 날이 어버이날이지요. 멀리 있다는 핑계로 마음과는 달리 매년 함께 하지 못해 죄송해요. 하지만 엄마, 이곳에 와 계신 어르신들께 매년 어버이날 전후로 식사 대접을 하고 있어요. 엄마께 해 드리지 못한 것을 그분들께 해 드리려고 작은 정성이지만 준비하고 있어요.

올해는 오늘 저녁 식사하기로 했어요. 열 분이 넘는 거 같아요. 그러니 서운해 하지 마시고 막내딸이 잘 살고 있구나 생각하시면서 이해해주세요. 엄마가 이렇게 잘 키워 주셔서 늘 감사하며 살고 있거든요. 엄마, 감사해요. 낳아주시고 키워주시고. 결혼할 때 힘든 길인 줄 아시면서도 막내딸을 책임지겠다는 듬직한 사위를 보고 위안을 삼으시더니, 15년 전 멀리 떠난다고 서운해 하시면서 어떻게 표현할 수 없어 힘들어하시던 모습이 기억나서 죄송해하고 있어요. 늘 걱정하시면서 제일 많이 저희들을 위해 기도해 주시는 것 알고 있어요. 겨울에 편찮으셔서 많이 걱정했어요. 다행히 건강해져 너무 감사드려요. 더 건강하셔서 저희들을 위해 기도해주세요. 엄마가 살아계신 것으로 저희들 얼마나 힘이 나는데요.

엄마, 사랑해요.

2007년 어버이날에 막내딸 드림.

자녀들을 위해 모든 걸 다 주신 엄마. 아빠를 일찍 하늘나라로 보내시고 수많은 고생을 하시면서도 자녀들을 위해 최선을 다하신 울 엄마. 올해 84세이신 울 엄마. 84년 동안 한결같은 믿음으로 자녀들을 위해 기도하시는 엄마 권사님.

울 엄마는 교회를 다니시면서 글을 알게 되셨다. 옛날에 할아버지가 여자가 무슨 글이냐고 공부를 시키지 않으셨는데 교회를 다니시면서, 성경을 보시고 찬송을 하시면서 자연히 글을 알게 되셨다. 하지만 쓰는 것까지는 못하셨는데, 몇 년 전 한 자 한 자 쓰시기 시작하시더니 지금은 성경을 쓰신단다. 역대하를 쓰고 계신다고 한다. 언니가 하는 말, 글씨가 얼마나 예쁜지 모른다. 성경을 다 쓰시고 돌아가시겠다고 한다. 그래서 말했다. 천천히 쓰시라고. 더 오래오래 사셔야 하니까.

엄마, 사랑해요. 막내딸 엄마의 사랑만 받고, 이리 멀리 와서 몇 년에 한 번씩 가면서도, 가서는 퍼뜩 얼굴 비추고, 또 다시 이리저리 돌아다니는 막내딸을 서운타 아니하시고, 이것저것 챙겨주시느라 애쓰시는 울 엄마.

엄마, 오래오래 사세요. 좋은 세상인데. 오래오래 건강하게 사셔서 저희들을 위해 기도해주세요. 이렇게 또 나를 위해 기도해 달라고 욕심을 부려본다.

엄마의 입원

오랜만에 한국에 가서도 엄마 옆에 있을 시간이 없다. 여기저기 인사 다녀야 하고 한국에 와서 해야 할 일들이 많기 때문이다. 어느 날 엄마한테 갔다가 숙소로 가는데 그러신다.

"또 언제 오니?"

"이제 못 오고 그냥 갈 거 같아요."

그랬더니 했더니 금방 눈시울이 붉어지시고 고개를 숙이신다. 그래서 재빨리 그런다.

"또 올게요."

"응, 바쁘면 그냥 가."

애써 태연한 척 하시면서 아쉬움을 감추신다. 늘 우리 입장에서 이해해 주시는 엄마였다. 짧은 일정으로 인해 정말 바빴다. 그래도 돌아오기 전에 다시 한 번 찾아가겠다는 약속을 지키기 위해 지하철을 타면서 언니한테 전화를 했다.

"왜 그리 전화가 안 되니?"

"왜 전화가 안 돼?"

"무슨 일 있어?"

울먹이는 소리가 전화기를 타고 들려왔다.

"왜, 무슨 일인데."

"엄마가 입원하셨어."

"왜?"

"허리를 삐끗하셨는데 지금 정형외과에 입원하셨어."

"알았어! 곧 갈게, 안 그래도 지금 가는 중이야."

한 시간 반 정도 지하철을 타고 동네 병원에 도착하니 좁은 병실에 엄마가 누워 계셨다. 다행히 간단한 시술을 하면 다음날 곧 일어나 걸어 다니실 수 있다고 한다. 안심을 하고 돌아가 다음날 일을 보고 있는데 급한 전화가 왔다. 엄마가 응급실로 가셨단다. 어젯밤에 개인병원에 입원하셨던 엄마가 기침을 심하게 하시는데, 휴일이라 병실을 지키는 의사도 없고 너무 힘들어 하셔서 큰 병원으로 옮겨 지금 응급실에 계신단다. 응급처치를 해서 지금은 좀 편안해 하신다는 연락을 받고, 오후에 만나기로 약속한 후배와 아이들을 병원으로 오라하고 우리도 병원으로 달려갔다. 이미 많은 사람들이 와 있었다.

다음날 검사를 위해 금식을 하셔야 한다는데, 벌써 며칠을 링거에 의지해 계신 터라 입도 마르고 많이 힘들이 하셨다. 그밤 우리 부부가 병실을 지키기로 했다. 언니가 며칠째 수고하고 있었고, 언니도 감기 몸살로 고생하고 있던 터라 들어가 쉬라고 했다.

"엄마, 나 들어갔다 내일 올게요. 막내딸하고 사위하고 계셔요."

그랬더니 엄마가 불안해하시면서 허락을 안 하시는 것이다.

왜 그랬을까? 언니는 애교도 많고 늘 엄마 곁에 있다 보니, 지금 엄마가 무엇을 필요로 하는지를 알고 대처하는데, 무뚝뚝한 막내딸이 있겠다고 하니 불안하신 것이다. 결국 언니가 집에 가지 않고 함께 있겠다고 약속을 한 후에야, 안심하시는 것이 아닌가. 많은 반성이 되는 날이었다. 그 밤 우리 셋은 잠을 잘 수가 없었다. 응급실에 마땅히 쉴 곳도 없을뿐더러 엄마의 증세가 심해지셨기 때문이다. 우리는 그날 엄마가 본향으로 떠나시는 줄 알았다. 얼마나 긴장된 밤이었는지 한숨도 주무시지 못하고, 기침을 하시고 열이 얼마나 심한지. 응급실 바로 옆에 대기하고 있으며 신속하게 대처해 준 간호사들 덕분에 그 밤을 무사히 보냈다. 의사 선생님은 출국하는 것을 고려하라고 까지 하며 급하면 중환자실로 옮기겠다고 한다. 천식 환자가 폐렴까지 오고 워낙 연로하시기 때문에 장담할 수 없다고 한다. 의사가 얼마나 겁을 주던지, 출국을 연기해야 하나 마나를 놓고 많이 고민해야 했다. 다행히 아침에 좀 나아지시고 며칠을 기다려야 병실이 정해질지 모른다더니, 오전에 병실로 옮기게 되었다. 도와주는 직원은 이렇게 병실이 나기도 힘들뿐더러 오전에 병실로 옮기는 일은 극히 드문데 무슨 빽이 있느냐는 것이다.

'빽은 무슨 빽, 우리야 한 분 밖에 더 있는가?'

내일 출국 때문에 숙소에 가서 짐을 정리하고 밤에 다시 오기로 했다. 그런데 연일 계속되었던 출장길에 하룻밤을 긴장하면서 응급실에서 지냈더니 몸이 말을 듣지 않았다. 그래서 도저히 그 밤에 일어날 수가 없었다. 간신히 일어나 짐을 정리하고 언니에게 전화를 하니, 많이 나아졌으니 밤에 안 와도 된다고 한다. 다음날 비행기 시간이 촉박한데도 불구하고, 아들들에게 먼저 짐을 공항으로 보내고 우리는 병원으로 달려갔다. 다시 한 번 뵙고 기도해 드리고, 다음에 나올 때까지 건강하셔야 한다고 부탁하고 공항으로 달려왔다. 공항에 가 있는 아들들과 식사도 못하고 급히 수속을 했다. 시간이 생각보다 많이 걸려서 촉박했다. 오히려 괜찮다며 들어가시라는 아들들을 뒤로 하고 출국수속을 마치고 비행기를 타고 집으로 왔다. 출국을 연장하고 더 함께 있어야 함에도 급히 들어오려니 맘이 무거웠다. 들어와서 거류증 수속도 해야 하고, 또 다른 일정이 있어서 부득이 들어왔지만 급하면 거류증 수속하고 다시 나가리라 생각하고 들어왔는데, 와서 연락드리니 점점 좋아지신다고 해서 한결 마음이 편했다. 그리고 2주가 지난 월요일에 폐렴을 치료하시고 허리 수술을 하셨다고 한다. 2시간 가량의 수술은 잘 되었는데, 방광에 문제가 생겼는지 소변을 못 보셔서 비뇨기과 치료를 받으시고 퇴원하실 거란다. 엄마의 병실을 지켜드리지 못하고 떠나오면서 너무 죄송했는데, 수술 잘 끝내시고 건강을 회복하셨다니 너무 감사하다.

엄마, 오래오래 건강하게 사세요. 우리가 열심히 예쁘게 사는 것이 엄마에게 효도하는 거겠지요.

위독하다는 연락을 받고

2009년 2월에 한국을 다녀왔는데, 그해 6월에 여든 다섯이신 엄마가 위독하시다는 소식을 들었다. 멀리 있는 관계로 엄마가 편찮으시다고 할 때마다 나갈 수 있는 형편이 아니었다. 그러나 이번에는 위독하시다는 것이다. 당장 나갈 수 있는 형편이 아니라 매일매일 전화로 상황을 살피는데 많이 힘들어 하신다는 것이다. 가족들은 해외에서 자꾸 왔다갔다 할 수 없으니, 연세도 많으시고 몇 달 전에 뵙고 갔으니 큰 일이 생기면 나오라고 한다. 정말로 위독하시다면 살아계실 때 가서 얼굴이라도 한 번 더 뵙는 것이 옳은 일이지, 돌아가신 다음에 가서 얼굴 뵈면 무슨 소용이란 말인가. 그래서 나오지 말고 기다리라는 언니의 말을 듣고도 이대로 그냥 있다가는 평생 후회할 것 같은 생각에 서둘러 한국으로 갔다. 남편과만 의논하고 친정에 알리지도 않은 채 나갔더니 모두들 놀라면서도 반가워하며 잘 왔다고 한다. 오지 말라고 하고도 얼마나 기다렸는지 반가워하는 가족들의 모습에서 느껴진다.

엄마는 산소 호흡기를 통해 호흡을 하시면서 오리라 생각지도, 기대하지도 않았던 막내딸이 달려와 준 것이 고마워 잘 왔다고 손을 잡아주시고 웃어 주신다. 달려오는 것이 당연한데도 멀리서 왔다는 이유로 이리 고마워해 주시니 오히려 죄송했다. 와서 뵈니 생각했던 것보다 좋으셔서 다행이라 생각하면서 이왕 엄마 때문에 왔으니 며칠이라도 간호를 하고 들어가야 마음이 편할 것(순전히 내 마음 편하자고 나간 길이라는 생각에 죄송함도 있었지만) 같았다. 엄마 때문에 나온

길이라 이번에는 엄마 옆에만 있다고 오겠다는 생각으로 몇 군데만 연락을 드리고 조용히 엄마 곁에 있었다. 환자를 돌본다는 것은 정말 어려운 일이다. 특히 밤에 더 힘들어하시기 때문에 밤에는 거의 잠을 자지 못했다. 일산에 사는 언니가 와서 엄마를 돌보고 계셨다. 옆에 사는 언니는 하던 일도 뒤로 미루고 엄마 곁을 지키고, 갑자기 대가족이 와서 있으니 밥하느라 수고하는 언니는 또 얼마나 힘들었을까.

하늘나라로 곧 가실 것 같다는 소리를 하도 간절히 하셔서 남편한테도 나왔다 들어가라고 해서 토요일에 나왔다. 오랜만에 온 식구들이 다녀갔다. 어려운 일이 있을 때 서로 모여서 위로한다는 게 얼마나 소중한 것인지 그 시간을 통해 다시 알게 되었다. 우리도 한국에 나가면 한 군데 머물기보다 주로 여기저기 다니다보니 서로 깊은 대화를 나눌 수가 없었는데 이번에 많은 대화를 나눌 수 있어서 나름 좋은 시간이었음에 엄마에게 고맙다고 했다. 여러 식구들이 모여 있는 모습을 보고 엄마도 저절로 힘이 나시는 것 같았다.

엄마는 성경을 쓰고 계셨다. 성경 한 번 쓰고 돌아가시겠다는 말에 한 번만 아니라 몇 번 쓰시라고는 말씀을 드렸는데, 한 번도 다 못쓰고 가시겠다면서 성경을 못 쓰시는 것에 대해 많은 부담을 가지고 계셔서 위로해 드렸다. 마음이 중요한 거지 쓰고 안 쓰고는 그리 중요한건 아니라면서 못쓰신 부분은 우리가 마무리 하는 것도 의미 있는 일이라고 말씀드리고 간호하면서 우리는 돌아가면서 남은 부분을 쓰기로 했다. 그런데 성경을 필사하는 일이 그리 힘든 일인 줄 몰랐다. 한 장 쓰고 나니 얼마나 팔이 아프던지. 이렇게 힘든 것을 엄마는 매일매일 시간만 나면 앉아서 쓰셨다니, 그것도 이전엔 글도 모르시고 쓸 줄은 더더욱 모르셨던 어른이…. 우리가 갔을 때 이미 요한복음을 쓰고 계셨다. 며칠이 지나니 엄마가 조금씩 회복을 하시는 것이다. 우리는 얼른 일어나셔서 성경 다 쓰시고, 다시 한 번 쓰시고 하나님이 부르실 때에 기쁘게 가시라고 말씀 드리고는 성경 쓰는 것을 중단하고 엄마가 쓸 것을 남겨두었다. 음식을 잘 드시지 못하셔서 더 진이 빠지셨나 보다. 다행히 언니가 옆에서 보살펴 드리니 조금 안심해도 될 것 같다. 나는 담백한 음식을 좋아하시는 엄마의 식성을 닮은 것 같다. 기름에 볶고 첨가물이 들어간 음식을 잘 못드시는 엄마가 내가 만들어 드린 물김치만 드시는 것이다. 곧 되돌아가야 할 것을 아시는 엄마는 물김치를 많이 담가 놓고 가라고 하신다. 가까이 살지 못하니 김치 한 번 담가 드리지 못했는데 다행히 내가 담근 김치를 좋아하시니 잔뜩 담가드렸다. 가족들을 위해서도 배추김치를 담가 드렸다. 조카들한테도 또 다른 가족들한테도 김치를 먹을 때면 쳐다보면서 맛있다고 하길 기다리다가 아무 소리가 없으면 내가 만든 거라고 생색을 내면서 유난을 떨었다.

조금씩 회복하시는 것을 보고 우리는 다시 돌아와야 했다. 많이 서운해 하시는데도 또 들어와야 했기에 다시 서둘러 출국했다. 집에 와서 전화를 드리니 우리가 떠난 후 내내 우셨단다. 그래도 이미 출가한 자식들이 늘 함께 할 수 없는 일이니 더 건강하시라고 당부했다. 이제는 또 각자의 일터에서 열심히 살아가고 있다. 그리고는 차츰 건강을 회복하셔서 다시 성경을 쓰시더니 다 마치셨다고 한다. 이제 언제 주님이 부르시더라도 거리낌 없이 가실 수 있을 것 같은 생각에 건강하게 오래오래 사시다가 부르실 때에 감사함으로 가시길 위해 기도하고 있다. 그리고 일 년이 지난 지금은 더 건강해지셔서 잘 지내신다는 소식을 들으니 얼마나 감사한지 모른다. 날마다 기도하고 있다. 건강하게 사시다가 주님 부르실 때에 감사함으로 나아가시길 위해….

chapter 02

크리스마스 선물

크리스마스 선물 치고는 좀 큰 선물을 받게 되었다. 경주제일교회 정 목사님과 교회 식구들이 크리스마스 선물이라면서 자동차를 구입할 수 있는 돈을 보내주셨다. 어느 겨울, 충청도에 있는 삼탄교회에서 어린 꼬마들이 우리가 차를 구입하도록 헌금한 것을 전해줘서 감격하며 전달받았다. 남편은 그것을 종잣돈으로 생각하고, 기본적으로 들어갈 차량 운영비를 조금씩 모았다고 한다. 그런데 농장을 시작하면서 그 돈을 사용했다고 한다.

이런 과정 가운데 경주제일교회에서 차량 구입을 위해 보내주신 비용 덕분에 농장을 정식기업으로 등록하고, 차를 구입하고, 일석이조의 효과를 얻을 수 있었다. 많은 사람들이 다녀가면서 차가 없다는 것을 몰랐다. 대부분의 사람들은 당연히 차가 있으리라고 생각하시는 것 같았다. 한국에 많은 사람들이 차를 가지고 있으니까 지금까지 차가 없었다는 생각은 하지 않으신 것 같았다.

혹시 어떤 분들이 차가 필요할 텐데 하고 이야기하면, 아직은 차가 그렇게 필요하지는 않다고 말씀드렸다. 사실 있으면 편리하겠지만, 도로질서도 복잡한 이곳에서 운전을 하게 하고 싶지는 않았다. 그래서 차가 필요하다고 간구하지 않았는데, 농장 일을 시작하면서 차가 필요함을 절실히 느끼게 되었다. 농장에 오르내리는 일이 보통 일이 아니었다. 공공버스가 일찍 끊어지는 지역이기 때문에 농장에서 좀 늦으면 경운기를 타고 내려와야 하는 번거로움과 어려움이 있었다. 또 일 때문에 주변 지역을 가려고 해도 공공버스나 기차 시간을 맞추기가 어려워서 쓸데없이 시간을 많이 빼앗기곤 했다. 어떤 것도 마찬가지지만, 꼭 필요할 때 언제든지 주시는 주님이시기에 이번 차량도 너무 감사했다.

자가용보다는 좀더 여러 사람이 탈 수 있었으면 해서 구입한 것이 7인승이었다. 더 큰 차는 기름 값도 더 들고 도로세도 더 많이 내야 하기에 7인승을 사는 것이 적당하다고 생각했다. 우리가 구입한 차는 군청색으로 모양도 예쁘고 맘에 쏙 들었다. 그렇게 구입한 차가 얼마나 효자 노릇을 하는지 모른다. 차가 없을 때에 느끼지 못했던 신속함과 편리함이 있어서 감사하다. 역시 이전보다 편리하고 신속하게 일들을 처리할 수 있기도 하고, 때에 맞게 주시는 은혜에 오늘도 감사하며 살고 있다.

3월의 산타클로스

"택배요."

택배상자가 도착했다. 상자를 열어본 순간 너무 놀랐다. C국에서 17년을 살면서 처음 받아본 택배 선물의 감동과 감격이었다. 지난 겨울, 소포를 보내겠다고 주소를 달라고 했는데, 우리가 한국에 나갈 일이 있어서 일을 마치고 들어오는 시기에 보내달라고 부탁을 드렸더니 3월 달에 소포가 배달된 것이다. 12월에 받았으면 아마도 이런 감동은 아니었을 거란 생각이 들었다. 뒤늦게 받은 크리스마스 선물이 얼마나 가슴 뭉클하게 하던지….

충청도 산골마을에 자리 잡고 있는 삼탄교회는 우리 동기가 시무하는 곳이다. 기찻길 옆 시골마을에 예쁘고 아담한 교회가 세워져 있다. 원래부터 이렇게 예쁜 교회는 아니고 후에 지은 것인데, 여름이 되면 수련회 장소로 여러 교회들이 다녀가는가 보다. 조금 내려가면 물놀이 할 수 있는 곳도 있어 수련회 하기에는 적합한 장소이다. 함께 충주에서 목회할 때는 자주 만났었는데, 우리가 이리 멀리 와 있다 보니 한국 가서도 일정에 쫓기다 보면 만나지 못하고 올 때가 많았다. 그런데 늘 우리를 생각해 주고 후원도 하면서 관심을 가져 주고 있는 늘 기억나는 친구 가정이다.

이 지면을 통해서 감사의 말을 전한다. 어쩜 이런 생각을 하다니, 삼탄식구들 정말 고마워요. 감사하구요. 포장을 뜯으면서 하나하나 포장했을 여러분의 정성이 보여서 말로 표현할 수 없는 감동이었다. 종류도 다양하다. 비누, 치약, 화장품, 머리핀, 연필, 목도리, 속옷, 양말까지. 정말 3월에 산타가 다녀간 기분이다. 받기보다 주기를 좋아하는 제가 되어야 하는데 이렇게 받고 기뻐하는 모습이 꼭 유치원생 같다는 생각이 든다. 여행 마지막 시간이라 너무 힘들어서 찾아가지도 못했는데, 죄송하고 감사하다. 삼탄의 식구들이 더 풍성한 은혜 가운데 거하길 바라면서 저희들 아침마다 기도한다.

chapter 04

한국방문

2007년 초에 한국을 방문하기로 계획을 세웠다. 지난해 힘들었던 농장일이 해결되었고, 보고도 해야 돼서 결정을 한 것이다. 남편은 같은 날 출발해서 먼저 한국으로 가기로 했고, 나는 여성 세미나가 있어서 다른 지역을 거쳐 한 주 뒤 세미나가 끝나면 가기로 했다. 함께 떠나기로 한 날, 다른 지역의 기상악화로 인해 남편은 출발을 못하고, 늦은 밤 남편의 배웅을 받으며 내가 먼저 출발했다. 다행히 다음날 남편도 한국에 도착했다고 한다.

세미나를 마치고 강사님과 또 다른 동료와 함께 우리는 공항으로 출발했다. 한 시간 먼저 출발하는 강사님을 배웅하고, 한 시간 뒤 다른 항공편을 이용해 가게 되어 있었는데, 한 시간 차이로 따로따로 배웅해 줄 수 없는 현지사정도 있고 해서, 비슷한 시간 국내항공을 이용해 떠나는 동료와 함께 공항에 도착했다. 세미나를 잘 마쳤다는 안도감 때문인지, 아니면 또 다른 여행이 계속되어야 하기에 긴장해서인지 피곤한 줄 몰랐다.

인천공항에 도착하니 남편이 마중을 나와 있었다. 한국에 나가면 늘 친정에 짐을 풀고 일을 봤는데, 지인으로부터 오피스텔을 사용하라는 연락을 받고 친정에다 짐을 풀지 않고 오피스텔로 갔다. 우리는 그냥 아무 생각 없이 결정한 것인데, 엄마는 많이 섭섭했다고 한다. 외국에서 들어오면 늘 짐을 풀고 다녔는데 오자마자 짐을 들고 다른 곳으로 가니, 여러 가지로 섭섭하셨다고 한다. 잘 이해하시도록 말씀을 드리고 우리는 일정대로 움직였다.

오피스텔을 2주 정도 사용하고, 남은 기간은 가나안의 집 사용을 허락받았다. 이미 남편이 한 주를 사용했던 터라 오피스텔에서는 한 주 만에 짐을 옮겨야 했다. 오피스텔 사용기간이 좀 남아 있었는데, 선배가 차를 가지고 온 김에 짐을 옮겨주겠다고 해서 가나안의 집으로 짐을 옮겼다. 가나안의 집에는 주방이 없어서 힘들었던 것 빼고는 비교적 편히 쉴 수 있었다. 한동대에서 공부하던 샛별이와 한동대에 합격하고 입학을 기다리던 은총이와 함께 지내게 되었다. 주방이 없고 바쁘게 움직여야 하는 관계로 따뜻한 밥 한 끼 해 먹이지 못하고 늘 심부름만 시킨 아들들에게 미안했다. 엄마가 미안했다고 말하자, 오히려 아들의 위로를 받았다.

"엄마 아빠와 함께 있었던 것 자체가 큰 도움이었어요."

어느새 부모를 이해하고 위로할 줄 아는 아들들이 이제 다 컸다는 생각이 들었다. 한 달 동안의 일정이 많이 힘들었나보다. 20일 정도가 지나면서 몸살이 나 10일 정도 고생을 했다. 사북에 있는 동기에게 가기로 했는데, 결국은 남편 혼자 떠나고 따라가지 못했다. 보고 싶은 친구들인데, 여러 해 동안 보지 못해서 이번엔 꼭 가 보려고 했는데, 결국 이번에도 가보지 못했다. 언제 한번 가서 반가운 얼굴들을 볼 수 있을지. 우리가 바빠서 만나지 못하니까 함께 공부하던 친구가 가나안의 집으로 찾아왔다. 그래도 일어나 맞이하지 못하고 잠에 취해 있었나 보다. 그 모습도 이해하고 배려해준 친구에게 미안하고 고마웠다. 저녁식사를 하러 가자고 하는데도 따라 가지 못하고 남편과 애들만 다녀오게 되었다. 세미나를 마치고 난 후유증이 이제 나타나는가 보다. 몸이 아프니까 다 귀찮아지고, 집이 그리워진다. 우리 집에 빨리 돌아가고 싶어진다. 그 소리를 들은 친구가 한마디 한다.

"그래, 가서 잘 살아라. 거기가 그리 좋냐."

그렇다. 나는 내가 살고 있는 이곳이 정말 좋다. 많은 사람들이 이번 한국 방문으로 인해 위로해주시고 격려해주셔서 얼마나 감사한지, 주신 은혜를 생각하면서 감사하면서 또 하루를 열어간다.

chapter 05

마로니에 공원을 지나서

대학로, 뉴스를 통해 이야기만 들었지 직접 가 보지는 못했었다. 마로니에 공원이 있다는 말을 들었지만, 역시 가 보지 못했었다. 늘 다니던 곳만 다녔기에 그랬을 것이고, 이곳저곳 다니면서 여유를 부릴만한 시간도 없었기 때문이었을 것이다.

세미나 강사로 오셨던 목사님이 시무하시는 교회가 대학로에 있는 동숭교회였다. 세미나를 마치고 헤어지면서 한국에 오면 연락하라는 말씀을 듣고 바로 한국에 들어가는 길이니 남편과 함께 찾아뵙겠다고 말씀을 드렸다. 보통 인사치레로 하는 분들이 많은데 목사님은 꼭 연락하라며 전화번호를 알려주시는 것이다. 한국에 와서 남편과 만난 후 목사님을 한 번 뵈어야 하는데 언제가 좋겠느냐고 하니까, 다음날 만나자며 시간을 약속해 주셨다. 지인이 종로에 있는 '경희궁의 아침'이라는 원룸을 사용하라고 해서 '경희궁의 아침'에 있다고 말씀드리니 마침 우리가 머무는 곳이 교회와 가까운 곳이라며, 점심을 하자고 하셔서 다음날 함께 점심식사를 하게 되었다. 처음 가는 길이고 택시로 기본요금 거리라고 하셔서 택시를 이용해 약속 장소까지 갔다. 교회 1층에 카페가 있었다. 카페에서 기다리고 있는데, 조금 있더니 환하게 웃으시며 나타나신 목사님이 친히 그 카페에서 가장 맛있다는 아이스커피를 시켜 주시는 것이다.

함께 복어 집에 가서 식사를 한 후, 토요일인지라 목사님은 들어가시면서 직원에게 교회 이곳저곳을 소개시켜 주라고 부탁하셨다. 검도를 좋아하시는 목사님은 교회에 검도를 할 수 있는 검도장도 마련해 두시고 교인들의 건강을 위해 애쓰시는 모습도 보여주셨다. 구정이 지난 다음 주에 다시 한 번 만나 뵙기로 했다.

다시 찾아뵐 때에는 전철을 타고 찾아가느라 마로니에 공원을 지나서 가게 되었다. 그래서 처음으로 대학로도, 마로니에 공원도 가게 되었다. 예술을 사랑하는 전문가들, 예술학도들이 많이 찾는다는 마로니에 공원에는 많은 사람들이 오고가고 있었다. 주변에는 연극, 공연 광고를 비롯하여 많은 예술 공연들을 광고하는 광고지가 붙어 있었고, 팸플릿도 나눠주고 있었다.

우리가 찾아가는 동숭교회는 주거지가 아닌 지역이지만 부흥하고 있는 교회라고 한다. 마로니에 공원을 지나 구부러진 길을 돌고 나니 멋있는 교회가 우리를 기다리고 있었다. 택시를 타고 찾아갔을 때 느끼지 못했던 교회의 모습을 보면서 아름다운 교회로 만들어가기 위해 여러 사람들이 많은 수고를 했겠구나 하는 생각이 되면서 멋있는 교회를 다시 한 번 쳐다보게 되었다.

오후 예배를 맡았지만 오전 예배를 참석하기 위해 방문했고, 오전 예배 후 목사님과 반갑게 이야기를 나누었다. 청년 예배를 인도하시기 위해 목사님은 매우 바쁘셨고 우리는 안내를 받아 점심식사를 하게 되었다. 주변이 상가지역인데, 주일이라 모두 휴식하는 관계로 밖에서 식사하기가 어렵다면서 복잡하지만 교회 식당을 이용하자고 해서 그렇게 하기로 했다. 사실 교회를 방문할 때, 특별히 밖으로 나가는 것이 죄송할 때가 많은데 교인들과 함께 식사하며 교제하게 되어 매우 즐겁고 유익한 시간이었다.

오후 예배를 인도하고 아이들과 또 다른 분을 만나기로 해서 반가운 만남을 뒤로 하고 길을 재촉했다. 후배라는 이유로, 동역자라는 이유로 이렇게 반갑게 맞아주시는 목사님과 동역자들 때문에 즐겁고 유익한 고국방문이 되었다.

chapter 06

브람스를 아십니까?

2009년 2월에 대학로 극장에서 연극배우 박정자 님이 주연을 맡아서 공연한 연극이다. 2009년 한국을 방문해 일정을 마치고 서울에 와서 서 목사님께 연락을 드리니 점심을 하자고 하신다. 전화 드리면 언제든지 오라고 하시는데, 뵙고 싶기도 하고 오라고 하시니 염치불구하고 찾아갔다. 역시 이번에도 근처 복어 집에서 함께 식사를 하는데 특별히 귀한 손님이 오셨다고 몸에 좋은 거라면서 복어알을 주시는데, 웬만하면 가리지 말고 먹어야 했지만 물컹물컹한 것을 먹기가 그래서 남편 그릇에 슬쩍 옮겨 놓았다.

식사를 마치고 교회 카페에서 커피를 주문하는데 늘 먼저 선택권을 주신다. 목사님이 추천하는 게 가장 맛있으니 시켜 주는 대로 마시겠다고 했더니 교회 1층에 있는 카페 '예쯔'(나무라는 뜻을 가진 이름이라고 하는데, 동화 '아낌없이 주는 나무'를 연상케 한단다. 이 공간은 주변 모든 사람들에게 열려진 곳이라 많은 사람들이 찾아와서 차를 마시면서 쉴 수 있는 공간이라 주변에서 인기 있는 장소라고 한다. 가격도 저렴함.)에서 가장 비싸고 맛있는 거라면서 아이스커피를 시켜 주신다. 호텔에서는 아주 비싼 건데 '예쯔'에서는 저렴하게 판다고 한다. 그래서 주변 사람들이 많이 이용하는 카페라고 한다. 차를 마시며 잠시 이야기를 나눈 후 헤어지려는데 내일 시간이 있냐고 물으신다. 무슨 일이냐고 하니까 볼 만한 연극이 있는데 시간이 되면 표를 구해보겠다고 하신다. 한국을 떠난 후 처음 보게 되는 연극이라 무조건 시간이 된다고 말씀드렸더니, 표를 예매해 놓을 테니 내일 카페 '예쯔'에서 만나자고 하신다.

동숭교회는 대학로에 위치해서 그런지 유명한 예술인들이 많은 교회라고 한다. 〈브람스를 아십니까?〉의 주연배우 박정자 님도 동숭교회 성도란다. 교인들이 하는 공연에는 될 수 있으면 참석하려고 하신다면서 마침 기회가 되니 함께 연극을 보자고 하셔서 기쁜 마음으로 보겠다고 했다. 이틀 후에 돌아가야 하기에 준비할 것도 있었지만, 그래도 오랜만에 연극이 보고 싶어서 마다하지 않았다.

그렇게 헤어진 후 다음 날, 남편과 나는 다시 대학로를 찾아 동숭교회로 갔다. 1층에 있는 까페에서 차를 한 잔 마시고 〈브람스를 아십니까?〉라는 연극을 함께 보았다. 연극이 끝난 후 주연배우인 박정자 님과 인사를 나누는데, 목사님의 소개를 받고는 반갑게 맞아 주시고, 따뜻하게 손을 잡아 주시면서 연극이 너무 어렵지 않았느냐며 오히려 미안해하신다. 솔직히 말해 나에게는 좀 어려웠다. 평소에 연극을 많이 보았다면 좀 덜했겠지만, 한국에 있을 때도 연극을 볼 기회가 적었고, 한국을 떠난 후 16년 만에 처음 보는 연극이니 어려운 것이 당연했다. 그래도 오랜만에 연극장에 앉아 있노라니 문화적인 혜택을 누려서인지 괜히 더 유식해지는 것 같은 착각을 일으키면서 마음이 넉넉해지는 것이 기분은 좋았다. 덩달아 행복지수가 더 높아지는 그런 날이었다.

목사님 덕분에 우리는 오랜만에 극장에서 연극을 보는 호사를 누려보았다. 연극을 보러 가기 전 카페에서 사모님이 선물을 주신다. 예쁜 윗옷인데 나한테 어울릴 것 같다면서 가지고 오셨다고 한다. 마음 써 주심이 얼마나 감사한지, 또 그 옷이 참 예뻤다. 사모님은 세미나에 함께 오셨을 때 교제하게 되었는데 교회를 찾았을 때도 잘 만나지 못하고 식사 때도 함께 하지 못했다. 성경공부 모임을 인도하신다는 데 무지 바쁘신가 보다. 그런데 연극을 함께 보기 위해 시간을 내서 오신 것이다. 그것도 예쁜 윗옷을 선물로 들고 오셔서 또 하나의 기쁨을 주셨다. 받는 것보다 주는 자가 되라고 하셨는데 선물을 받고 이리 좋아하다니. 연극도 좋았고 대학로를 거니는 것도 좋았고, 예쁜 옷도 좋았고 너무 감사하고 행복했던 하루였다.

chapter 07

마반산을 넘어 룡가미원에서

9월 12일 10시에 마반산을 넘어 룡가미원이라는 곳에서 점심식사를 하는 일정으로 나들이 계획이 잡혀 있었다. 룡가미원이 무엇을 하는 곳인지도 모르고, 마반산을 넘어 간다는 말에 한번 가 볼만하다는 생각을 했다. 우연히 며칠 전 마반산을 넘어 지나가다가, 룡가미원 팻말을 보면서 다음에 올 곳이구나 하고 지나쳤었다. 한 번쯤 와 볼만하겠다는 생각이 드는 코스였다. 상당히 가까운 거리였는데도, 17년을 살면서 한 번도 와 보지 못한 길이었고, 우연히 둘러보면서 참 아름다운 곳이라는 생각을 하게 되었다. 마반산, 이곳에도 이런 초원이 있었구나. 그것을 이제야 알았으니 답답할 때 올라오면 탁 트인 곳이라 답답한 마음이 훨씬 가벼워지겠다는 생각을 하게 되었던 곳이다.

나들이 가기로 한 전날, 어릴 적 소풍날을 잡아놓으면 꼭 비가 와서 실망했던 기억이 있다. 아니나 다를까. 비가 온다. 밤부터 비가 부슬부슬 내려서 내일은 그치겠지 했는데, 아침에도 여전히 날은 흐려있어서 걱정이 되었다. 가까운 거리라 출발을 늦게 잡았는데 출발하면서 서서히 날이 개이더니, 나들이하기 알맞은 선선한 날씨가 되어서 기분이 좋았다. 여러 사람이 함께 하지 못했지만, 20명의 이웃들이 모여서 즐거운 나들이를 시작했다. 대부분 처음 오는 길이라고 한다. 1~2주 후면 울긋불긋 아름답게 단풍으로 수를 놓으면 더 아름답겠다는 생각을 하면서, 대부분 처음 가보는 구불구불한 그러나 시멘트 포장이 되어 있는 길을 달리면서 모두들 즐거워했다. 들어보니 이 길이 포장이 된 것은 그리 오래되지 않았다고 한다. 우리들을 위해 미리 포장을 한 거라고 떠들면서 호들갑을 떨었다. 조금 아쉬운 건 길이 너무 협소하다는 생각이 들었다. 2차선이라고 하기엔 좀 좁게 보였다. 조금만 더 넓게 깔았으면 좋았겠다고 불평을 하다가, 이 정도로 포장이 된 것에도 감사해야지 불평은 무슨 불평, 조금 전에 한 작은 불평을 얼른 접고 즐거운 나들이를 계속했다.

그곳에서 샛별이 피아노를 처음 가르쳤던 방 선생을 만나서 반갑게 인사하고, 서로 일행들이 있어서 다음에 만나기로 하고 전화번호를 받고는 헤어졌다. 나무로 만든 구름다리를 건너는데 어질어질했지만, 또 다시 기념사진을 남기고 멋지고 소중한 추억들을 남기기 위해 애를 쓰면서 한자리에 모였다.

마침 출판되었던 『너랑 나랑! 님이랑 울이랑!』을 소개했는데, 뜻하지 않게 사인회를 하게 되었다. 참 쑥스러운 시간이었지만, 책을 출판했다는 소식에 모두 기뻐해 주고 박수로 격려해 주고, 흔쾌히 한 권 혹은 두 권을 사서는 사인해 달라는 분들에게 사인을 해 주면서, 무슨 대단한 작가라도 된 것처럼 이것저것 묻는 분들에게 민망한 대답을 해야만 했다. 그냥 가볍게 쓴 글인데, 대단하게 평가해 주니 참 민망했다. 푸짐하게 차려진 조선식 한식상을 받아 들고는 모두 감격하여 식사를 했다. 나물 무침과 대부분의 음식이 짰지만, 내가 수고하여 차리지 않고 다른 사람들이 수고하여 준비해 준 밥상이기에 감사한 맘으로 맛있게들 먹었다. 남자가 10명, 여자가 10명이었는데, 여자들은 나물을 넣고 참기름을 요청해서 맛있게 비빔밥을 해서 먹었다. 식사 후 잠깐의 토론을 갖고, 우리는 주변을 둘러보기로 했다.

"참 멋있다. 정말 잘 왔다. 여기 정말 넓고 좋네. 참 돈이 많이 들었겠다."

삼삼오오 모여 걸어가면서 즐거운 대화들을 이어갔다. 주변을 돌아보는데, 비가 내리는가 싶더니 갑자기 굵은 빗방울이 쏟아지는 것이다. 우리들은 단체사진을 한 장 찍고는, 얼른 주변에 만들어 놓은 정자로 비를 피해 들어갔다. 작은 호수를 끼고 있는 정자에서 흥겨운 대화들을 이어갔다. 비가 와서 더 운치가 있다는 등 어떤 분은 사진을 찍어주면서, 또 어떤 분들은 농담을 하면서, 오랜만에 만난 김에 즐거운 대화들을 이어가면서 지루할 수 있는 이런 상황에서도 감사하는 법을 터득한 사람들처럼 이 시간을 즐기고 있었다.

가을햇살이 뜨겁게 내려쬐었다면 누리지 못했을 정겨운 시간들을 함께 하고, 비가 어느 정도 그쳐 갈 때쯤엔 올 때와는 다른 길을 찾아 다시 마반산을 올라갔다. 잠깐 내린 비가 작은 계곡을 타고 세차게 흘러내리고 있었다. 언제 이렇게 비가 많이 내렸었나 하고 모두들 놀라면서 흘러가는 계곡물을 신기한 듯 바라보면서 오르고 또 올랐다. 시내가 내려다보이는 정상에서 다시 내려 역시 단체사진을 찍는데, 이번에는 비가 내려서인지 신발에 흙이 묻을 것을 염려해서인지, 아니면 돌아가는 길이라 지쳐서인지 내리지 않고 차에 앉아 있는 사람들이 많았지만, 그래도 우리는 내려서 멋있게 우리의 모습을 남기기 위해 카메라 앞에 모여 들었다. 주로 사진을 담당하는 나는 삼각대가 망가졌는데, 이 모임이 생각나서 며칠 전 삼각대를 다시 구입했다. 사진 찍기를 좋아하지만, 찍히기도 좋아하는 나는 단체사진에 꼭 끼고자 삼각대를 이용하곤 한다. 어떤 분이 다음에는 사진전도 열어달라나, 비가 온 후에 풀밭에서 사진을 찍느라 신발과 바지를 다 버렸지만, 즐거운 시간들이었다. 다시 차에 올라 내리막길을 내려오니 오전에 출발했던 곳에 다시 도착한 것이다. 아침에 출발할 때, 등산을 간다던 다른 팀들도 그 시간에 돌아오고 있었다. 즐거운 가을날의 나들이가 그렇게 마무리 되었다.

차에서 내려 헤어지는 아쉬움에 손을 흔들며 인사하고는 각자의 집으로 돌아갔다. 집에 오니 주부들은 또 한 가지 일이 기다리고 있다. 저녁밥을 지어야 하는 것이다. 즐거운 나들이 뒤라 그런지, 밥을 해야 한다는 귀찮음보다는 어서 저녁을 지어 먹어야겠다는 생각에 얼른 쌀을 씻어 솥에 앉히고 농장에서 가져온 가지를 삶고, 늘 풍성한 김치와 김을 놓고는 소박하지만 풍성한 식사를 했다. 국이 짜다는 남편에게 왜 이리 변했느냐면서, 이전에는 짜면 물 타 먹고 싱거우면 소금 쳐 먹더니, 이제는 잔소리를 하냐면서 핀잔을 주니까 언제 그랬느냐고, 그게 바보지 정상이냐면서 반박을 한다. 책에 썼던 당신 이미지를 다시 바꾸어야 하겠다는 농담을 하니까 마지막 수저에 국을 조금 엎질렀다.

"국 투정을 했더니 엎지르네."

남편은 누가 뭐라고 하지도 않았는데 이야기해서 우리 둘은 허허 웃고는 즐겁게 식사를 마쳤다. 늘 먹는 복분자 효소와 수박으로 저녁 디저트까지 다 먹고는 남편은 책을 보다가 TV를 시청하다가 잠이 들었고, 나는 오늘 일을 정리하는 글을 쓰고 있다. 얼마 전에 있었던 농장의 어려운 사정을 듣고는 밤새 잠을 자지 못했다는 장로님과 권사님은 힘들 때 도와야 한다면서 일부 경비를 지원해 주고 가셨다. 참 감사한 일이 넘친 하루였다.

chapter 08

가을의 문턱에서

첫째 주

성큼 다가온 가을을 느끼면서, 매주 시간을 정해 우리와 만남을 가졌던 사랑하는 사람들을 찾아가서 만나보기로 했다. 그동안 10년 이상 우리와 만남을 가졌던 가정들이 어떻게 지내는지 궁금하기도 하고 그들의 사는 모습도 보고 싶었기 때문이다. 자가용을 이용해도 2시간이 넘는 거리이고, 일반 버스나 기차를 이용하면 반나절은 걸리는 거리에 살고 있는지라 공식적인 만남을 정리한 후에는 만남이 쉽지 않았다. 먼 거리는 잘 다니지 않는 나에게 남편은 조심스럽게 동행해 줄 것을 요청한다. 우리 차를 이용해 가는 길이라 남편 혼자 가도 돌아올 때까지 걱정하고 있을 것을 생각하니, 차라리 따라가는 것이 더 좋겠다는 생각에 못 이기는 척 따라 나섰다.

아침 일찍 일어나 옥수수를 찌고, 복분자 효소, 물, 복숭아 등 요기가 될 만한 것을 준비했다. 첫 주는 ZC고속도로를 타고 2시간을 달려 도착했는데, 갑작스런 우리의 방문에 놀라면서도 반갑게 맞아주는 오래된 벗으로 인해 기분 좋은 시간들을 보낼 수 있었다. 가는 날이 장날이라고 약속을 하고 간 것이 아니라 그런지 그 집 남편은 다른 곳에 가 있어서 아쉬웠다. 돌아오는 길에 연락이 되어서, 잠시 길에서 만나 이야기 하다가 또 다른 일정들이 기다리고 있어서 아쉬운 마음으로 헤어졌다.

아침 6시에 준비해서 가정예배를 드린 후, 7시 출발해서 9시가 조금 넘은 시간에 도착했다. 먼 길이었지만 아침부터 조금씩 내린 비로 인해 시원해서인지 다시 돌아오는 길이 피곤하지 않았다. 돌아오면서 적당한 곳을 택해 차를 세우고, 가지고 간 간식들을 먹으면서 조금씩 물들어 가는 가을을 느끼며 행복에 젖어보았다. 끝없이 심어놓은 옥수수, 해바라기, 콩, 벼, 담배를 보면서 이 지역의 대표적인 곡식들을 알게 되었다. 벌써 벼는 누런 황금벌판을 이루고 있었다. 1~2주 후면 단풍도 들고, 더 짙게 물든 황금빛 들판을 볼 것이란 생각에 벌써부터 설레는 마음을 애써 진정시킨다.

생각보다 일찍 돌아온 우리는 마반산을 가 보기로 했다. 처음 가본 마반산이 얼마나 넓던지, 꼭 무슨 초원에 온 듯했다. 아래서 본 양들은 지저분했는데, 마반산 꼭대기의 양들은 정말 깨끗했다. 마반산을 넘어 DM으로 내려가서 다른 길로 돌아오는 길이 있어서 들어섰는데, 다시 오면서 양들을 더 보길 원했지만, 그 길은 전혀 다른 길로 연결되어 있어서 다음을 기약하고는 집으로 돌아왔다.

마반산 위에는 여러 길이 나누어져 있는데 곳곳에 마을들이 자

리 잡고 있다. 신기하기도 하고 그 골짜기에도 마을을 이루고 살아
가는 그들을 보면서 안쓰럽다는 생각도 들었다. 하루에 차가 몇 번
다니지 않는 곳이기에 시내에 내려오려면 얼마나 힘이 들까. 웬만한
것은 마을에서 자급자족하겠구나 생각하면서 가까우면서도 먼 그
지역을 마음에 담고 기도해본다.

둘째 주

또 한 주가 빠르게도 지나갔다. 오늘은 오후에 일이 있기도 해서
좀 가까운 거리에 사는 친구를 만나보기로 했는데, 가다 보니 시간
이 남아서 조금 더 달려 중간지점에 사는 친구를 방문하기로 계획을
바꾸었다. 지난주보다 조금 늦은 7시 20분쯤 출발해서 목적지에 도
착하니 9시가 되었다. 깜짝 놀라면서 반가워하는 친구로 인해 깜짝
쇼를 한 우리도 더불어 반가운 만남을 가졌다.

처녀 총각 때부터 알고 지내며, 결혼식을 도와주고 첫딸 예은이
가 어릴 때 우리 집에 와서 놀다 가곤 했는데, 예은이는 어릴 때에도
아주 예민했던 것으로 기억된다. 예민했던 예은이는 수줍어하는 새
침데기 소녀가 되어 있었다. 키는 훌쩍 커서 쑥스러워 인사도 겨우
하는 모습을 보면서 어릴 적 떼를 쓰던 그 모습이 생각나서 혼자 웃
었다.

태중에는 5개월 된 아이가 크고 있단다. 아이를 임신하고도 열
심히 일하는 모습을 보고 잘 살아가고 있음에 감사했다. 점심을 먹
고 가라고 붙드는 그들의 손을 정중히 거절하고, 챙겨주는 옥수수를

받아들고 다시 길을 되돌렸다. 굳이 함께 점심을 하지 않은 것은 그들을 신경 쓰게 하는 것이 미안해서이고, 또 한 가지 이유는 조미료가 들어간 음식을 먹고 나면 고생하는 것이 큰 문제이기도 했다.

20분쯤 달려 휴게소에서 아침에 준비한 점심을 먹었다. 주먹밥, 옥수수, 복숭아, 커피, 옥수수차, 복분자 효소 등을 소풍가는 아이들마냥 아침부터 차에 실어놓고 다니다가, 적당한 장소를 찾아 먹었다. 점심을 먹으면서 마냥 행복해 하는 남편에게 이런 것이 좋아서 방문계획을 늘리는 것 아니냐고 하니까, 기분 좋게 웃으면서 사랑하는 아내와 깊어가는 가을을 느끼며 나들이를 하며 식사를 하는 것이 너무 행복하다고 한다. 이것이 행복이라면 이 행복을 계속 누리고 싶은 마음이 누구에겐들 없을까? 어떤 이들은 아이들 보내고 둘이서 재미없어 어찌 지내냐고 하는데, 매일 함께하는 것도 부족해 이렇게 함께 나들이를 하면서 산다고 하면 어찌 생각하겠느냐는 말을 한다. 오후에 있을 모임을 위해 달려달려 집으로 왔다.

역시 한 주 사이에 산과 들은 울긋불긋 더 진한 색의 옷을 입고 있었다. 울긋불긋하게 물들은 산과 들은 가을이 깊어가고 있음을 알려주고 있었다. 들의 콩도 황금빛을 띠고, 논에 벼들은 어느새 누런 황금벌판으로 변해 있었다. 해를 바라보며 돈다는 해바라기도 여물어가면서 겸손하게 머리를 숙이고 있었다. 고속도로를 타고 달리다 보니 넓은 들녘에는 방목하는 소떼들이 풀을 뜯고 있는데, 너무 한가롭게 행복한 모습들을 하고 있어서 보는 우리도 그 여유로움과 행복에 물들어 감을 느끼는 시간이었다. 고속도로지만 차가 별로 다니지 않고 한가해서, 잠시 차를 세우고 행복하게 거니는 소들을 카메라에 담아 보기도 했다.

오후 모임 시간보다 조금 일찍 도착해서, 잠시 쉬다가 다시 출발하여 모임장소에 가니 우리가 제일 먼저 도착해 있었다. 한 사람 두 사람 달려오는데, 정작 연락을 맡은 총무가 나타나질 않는 것이다. 연락을 해 보니 연락은 이번 주로 하고 본인은 다음 주로 잘못 알고 있었다고 한다. 본인이 메일을 보내고 본인이 잊어버리다니 우리는 한참 웃으면서 그가 도착하기를 기다렸다.

유난히 큰 옥수수를 모임에 가져가려고 삶아 왔다. 유기농 옥수수라 하니 금방 점심을 먹고 온 사람들도 너무 맛있어 보인다고 먹고, 남은 것은 싸가지고 갔다. 좀 이상하다 싶었는데, 나중에 알고 보니 메옥수수였다. 그래도 유기농이라 그런지 별로 다른 맛을 느끼지 못하고 맛있게 먹었던 것 같다.

10명이 모여 주제를 놓고 토론한 후, 저녁식사까지 하기로 했는데, 다른 분들은 각자 다른 약속과 일들로 인해 돌아가고 5명이 근처 식당에 가서 맛있게 저녁을 먹었다. 어느 주부나 식사준비에서 해방되는 것에 기쁨이 있나보다. 별것 아닌 간소한 식사지만 집에서 식사를 준비하지 않고 외식을 한다는 것에 작은 행복을 느끼면서 저렴하고 영양 많은 영양 돌솥밥을 시켜 먹고는 모두 행복해하는 모습에 식사자리를 마련한 것이 잘 했다는 생각을 하게 되었다. 소박하지만 기분 좋은 식사를 마치고 따뜻한 보금자리를 찾아 각자의 집으로 돌아갔다.

셋째 주

깊어가는 가을을 만끽하면서 고속도로를 달려 그리운 이들을 만나러 갔다. 지난주까지 황금들판을 이루었던 콩잎이 한 주 만에 다 떨어져서 그 아름다웠던 모습이 사라져 버려서 아쉬웠지만, 대신 울긋불긋 물들어 있는 단풍잎들을 보면서 위로를 받았다.

아는 길이라 충분한 시간 안에 도착하겠지 하고 떠난 길이 도중에 막아놓은 길 때문에 돌아가야 해서 결국 10분 가량 늦게 모임에 참석했다. 우리를 알아보고 한 걸음에 달려 나오는 안주인과 반갑게 인사를 하고는 살금살금 들어가 모임에 참석했다. 한 시간 정도의 모임을 끝내고, 장소를 옮겨 서로 지나온 이야기를 주고받느라 사뭇 진지했다. 우리 큰 아들과 같은 또래의 딸은 Y대 간호학과를 다니고 있고 공부를 잘 해서 장학금을 받으면서 유학을 가려고 준비하고 있다고 한다. 늦게 얻은 딸이 벌써 초등학교 5학년이라는데, 키가 훌쩍 커서 몰라볼 정도로 자라 있었다. 아기 때에도 성격이 좋더니 역시 털털하니 수줍은 듯 비비 꼬며 와서 인사하는 모습이 상냥하고 착해 보인다.

어려운 환경 가운데서도 어렵다고 생각하지 않고, 잘 지내주는 모습이 좋아 보이는데, 농촌 사람들이 농사일을 팽개치고 모두 도회지로, 한국으로 나가서 이제는 조선족이 농사짓는 집이 몇 집 없다고 해서 안타까운 마음이 들었다. 아직까지는 조선족 학교가 있는데, 곧 없어진다고 한다. 도회지로 나가서 공부하든지, 아니면 가까운 한족학교로 다 옮겨야 한다는 안타까움을 이야기 한다.

다시 돌아오는 길, 지난번에도 말했듯이, 점심을 싸 가지고 갔던 우리는 중간 휴게실에서 맛있게 먹으면서 둘만의 여행의 기쁨을 맛보았다. 이번에는 뜨거운 물을 보온병에 넣고 컵라면과 김치를 가지고 갔다. 그리고 차 뒤에 싣고 다니던 돗자리를 꺼내 잔디밭에 깔고, 준비해간 라면과 빵, 커피를 꺼내 놓고 즐거운 점심을 먹었다. 야외에서 먹는 맛은 정말 일품이었다. 맛있는 냄새를 맡고 찾아온 벌과 선선하게 불어주는 바람의 시원함과 울긋불긋 물들어 있는 단풍나무를 보면서 또 한 번의 행복을 누려본다. 운전하는 남편 옆에서 찰옥수수를 함께 먹는 즐거움도 오랜 기억 속에 추억으로 자리 잡을 것이다.

저녁 시간에 출판한 책을 들고, 아이들의 초등교육을 위해 애써 주신 정 교장 선생님을 찾아가서 사인해서 드리니 너무 고마워하시면서 오늘은 저녁을 사려고 준비하고 있으니 따라 주어야 한다고 하신다. 그동안 늘 대접만 받아서 오늘은 특별히 대접을 하겠다고 해서 송구한 마음이지만 대접을 받았다. 가정의 달이며 스승의 날이 있는 5월이면 늘 생각나는 분이라 자주는 아니어도 매년 5월에 한 번씩 식사를 대접했더니, 그것을 기억하셨나 보다. 집을 깔끔하게 치우고 계시는 두 분 모습에서 우리의 미래를 상상해 본다. 잘 키운 화분들, 산세베리아가 여기저기 꽃을 피우고 있는데, 지극 정성으로 보살핀 모습이 보인다. 고추를 사다가 말리고 있어서 매운맛이 있었는데, 그 느낌이 정겨웠다. 두 분이 알콩달콩 사시는 모습이 얼마나 아름답던지….

함께 저녁식사를 하고 나오니 비가 내리고 있었다. 오후 모임 전에 정 선생님이 밖에 널었던 고추를 안으로 들여놓으라고 하니, 사모님이 내기를 하자고 하셨단다. 비가 안 올 것이니 모임 후에 들여놓겠다고 하면서, 비가 오나 안 오나 100원 내기를 하자고 하셨단다. 고추가 100원 어치도 안 되는데 너무 비싸다고 하면서 50원 내기를 하자고 하셨다고 한다. 고추를 썰어서 말리는 수고를 합치면 그 정도 값어치가 된다고 하셨는데, 결국 내기를 하지 않으셨단다. 일흔 중반을 넘기시고, 곧 여든이 되실 분들이 재미있게 사시는 모습을 보면서, 우리도 저렇게 재미있게 노년을 보내고 싶다는 작은 소망을 가져본다.

저녁식사 후 집으로 모셔다 드리는데, 우리가 농장에 옥수수를 심으니 잘 알 것 같아서 물어보겠다고 하신다. 선생님은 옥수수가 한 가지에 두서너 개 달린다고 하시고, 사모님은 한 가지에 하나 밖에 안 달린다고 하면서 어떤 것이 맞느냐고 물으신다. 옛날에는 모르겠는데 요즘은 개량이 돼서 그런지, 한 가지에 하나나 둘밖에 열리지 않는다고 하니까. 사모님은 애들처럼 좋아하시면서 기뻐하신다.

"거 봐요. 내 말이 맞지요."

아주 애교 섞인 목소리로 하시는데 그 목소리가 얼마나 경쾌하고 밝게 들리던지 우리는 한바탕 웃었다. 저리 밝게 사시니 지금까지 건강하게 사시나 보다. 그 모습이 맑고 깨끗해 보여서 우리도 닮고 싶었다.

두 분을 모셔다 드리고 돌아오면서 이렇게 이야기했다.

"에이 참, 선생님도 사모님이 내기하자고 하실 때 들어주시지. 그럼 더 재미있었을 텐데. 돈 100원에 얼마나 재미있고 행복했을까."

오늘의 만남을 감사하면서, 유쾌한 하루를 마무리하게 되었다.

넷째 주

어제 한인체육대회를 마쳐서 많이 피곤했지만, 약속한 일정이 있어 다른 날보다 조금 일찍 일어났다. 아침에 일어나면 습관적으로 밖을 내다보는데, 어젯밤부터 비가 내린 것 같다. 많은 비는 아닌데, 밖에는 여전히 가을비가 부슬부슬 내리고 있었다. 그리 먼 길은 아니지만 고속도로를 타고 한 시간 정도 달려야 목적지에 갈 수 있을 것 같아서 분주히 움직였다.

고속도로를 들어서서 20분쯤 달리다 보니, 후두둑 후두둑 차창을 때리는 빗소리가 가을비 치고는 세차게 내리고 있음을 알려주었다. 지난주보다 더 아름답게 울긋불긋 물들어 가는 단풍을 느낄 수 없는 것이 아쉬웠지만, 비가 내리고 추워지면 단풍이 더 아름답게 물들거라는 기대를 가지고 목적지를 향해 달려갔다. 톨게이트를 빠져나와 이정표를 보고 시골길을 달려갔다. 마을을 지나 다리를 따라 돌아 조금 들어서니 아담한 집이 나왔다. 삼면이 산으로 둘러싸여 있는 경치 좋고 아름다운 곳이었다. 여름에는 안개가 자주 끼는데 공기도 좋고 아주 아름답다고 한다.

이곳 지도자는 여성으로 이전에 만날 때는 얌전하게만 봤었는데, 얼마나 열정적으로 살아가고 있는지, 열심히 살아가는 모습이어서 덩달아 힘이 났다. 딸이 벌써 커서 곧 시집을 갈 거란다. 사위가 전도사로 함께 일을 하고 있음에 더 행복해 보였다. 우리 아들과 비슷하다던 그 집 아들은 마침 우리가 잘 아는 식당에서 일을 하고 있다고 한다. 열심히 하면 좋은 일이 있을 거라면서 우리가 한번 만나보기로 했다. 아들이 어릴 때 우리 아들들이 입던 작은 옷과 학용품들은 챙겨서 주었기 때문에 한 벌 옷으로 지낼 수밖에 없는 가난한 농촌에서 여러 벌의 옷을 가지고 갈아입으면서 부자 집 아이들처럼 깔끔하게 입고 다녔다며 고맙다는 인사를 한다. 동네 아이들과 나누어 입기도 했다고 한다. 생각해보니 우리 아이들도 받아서 입힌 옷이지만 작아진 옷 중에서 괜찮은 옷들을 모았다가 주었던 생각이 난다. 다른 집들은 남자 아이가 없어서 모아진 옷은 그 집으로 보내면서 필요한 사람들과 나누어 입으라고 했었다.

지금까지는 방문한 곳에서 점심식사를 하지 않았는데, 오늘은 뿌리치지 못하고 아니 거절할 생각도 안 하고 차려주는 밥을 맛있게 먹었다. 고소한 가마솥 누룽지까지 먹고는 담소를 나누었다. 한 마디 한 마디 자신 있게 던지는 말속에서 정말 최선을 다해 열심히 살아가고 있음이 느껴졌다. 우리 집에 왔다 갔다 하면서, 우리가 드리는 가정예배를 드리고 싶어서 몇 번을 시도했다고 한다. 처음 시작한 가정예배를 며칠도 못 드리고 멈추고 다시 드리다가 또 멈추기를 여러 번 반복하다가, 드디어 몇 년 전부터 열심히 가정예배를 드린다고 한다. 그러면서 주변에 가정예배를 드릴 것을 권한 결과 여러 가정에서 가정예배를 드리고 있다고 한다. 힘차게 살아가는 그들의 모습에서 희망을 보게 되었다. 그 아름다운 풍경과 인정을 뒤로 하고 떠나기도 아쉽고 떠나보내는 자들도 아쉬워했다.

"자주 오세요."

떠나는 차를 보고 손을 흔들어 주는 정겨운 모습을 뒤로 하고 다시 고속도로로 들어섰다. 점심을 먹고 돌아올 때에는 비가 그쳐 있었다. 갈 때 느끼지 못했던, 가을의 풍경을 맘껏 느낄 수 있는 좋은 시간이었다.

"어쩜 저리도 고울까!"

"어쩜 저리도 예쁠까!"

곱게 물든 단풍을 보면서 저절로 탄성이 나오는 것을 막을 수가 없었다. 북쪽에서부터 남쪽으로 한 주씩 추위가 오는 것을 단풍든 산과 서리 맞은 들의 곡식들을 보면서 느낄 수 있었다.

어제 체육대회를 마쳐서인지 많이 피곤했다. 줄다리기를 너무 세게 했는지 팔, 허리, 다리 온 몸이 쑤시는 것이다. 그래도 예쁜 가을 단풍을 느껴서인지 피곤도 물리치면서 남편과 함께 나들이를 즐기고 있다.

　세월이 빠르게 지나는 것은 계절의 변화를 보면서 더 느끼게 된다. 조금 가까운 거리를 방문하기로 해서 다른 날보다는 조금 여유 있게 준비하여 출발했다. 고속도로를 들어서니 산과 들에는 울긋불긋 가을 옷으로 단장하고 우리들을 반겨주더니, 조금 더 달려가니 우수수 떨어진 낙엽들로 인해 나무들은 벌거벗었지만 그 모습이 부끄러운 줄도 모르고 당당히 서 있었다.

　이정표를 따라 가다보니, 막 수리를 마친 길은 더 이상 나가지 못하게 막아놓고 있었다. 도로포장도 되지 않은 길로 달려 물어물어 찾아갔더니 이미 모임은 반 이상 진행되고 있었다. 갑자기 추워진 날 때문에 모임을 일찍 시작했다고 한다. 구들방에 앉아 모임을 진행하고 있었는데, 불도 때지 않은 곳이라 냉한 것이 예순을 넘기신 어른들이 앉아 있기에는 무리인 것 같았지만, 그것은 우리 생각이고 그들은 매서운 추위도 아랑곳하지 않고 열심히 듣는 모습이 모임을 사모하고 그 모임 자체를 즐거워함으로 참여한다는 생각이 들면서 한 사람 한 사람 그들의 모습이 은혜로워 보였다. 그동안 방문했던 곳보다 훨씬 열악한 환경을 보고는 마음이 아팠다. 그곳 사람들은 모두 예순이 넘었는데 그중에 예순 셋인 책임자가 제일 젊다고 한다. 제일 활발하며 정정해 보이는 할머니가 여든 다섯이란다. 그 중에는 젊은 사람들이 아파서 고생하고 있는 모습도 보였다. 드문드문 장애인들도 보였다. 책임자는 혈압으로 인해 몇 차례 병원신세를 졌다고 한다. 그래도 열심히 살려고 노력하는 모습들을 보면서 마음이 짠했다. 뜻밖의 방문에 반가워하면서도 대접을 못한다고 미안해하는 그를 보면서 더 건강하게 더 열심히 귀한 일을 감당해 주길 바라면서 갔던 길을 되돌아왔다.

며칠 전 차를 타고 가다가 멀미를 했는데, 오늘도 머리가 아픈 것이 멀미 기운이 있었다. 하지만 한 군데 더 들러 인사하고 묻고 싶은 것도 있어서 경로원을 운영하는 장로님 댁을 찾아갔다. 명절도 지나고 다시 시간 내서 오기는 어려울 것 같아서 떠난 김에 가 보자고 결정하고 차를 돌려 찾아갔다. 부담이 될까봐 연락도 안 드리고 찾아갔는데, 방금 점심상을 물렸다면서 불쑥 찾아간 우리에게 점심을 먹고 와서 안 먹겠다는데도 굳이 점심상을 차려주셨다. 명절이라 갈비를 했다면서 몇 가지 준비해 두었던 다른 음식을 곁들여 정성스럽게 차려 주셨다. 점심을 먹었음에도 차려 주신 음식을 맛있게 먹고, 과일과 커피까지 마시고 한참을 이야기했다. 명절이라 과일 한 상자를 들고 갔더니 다음부터는 그냥 오라면서 고마워하신다. 갈비를 싸 주시면서 저녁에 집에 가서 해 먹으라고 하신다. 친정을 다녀오는 마음으로 싸 주신 갈비와 재배한 치커리를 받아 가지고 왔다. 열심히 사시는 어른들을 보면서 참 감사했다. 먼 타국까지 와서 저리 열심히 사시는 모습을 보니 우리도 더 열심히 살아야겠다는 생각을 했다.

날이 꾸물거리는 것이 곧 소나기가 쏟아질 것 같더니 다시 햇빛이 비추는 것이 비는 오지 않으려나보다. 며칠 전부터 난방을 시작해서 얼마나 감사한지. 다른 집들은 춥다는데, 다른 곳보다 일찍 난

방을 시작하는 우리 집은 늘 따뜻하게 지낼 수 있어서 감사하다. 오늘도 베풀어 주신 은혜에 감사를 드리면서 하루를 마무리 한다.

여섯째 주

어제 돼지를 잡아서 팔려고 하니 참 힘들었다. 이 집은 꼭 사겠지 했는데 사지 않겠다고 하면 맥이 탁 풀린다. 그래서 돼지만 잡는다고 하면 겁이 난다. 일일이 전화해서 팔아야 하기 때문인데, 그 전화를 내가 해주길 바라고 있기 때문이다. 사실 남편이 그런 전화하는 것을 보면 차라리 내가 하는 것이 낫겠다 싶기도 하지만 왠지 그런 전화는 매우 어렵다. 어제는 잡은 돼지를 많이 팔지 못했다. 그래서 오늘 방문하는 곳에 우리가 사서 갖다 주기로 했다. 사실 우리가 스스로 팔아주는 것이 많지만, 이번에는 네 덩어리를 한 번에 사려고 하니 부담이 되었지만 주는 자의 기쁨을 느끼면서 기쁘게 나누어 드렸다. 사라고 할 때는 개미 목소리처럼 말하지만 그냥 드릴 때는 얼마나 당당하게 맛있게 드시라면서 드리는지, 그것을 받는 자들은 또 얼마나 고마워하던지, 주고받는 기쁨을 느끼면서 전달했다. 유기농 돼지라고 하니 너무 좋아하는 것이다.

농장에 들러서 냉동실에 있는 고기를 꺼내서 가지고 가다 보니 좀 일찍 도착하리라 생각했는데 정시에 도착하게 되었다. 모임은 참 은혜로웠다. 새로 지은 모임 장소가 참 아늑하고 예뻤다. 모임 후 만나 점심식사를 하면서 잠시 이야기를 나누다가 헤어졌다.

또 한 분을 만나서 돼지고기를 전달하고는 다시 한 군데를 들르기 위해 길을 서둘렀다. 오래 전 나와 함께 만남을 가졌던 지도자가 있는 마을을 찾아갔다. 농장 이전을 놓고 장소를 물색하던 중, 그 지역에서 우리 농법을 이용해서 양계를 하고 싶다고 교육을 받은 게 생각났다. 그 지역이라면 지금 우리가 사는 곳에서 그리 멀지도 않고 그 가정에서 양계를 할 수 있다면 우리도 가능하겠다는 생각으로 찾아가 보기로 한 것이다. 고속도로를 빠져나와 국도를 타고 오던 길을 돌아가는데 길을 수리하느라 여기저기 파 놓은 길이라 얼마나 먼지가 나던지, 다시 돌아갈까 생각도 했지만 이왕 나선 길 다녀와야겠다는 생각에 험한 길을 달려갔다. 이 길이 수리가 되면 참 편하겠다는 생각에 지금의 어려움쯤이야 견뎌야 하지 않을까 생각하면서 길을 재촉했다.

그 지도자는 혼자 살다가 2년 전 새 가정을 이루었다는데, 그동안 연락이 끊겨 축하도 해 주지도 못했는데, 얼마 전 농장을 다녀가면서 다시 연락하게 되었다. 이 기회에 가서 축하도 해주고 사는 모습도 보고 싶었다. 역시 신혼집답게 깨소금 냄새를 고소하게 풍기며 얼굴에는 '나 행복해요'라고 써 놓은 것 같았다. 아담한 집도 아주 깔끔하게 정돈되어 있었고, 누가 봐도 행복한 모습이었다. 대화를 나누다 보니 그 남편 성품이 참 어질어 보였다. 늦은 만남이지만 참 잘 만났다는 생각이 들었다. 혼자 외로이 살다가 두 분이 함께 사는 모습을 보니 행복해 보이면서 모든 면에서 안정된 모습이 보였다. 우리 사정을 이야기하고 그 지역에 농장할 만한 곳이 있으면 소개해 달라고 부탁했다. 요즘 농촌에는 외국인이나 외지에 있는 사람들이 땅을 사지 못하도록 제도를 만들어 놓았다고 한다. 참 잘 한 일이란 생각이 들었다. 외지 사람들이 농촌 땅을 사 들이다 보면 농촌이 농촌 본연의 모습을 잃어버릴 것은 불을 보듯 뻔한 일이기 때문이다. 주변의 땅들을 돌아보고, 어디든 적당한 곳이 결정되면 하나님 뜻으로 알고 받아들이기로 했기 때문에 서두르지 않기로 마음먹으니 편안했다.

유기농 돼지고기를 맛보고 싶었는데, 기대하지도 않던 고기를 들고 가니 너무 고마워하면서 농사지은 호박과 무를 싸서 주는 것이다. 뭐라도 자꾸 주고 싶다는 것이다. 감사히 받아들고 어디든지 우리가 가야할 곳이 정해지면 그 지역은 복 받은 지역이라고 생각하면서 인도하심을 기다리기로 했다.

집에 도착하니 광주에 있는 친구로부터 전화가 왔다. 책을 팔아주겠다고 해서 보내주었는데 다행히 그 모임에서 적극적으로 팔아주어서 감사했다. 곳곳에서 관심과 사랑을 보여 주어서 얼마나 감사한지. 역시 나는 복 받은 자라는 생각이 든다.

집에 와서 잠깐 쉬다가 Y대에 올라갔다. 아는 언니 집을 방문하기 위해서다. 농장 이전에 대해 물어볼 것도 있고 책도 전달하기 위해서다. 처음부터 책을 팔아야한다고 하니 꼭 사 보겠다고 한다. 그러더니 수고했다면서 봉투를 주는데 거기서 열어보기는 민망해서 집에 와서 열어보니 너무 많아서 엄청 미안했다. 어떻게 다른 것으로 갚아야 할 텐데 말이다. 그리고 유기농 고구마를 키웠다면서 4가지 맛을 보여주는데, 맛이 있었다. 생것으로 먹어도 좋지만 쪄서 먹으니 더 달고 고소했다. 남편은 옛날에 고구마로 끼니를 때웠던 시절이 기억나서 고구마를 좋아하지 않지만 그 고구마는 맛있다고 자꾸 먹는 것이다.

　허브를 많이 키우면서 허브차를 대접하는데 페퍼민트라는 허브는 향기가 아주 좋았다. 우리가 가지고 간 복분자 효소와 섞어 마시면서 훌륭한 맛을 만들어 냈다면서 좋아하는 두 남자를 보고는 웃었다. 그리고 몇 가지 허브를 주신다고 해서 분양받아 왔다. 페퍼민트, 로즈마리, 로즈제라늄, 페퍼민트는 차로 마시면 좋다고 한다. 분양받은 페퍼민트를 물에 담가두면 10일후 쯤 뿌리가 나온다고 한다. 그것을 넓은 화분에 뜨문뜨문 심은 후 3개월 쯤 후에 순을 모두 잘라주면 또 다시 자란다고 한다. 아주 잘 자라는데 다 사용하지 못하고 자꾸 자라면 이파리를 잘라서 말려서 차로 마시면 된다고 한다. 로즈마리는 잘게 썰어서 올리브유와 썩어서 빵을 찍어먹으면 좋다고 한다. 로즈제라늄은 고기를 요리하거나 생선을 구울 때 조금씩 넣으면 누린내가 없어진다고 한다. 우리 집에는 장미허브가 있는데 어떻게 사용하는지 몰랐었다. 물어보니 목욕할 때 몇 이파리를 넣으면 피로회복에 좋다고 한다. 몇 가지 허브를 분양받아오니 부자가 된 느낌이 들었다.

chapter 09

가을 한인 체육대회

09년 9월 26일 Y대 운동장에서 한인 체육대회가 열렸다. 8시 30분에 시작한다고 해서 아침부터 분주히 준비하고 운동장에 도착했다. 해마다 하는 운동회지만 한참을 망설이다 참석하곤 한다. 아이들이 있을 때에는 아이들 때문에 참석해서 아이들이 뛰어 노는 모습들을 보는 것을 즐겼지만, 아이들이 다 떠난 후에는 별로 가고 싶은 마음이 없어져 잠시 망설이지만 그래도 준비해서 참여하곤 했었다. 올해도 그런 생각이 없는 건 아니지만, 남편이 축구도 한다 하고, 그동안 만나지 못했던 사람들도 만나고 그동안 쌓였던 이야기도 나누고 싶은 마음에 준비하고 따라 나선 것이다. 시간에 맞추어 출발한다고 했는데, 도착해보니 벌써 도우미들은 와서 분주히 움직이고 있고, 많은 사람들이 등록하기 위해 줄을 서 있는 모습이 보였다. 우리도 줄을 서서 등록을 하고 끝날 때쯤 추첨하는 행운권도 받고, 티셔츠를 받아가지고 자리를 잡고 앉았다. 해마다 앉는 자리를 찾아 앉았더니, 한 사람 두 사람 찾아서 앉기 시작한다. 등록하는 입구 쪽 자리가 홍팀 자리인데, 들어오면서 앉기 쉬워서 그런지 그쪽에 항상 사람들이 많이 앉는다. 청팀 자리는 늘 빈자리가 많지만, 어떤 면으로는 한가해서 좋기도 하다.

개회식을 선포하고, 국민의례, 애국가 제창, 내빈 소개 등 식전 행사를 했다. 올해는 특별히 한국일보에서 주최한 해외 동포상을 한인 회장이 받게 되어 행사를 하나 추가하고, 몇 분이 축사를 한 후 본 경기에 들어갔다. 아이들부터 어른까지 릴레이를 하고, 박 터트리기, 농구, 동굴통과 게임, 족구, 피구를 하고 맛있는 점심식사를 했다. 식당 봉사팀의 수고로 맛있는 닭날개 구이, 두부, 김치, 오이무침, 카레호박무침, 콩나물 국, 옥수수로 참석한 한인들이 즐거운 점심으로 서로 교제하는 시간을 가졌다.

점심식사 시간에 남자들은 축구를 했다. 한인팀과 Y대 팀의 경기였는데 3:1로 한인팀이 이겼다. 나중에 들어보니 마지막 골을 울 남편이 넣었다고 한다. 교체되어 나가 있어서 울 남편은 그만 하는 줄 알고 다른 사람들과 이야기 하느라 마지막 골을 넣은 것은 알았지만 누가 넣었는지는 몰랐었는데, 그 멋진 모습을 못 봤느냐면서 아쉬워하는 남편에게 좀 미안했다. 너무 멋진 골을 넣었다면서 주변 사람들이 한 턱 내야 한다고 했단다. 평생에 한 번 있을까 말까 한 골을 못 봤냐면서 아쉬워하는 남편의 모습이 장한 일을 하고 엄마에게 자랑하는 아이들 같았다.

점심식사 후, 줄다리기, 4인 5각, 어린이 슈퍼맨, 단체 줄넘기,

남녀 혼합 계주를 끝으로 모든 게임을 마친 후 행운권 추첨에 들어 갔다. 사람들과 이야기 하는 것이 더 재미있어서도 그렇지만, 각종 경기에 참석하고 나면 다음날이 힘들기 때문에 경기에 많이 참석하 지를 않는다. 그런데 청팀에 사람들이 적다 보니 응원 도우미들이 경기마다 참석해 줄 것을 요구하는데. 다 들어주지 못해서 미안했 다. 줄다리기에 참석하기 위해 나갔는데 상대팀이 반칙을 해서 기분 이 좋지 않았다. 서로 즐기자고 나온 경기에 욕심들을 부려가며 반 칙하는 모습들을 보면 참자하면서도 기분이 상하게 된다. 이번에 참 가했던 줄다리기는 그렇게 기분이 상한 가운데 끝났다. 좀더 질서 있게 진행되었으면 좋겠다는 생각이 들었다. 청팀, 홍팀도 처음부터 잘 계획하면 한쪽에 치우치는 일이 없을 텐데 하는 진행상의 아쉬움 이 있었다.

지금까지 계속 참석한 한인 체육대회에서 한 번도 행운권 추첨 에 당첨된 적이 없어서 기대하지 않지만 그래도 추첨할 때는 누가 받을까 궁금해서 끝까지 남아있게 된다. 올해도 역시 그 많은 행운 권 추첨에서 우리는 아무것도 받지 못했다. 줄다리기에 참석해서 받 은 비누와 남편이 여러 경기에 참석해서 받은 생활용품들을 가지고 집으로 돌아왔다. 그 생활용품들이 다음 행사 때까지 우리 집에서 유용하게 사용될 것이다.

모든 행사를 마치고 집으로 오다가, 저녁을 해결하고 들어가자 고 해서, Gina's Place라는 음식점에 갔다. Gina's Place는 양식집인 데 아는 분이 운영을 책임지고 있어서 가끔 이용해야지 하면서도 가

격이 비싼 편이고 평소 양식을 즐겨먹지 않는 우리는 자주 가지 못
했다. 역시 양식을 먹고 나면 우리 음식인 김치가 생각나는 토속적
인 한국인인가 보다. 오늘도 김치가 없어서 아쉬운 식사시간이었
다.

추석을 앞두고

추석을 앞두고 홀로 지내는 이웃들 가정이 생각났다. 자녀들 대학입시로 인해 엄마들이 자녀들과 한국에 나가 있고, 아버지들 혼자 지내는 가정이 있어서 신경이 쓰였다. 밖에서 식사를 해야 하나, 아니면 집에서 식사를 해야 하나를 두고 고민하고 있는데, 혼자 있는 아버지 중 한 사람한테서 메일이 왔다. 추석인사로 메일을 보냈더니 답장이 왔는데, 시간을 한번 내서 만나자는 것이었다. 그럼 생각난 김에 불러서 식사하자고 몇 군데 전화를 걸었다. 낮에 전화했던 사람은 곧 오겠다고 응답했고, 한 사람은 대학 교수인데 연락이 안 되고, 또 한 사람한테 전화하니 마침 아내가 들어와서 함께 식사하자고 연락하려고 했단다. 그동안 안식년을 못했는데, 아들이 대학입학을 한 김에 안식년을 한다면서 남편은 이곳에 있고 아내만 나가서 쉬고 있다더니 전날 아내가 들어왔단다. 마침 연락해서 식사대접을 하려고 했는데 전화를 해줬다면서 만나자고 한다. 다른 이웃도 집으로 오기로 했으니 오늘은 그냥 집으로 와서 식사하자고 했더니, 흔쾌히 오겠다고 해서 서둘러 저녁준비를 했다. 특별요리는 생략하고 평소 집에서 먹던 대로 간단히 식사하기로 생각하고 준비하니 별 어려움이 없었다. 농장에서 뽑아온 배추가 있어서 냉장고에 있던 돼지고기를 삶았다. 배추쌈에 돼지고기, 훌륭한 보쌈재료가 준비된 셈이다. 역시 모두 배추쌈을 신나게 먹어 다른 반찬에는 별로 손이 안 간다. 유기농 배추쌈 덕분에 훌륭한 저녁식사를 하게 되었다.

그리고 집에 오시면서 사과를, 또 다른 분들은 각각 북어, 수박, 복숭아, 월병을 사 가지고 왔는데, 월병이 조금 특이했다. 월병은 둥글넓적한 게 보름달 모양을 닮았는데 아마도 모나지 않게 둥글둥글 살자는 의미로 먹는 것이 아닐까 생각했다. 사실 우리가 추석에 송편을 먹듯이 이곳은 빼 놓지 않고 월병을 먹는다. 그리고 추석 전에는 거리에 가지각색의 월병들을 파느라 분주하기도 하다. 월병은 종류도 가격도 여러 가지인데 싼 것부터 엄청 비싼 것도 있다고 한다. 여러 해 살면서도 월병은 별로 즐기지 않는데, 한 가정이 사 온 월병은 좀 달라보였다. 워낙 작은 물건을 잘 사는 그는 어디서 사 왔는지, 월병도 그렇게 앙증맞게 작게 만들어진 것을 사가지고 왔다. 보통 월병의 1/4정도 될까 말까 하게 작으면서 한 잎에 쏙 들어가도록 만들어진 것이 맛도 그런대로 괜찮았다. 참으로 빨리 변해가는 이곳의 모습에 감탄하면서 식사 후 간식을 먹으면서 서너 시간 그동안 있었던 이야기들을 나누었다. 다음날이 추석 전 날인데 근처에 있는 모아산으로 등산을 가자는 의견이 모아져서 다음 날 10시에 만나기로 하고 헤어졌다.

아침에 일어나 간단한 간식을 준비했다. 어제 사 왔던 수박, 사과, 복분자 효소, 커피를 챙겨서 약속장소에 갔더니 남자들만 와 있었다. 어제 도착한 지인은 오랫동안 집을 비웠더니 치워야 할 것이 많다면서 점심만 같이 하기로 했단다. 그녀는 그의 집을 이사할 때 한국에 있어서 남편 혼자 이사를 하고 혼자서 몇 달을 지냈으니 치울게 많다는 말이 이해가 갔다. 우리가 가기로 한 산은 집에서 가까운 곳인데 등산로를 잘 가꾸어 놓았다. 이렇게 등산로를 만들어서 등산을 한 지가 몇 년이 된다는데 우리는 처음 가보는 곳이었다. 이곳에 살면서 처음 간다니까 모두들 놀라는 것이다. 어떻게 여기를 처음 와 보냐면서 의아해한다.

윤권이 싸이에 근처에 있는 모아산을 다녀왔다면서 처음 가 보았다고 글을 남기니 '모아산을 처음 다녀오신 소식은 정말 쇼킹합니다'라고 답장이 왔다. 4개월 있다가 간 자기도 다녀왔는데, 17년 동안 살면서 어떻게 모아산을 처음 갔느냐고 한다. 모아산 아래 민속촌이 있는데 거기는 여러 번 갔었다. 아이들 소풍도 가고 마땅히 갈 곳이 없어서 바람 쐬고 싶으면 가기도 했었지만, 등산로를 따라 정상에는 처음 가 본 것이다. 정상까지 올라갔다가 내려오는 데는 한 시간 정도 소요됐다.

싱가폴은 도로를 만들어도 기존 밀림들을 손상하지 않도록 잘 보존했다고 한다. 모아산도 나름대로 나무들을 베지 않고 등산로를 만들려고 수고한 흔적이 보였다. 시멘트를 깔지 않고 나무를 이용해 계단을 만들어서 올라가기는 아주 편했다. 올라가는 중간 중간 사진을 찍으면서 올라가니 함께 온 사람들은 벌써 정상에 도착해 있었다. 정상에서 내려다본 시내가 아름다웠다. 남편은 어디쯤에 농장을 하면 좋을까 둘러본다면서 눈을 크게 뜨고 아랫마을을 내려다본다. 바람이 많이 부는 날이었는데 정상에 있으니 나무로 만든 그리 크지 않은 팔각정이 흔들리는 것이 곧 무너질 것 같은 두려움을 주었다. 원래 설계를 그렇게 했는지 옆에 써 놓은 글을 보니 흔들리는 게 정상이니 걱정하지 말라는 글로 사람들을 안심시키고 있었다. 중간쯤 내려오면서 준비해간 복분자 효소를 마셨다. 다른 사람은 오이와 자두를 먹고 목을 축이면서 쉬었다. 중간 중간 단풍든 산을 배경으로 사진을 찍고, 하산해서 칼국수 집으로 식사를 하러 갔다. 휴일이라 그런지 식당은 한가했다. 잠시 후 집을 치운다고 산행을 하지 않았던 그녀가 도착했다. 집이 냉장고라면서 워낙 추위를 타는 그녀는 한겨울 복장을 하고 나타났다. 두 사람이 칼국수, 또 두 사람은 김치 만둣국, 그리고 나는 돈가스를 시켰다. 함께 먹을 오징어 숙회도 시켰더니 푸짐했다. 돈가스가 제일 먼저 나왔다. 너무 푸짐하다고 해서 양이 적은 나는 다 못 먹으니 하나씩 맛보라고 했더니 역시 돈가스를 잘 한다면서 칭찬을 했다. 그런데 칼국수, 김치 만둣국 맛은 이전과 달라졌다고 한다. 그래도 시킨 음식이니 맛있게 먹고 가져갔던 수박을 잘라먹고, 커피까지 마시고는 오후는 마반산 단풍을 보러 가기로 했다. 이왕 올라간 김에 룡가미원까지 가기로 하고 드라이브를 했다. 룡가미원은 앞서도 말했듯이 운치 있는 분위기가 되어가고 있었다. 잘 가꾸어 놓으면 좋은 쉼터가 될 만한 곳이었다. 구름다리를 건너가면 둥그렇게 호수를 끼고 있는 작은 섬이 있다. 호수를 끼고 한 바퀴 돌면서 중간에 만들어놓은 나무의자에 앉아 쉬면서 다시 준비해 간 복분자 효소를 마시고 참 좋은 곳이라며 칭찬을 하다가 돌아왔다. 갈 때에는 온통 들만 나와서 곱게 물든 단풍을 볼 수가 없었는데 돌아올 때에는 다른 길로 왔더니 곱게 물든 단풍을 맘껏 보면서 나는 탄성을 질렀다.

"와! 단풍 정말 멋있다."

그런 나를 보고 한국에서 막 돌아온 그녀도 한마디 한다.

"저, 단풍이 뭐가 그리 멋있느냐. 한국의 설악산, 내장산 단풍에 비하면 저건 단풍도 아니다."

그걸 모르는바 아니지만 지금은 저 단풍이 멋있게 보이는 걸 어쩌란 말인가. 우리는 이구동성으로 여기서 저만한 단풍은 멋있는 거라면서 그녀를 보고 말했다. 여전히 우리는 곱게 물든 단풍을 보고 멋있다고 했다. 몇 주 동안 남편과 주변 방문을 하면서 내가 했던 말을 그가 한 것이다. 남편은 조금씩 물들어 가는 산을 보면서 멋있다고 했을 때, 내가 남편에게 저게 뭐가 멋있느냐 하면서 한국의 설악산에 비하면 저건 단풍도 아니라고 했었는데, 어느새 나도 물들었나 보다. 이제 저 단풍을 보고 멋있다고 탄성을 지르는 것을 보니.

돌아오는 길 멀미를 해서 많이 힘들었다. 뒷좌석에 앉아서 구불구불한 길을 달리다 보니 그 아름다운 단풍도 멀미를 막지는 못했다. 참고 가려고 무진 애를 썼는데 도저히 참기가 힘들었다. 잠시 쉬었다 가자고 하니 천천히 운전하겠다고 한다. 맘 좋은 그가 천천히 운전을 해 주어서 집에 편하게 올 수 있었다. 정문 앞에 내려서 집으로 오니 온 몸이 차갑고 어지러운 것이 얼마나 힘이 들던지 그냥 누워버렸다. 남편이 여기저기 주물러주고 한잠을 자고 난 후에야 조금 괜찮아졌다. 즐거운 이웃들과의 만남이 마지막 멀미 때문에 힘들었지만, 그들과 함께 한 시간들로 인해 국경절 연휴와 중추절 연휴에 또 한 가지 아름다운 추억을 만들 수 있었다.

지난번 모임에서부터 나온 이야기인데, 이번 휴일을 기회로 삼아 단풍구경을 가자고 했다. 화룡에서 기차를 타고 단동으로 가다보면, 이도백하를 거쳐 가는 길이 단풍터널이 있다. 그쪽 단풍터널이 정말 볼만하다는 이야기는 예전에 들었던 이야기인데 약속을 잡지 못했었다. 이번 기회에 단풍구경을 하자는 의견이 모아졌는데, 이웃 동네 사람들도 이번에는 시간을 내기 어렵다고 하고 기차표 구하기도 어렵다고 해서 다음으로 미루게 되었다. 다음이면 내년인데, 그때는 가능할지, 그때를 기다려보기로 하고 조금 아쉬운 결정이지만 따르기로 했다.

chapter 11

하얀 눈이 내리면

모두가 잠든 늦은 밤 누구에게도 들키지 않으려는 듯 눈은 소리 없이 살며시 온 세상을 하얗게 물들여 놓았다. 보통 10월 중순이면 첫 눈이 내리곤 했는데, 윤달이 있어서 그런지 올해는 예년보다 좀 늦게 찾아왔다. 잠을 자다 일어나 밖을 내다보니 하얀 눈이 내리고 있었다. 졸린 눈을 비비며 눈이 내리는 풍경을 내다보면서 혼자 즐거워했다. 그 모습을 남기고 싶어서 지난 여름에 선물 받은 디지털카메라를 꺼내 찍었는데 밤인데도 선명하게 잘 나오는걸 보면서 선물해 주신 분께 감사한 마음이 들었다. 전에 사용하던 카메라는 밤의 풍경을 찍을 수 없었다. 그리고 삼각대를 세우지 않으면 흔들려서 찍을 수가 없었는데 좋은 카메라여서 그런지 자동으로 조절해 주고 선명하게 찍혀서 기분이 좋았다. 올해 첫눈으로 펑펑 함박눈이 내리면서 아주 많이 내렸다. 몰래 내리기 시작한 눈이 밤새 내리고 아침에도 내리더니 온통 하얀빛으로 물들어 있었다. 나무들은 크리스마스 트리를 연상케 하고 나뭇가지에는 하얀 꽃들이 피어 있는 듯 눈을 즐겁게 해 주었다. 먼 산에도 가까운 곳에도, 높은 지붕위에도 낮은 울타리에도, 나뭇가지 위에도 길가에도 수북이 쌓여 있는 눈. 눈을 치우는 부지런한 사람들까지 반기는 모습들이 역력하다.

두 번째 눈은 11월 중순쯤 내렸는데, 얼마나 많이 오던지 3일 연속 내리는 것이다. 첫째 날 내린 눈은 빨리 치워서인지 거리가 깨끗했다. 여기는 구역이 정해져 있어서 눈이 오면 구역별로 눈을 치우기 때문에 큰 길은 비교적 빨리 정리가 되는 편이다. 자기 구역을 치우지 않으면 죄수들이나 사람들을 동원해 눈을 치우고 벌금을 물리는데 그 액수는 상당히 많다고 한다. 그러니 눈이 오면 자신의 구역들을 열심히 치우는 모습을 보게 된다. 첫날 온 눈은 빨리 치웠고 또 다시 내린 눈은 날씨가 푹해서인지 큰 길은 내리면서 녹아서 그나마 다행이었다. 그런데 문제는 저녁이 되면서 날이 추워지니 길이 빙판이 되어서 미끄럼판이 따로 없었다.

멀리 남양에 사시던 선배님이 오셨는데, 점심에 만나기로 해서 나갈 때에는 길이 녹아서 수월하게 다녀왔다. 함께 남양에 가서 살았으면 좋겠다면서 은근히 부추기시는데 정중히 사양했다. 어른들과 만나면 구수하게 지난 이야기들을 해주셔서 시간가는 줄 모르고 앉아 있게 된다. 여러 시간 함께 있으면서 많은 이야기들을 나누고 헤어졌다.

저녁에 다른 약속이 있어서 서둘러 집으로 왔다. 남편은 집에서 잠깐 쉬고 나간다고 올라가고 나는 작은 정원에 가서 눈 속에 숨겨진 아름다운 설경을 보고 혼자 감탄하면서 이리저리 돌아다녔다. 눈이 내린 후 아무도 들어가지 않은 정원에 가서 발자국도 남겼다. 푹 꺼진 곳인 줄 모르고 걷다가 넘어지기도 하고, 벌떡 일어나 다시 걷고, 그러면서 아름다운 설경을 카메라에 담았다. 디지털카메라로 설경도 찍고 마땅한 곳을 찾아 세워놓고 자동으로 사진을 찍으면서 한참을 돌아다니다가 꽁꽁 언 손으로 집에 들어와서 약속시간이 되어 나갔다.

함께 이웃으로 지내다가 몇 년 한국에 나갔던 동료가 잠시 다니러 왔다. 몇몇 가정이 함께 모이게 됐다. 낮과는 다르게 저녁이 되면서 길이 빙판길로 바뀌어 가고 있었다. 첫눈이 왔을 때, 빙판길을 달려오느라 고생한 사람(10분이면 오는 길을 40분이 넘도록 고생하며 달려왔다)이 있어서 이번에도 걱정이 되었다. 차라리 낮에 만났으면 좋았을 텐데, 그러나 이미 정해진 약속이라 빙판길을 조심스레 달려 약속장소에 왔다. 역시 눈 때문인지 한 가정은 나오지 않았지만, 우리는 칼국수 집에서 만나 오랜만에 서로 이야기꽃을 피우며 맛난 음식을 시켜 먹었다. 왕만두, 돈가스, 볶음면, 꽁치찌개를 시켰더니 샐러드와 옥수수전을 서비스로 주고 후식으로 수정과와 과일을 준다. 기분 좋게 먹으면서 많은 이야기를 나누었다. 한국에서 가지고 온 소식들을 들으면서 의논도 하고 건의도 하면서 이야기를 나누다 보니 어느덧 식당이 문 닫을 시간이라고 한다. 오랜만에 다니러 오면서 빈손으로 오지 않고 선물을 가지고 와서 나누어 준다. 들기름에 구운 김을 받아들고는 모두 기뻐하며 헤어졌다.

　남편이 출장 중이라 혼자 온 동료를 데려다 주고 오는 길에 빙판길로 인해 얼마나 고생을 했는지 모른다. 밤중에 어두운 빙판길을 걸어가게 할 수 없어서 친절을 베푼 것이 그만 모두가 고생하는 시간이 되었다. 울퉁불퉁한 길을 올라가다가 차가 멈추어 버린 것이다. 미끄러워서 도저히 올라갈 수가 없어서 후진하다가 길이 아닌 곳으로 가서 올라가지도 내려가지도 못하는 그야말로 진퇴양난이 된 것이다. 동료는 집에 가지 않고 차가 잘 올라가나 지켜보면서 차가 올라가지도 내려가지도 못하고 있으니 미안해하면서 어쩔 줄 몰라 한다. 힘을 모아 차를 밀었지만 소용없었다. 결국은 상점에서 삽을 빌려오고 상점 아저씨와 그 집 아들이 내려와 도와주고, 남편은 빌려온 삽으로 꽁꽁 언 땅을 두드리며 간신히 흙을 파서 뿌리고 그런 후에야 차를 빼낼 수 있었다. 우리 둘이 아무리 밀어도 되지 않더니 흙을 조금 뿌리고 나니 조금 움직일 수 있었다. 가던 길을 돌아 내려오면서 시간을 보니 차와 씨름한 시간이 30분 정도 되었다. 그 추운 날 밤에 밀고 당기며 미끄러져 넘어지고 나니 온 몸이 쑤셔왔다. 차를 밀면서 넘어졌을 때는 아픈 줄도 몰랐다. 얼른 차를 빼서 타고 집에 와야겠다는 생각에 그랬나 보다. 그런데 집에 오니 여기저기 쑤시면서 너무 힘들어서 밤에 잠을 잘 수가 없었다. 뒤척거리다가 늦게 잠이 들었는데, 다음날 일어나니 온 몸이 두들겨 맞은 것처럼 아파서 아이고, 아이고 소리가 저절로 난다. 무릎을 보니 여기저기 멍이 들어있고 양쪽 어깨는 쑤셔대고 옆구리도 아프고 몸살이 났다.

　그래도 모임이 있는 날이라 아침부터 일어나 준비하고 다녀왔다. 모임을 마치고 밖에 나오니 얼마나 춥던지 옷을 여미고 또 여미게 만든다. 주위를 둘러보니 사람마다 추위를 달래는 방법도 여러 가지다. 담배를 피우면서 추위를 달래는 사람들, 발을 동동 구르면서 버스를 기다리는 사람들, 잔뜩 싸매고도 추워서 서성이는 사람들. 참으로 다양한 폼으로 추위를 달래고 있다. 이런 날은 택시도 탈 수도 없다. 잘 못 탔다가는 바가지를 쓰기 때문이다. 빙판길에 잘 달리지도 못하니 이래저래 많이 나올 것이고, 또 무조건 많이 부를 것을 알기 때문에 오히려 이런 날은 힘들어도 버스를 기다려서 타는 것이 속 편하다. 어쩌다 험상궂은 기사를 만나면 이래저래 불편할 것이고 친절한 기사를 만나도 택시비를 많이 줘야 하니 인내심을 갖고 버스를 기다렸다. 한참 만에 도착한 버스라 그런지 사람들이 많다. 그래도 버스에 오르니 훈훈하다. 버스 안에는 바람을 막아주니 따뜻해서 좋다. 차에 올라앉으니 다행이긴 한데 도무지 앞에 차들이 빠져나가지 못하고 잔뜩 밀려있다. 빙판길이라 차들의 움직임이 둔하다. 그러나 우리가 탄 차가 비교적 큰 버스라 그런지 용감하게 옆길로 달려 어느새 큰 길을 건넜다. 아직도 작은 차들은 움직이지도 못하는데 우리 차는 그래도 사거리를 지나 다음 길로 진입했다. 이럴 때는 늦어도 사고 나지 않게 천천히 가는 것도 좋은데, 라는 생각을 하면서 훈훈한 차 안에서의 행복을 즐기고 있다.

　겨울만 되면 치루는 전쟁이 있다. 하얀 함박눈이 소리 없이 내릴 때는 아름답고 설레지만 얼마 지나지 않아 불편을 주는 눈과의 전쟁, 연기를 몰아내 줄 때는 고맙지만 만주의 칼바람과의 전쟁, 또 6개월이나 되는 긴 겨울로 인한 추위와의 전쟁이다. 어제의 힘듦과 혹독한 추위에 버스를 기다리느라 움츠리며 긴장되었던 몸을 이끌고 따뜻한 집에 도착하니 얼었던 온 몸이 풀리면서 쑤셔온다. 이렇게 시작된 몸살이 며칠 동안 계속되었다. 신종 인플루엔자가 유행인 요즘은 몸살이 나면 덜컹 겁이 난다. 미열만 나도 얼른 해열제를 먹고 가벼운 감기였으면 하고 속히 지나가기를 기도하면서 몸을 돌본다. 며칠 동안 계속되었던 몸살도 지나가고 다시 건강한 몸으로 활동함에 감사를 드린다.

chapter 12

반가운 만남

올 들어 세 번째 눈이 내리고 있다. 어제 저녁부터 내린 눈이 제법 쌓였다. 이틀 후에 출장을 가야 하고 아직 겨울 준비가 덜 끝나 필요한 물건을 사기 위해 시장에 나갔다. 돼지 분만실을 만들어 줘야 하기에 전기선과 장판, 기타 필요한 물건을 사기 위해 중심가로 나간 것이다. 나는 차안에서 기다리고 남편은 물건을 사러 나갔는데 시간이 제법 많이 걸려서 차 안에 앉아 있는 시간이 지루해졌다. 밖에는 눈이 내리고 시동은 끈 상태로 나가서인지 슬슬 추워졌다. 지루하게 기다리는데 물건을 들고 남편이 나타났다. 물건에 대한 상세한 설명을 듣느라 늦었다면서 얼른 시동을 켜고 히터를 틀어준다. 물건을 파는 아가씨가 친절하게 설명을 해 주었다면서 이전에 실수한 것이 설명을 듣지 못해서라고 한다.

몇 년 전까지 아랫집 윗집에 살던 홍 선생 부부가 왔다. 물건을 사는 도중 연락이 와서 점심약속을 했다. 홍 선생을 아는 몇 가정이 모여 함께 식사를 하기로 했다. 점심시간에 맞추어 가려면 서둘러야 했다. 복잡한 길을 빠져나와 농장으로 올라가는데, 큰 길은 눈이 다 녹아서 별 어려움이 없는데 농장으로 올라가는 길은 아직도 빙판길이라 올라가는데 어려움이 많았다. 결국은 몇 번의 시도 끝에 차를 농장 올라가는 길목에 세워놓고 걸어서 갔다. 정기적으로 모이는 모임을 마치고 앞으로 해야 할 농장 이야기를 나눈 후 약속시간이 되어서 다시 내려와야 했다. 농장에 바람이 얼마나 세게 부는지 모임 도중에 지붕에 쌓여 있던 눈이 다 날아가 버렸다. 그래서 지붕이 깨끗해져 있었다. 그 모습이 신기해서 남편에게 조잘조잘 수다를 떠니 별 것 아니라는 듯 반응이 없다. 그래도 연실 조잘조잘 떠드는 나를 두고 농장을 둘러보면서 미비한 일이 무엇인지 둘러본다. 이렇게 눈바람이 부는 날인데도 들에는 옥수수를 거두어들이느라 수고하는 농부들이 보였다. 언제 또 눈이 내릴지 모르니 지금이라도 속히 거둬 들이려는 그들의 마음이 보여서 그들의 수고가 더 귀하게 보였다.

차를 아래다 세워두어서 차까지 걸어가는데 바람도 심하게 불고 또 어찌나 춥던지 걸어가는 시간이 그리 길지 않은데도 손은 꽁꽁 얼어 있었다. 심하게 부는 바람을 등지고 뒷걸음을 쳐서 간신히 내려오면서도 일하는 농부들의 모습을 남기고 싶어 손을 호호 불면서 몇 장의 사진을 찍었다. 길이 미끄러워 천천히 조심하면서 내려오다 보니 시간이 제법 걸렸다. 그래도 시간을 넉넉히 잡고 내려와서인지 약속장소에 오니 우리가 제일 먼저 도착했다. 미리 방을 하나 잡고 앉아서 기다리니 예상보다 많은 분들이 참여했다. 홍 선생은 오랜 기간 이곳에 살다가 한국에 나간 후 일 년에 두 번 정도 다녀가는데 방문할 때마다 화장품을 가져다주어 잘 사용하고 있었다. 우리는 화장품이 떨어질 때쯤 농담 삼아 말했다.

"홍 선생이 다녀갈 때가 됐는데."

그러면 어김없이 왔다고 연락이 오곤 했다. 이번에도 역시 화장품을 가지고 와서 선물로 준다. 11월에 산타 할아버지가 다녀간 느낌이다. 남녀 화장품과 탁상용 달력을 가지고 왔다. 다른 지역을 거쳐 왔다는데 저 무거운 짐을 가지고 오다니, 우리를 생각해 주는 그 마음이 얼마나 고마운지 우리는 너스레를 떨면서 고마운 마음을 전한다. 매번 방문할 때마다 이리 챙겨주는 게 쉬운 일이 아닐 텐데, 그 넉넉한 마음 씀씀이가 우리에게 힘을 준다. 선물도 가져오고 와서는 현장에 있는 우리들에게 식사까지 대접해주니 정말 고마웠다.

우리들은 만나면 수다가 끊이질 않는다. 모인 사람 중에 몇 사람은 주변에서 일어나는 일들을 어쩜 그리 맛깔스럽게 이야기하는지 그 이야기를 들으면서 스트레스를 확 날려버린다. 한바탕씩 웃고 나면 그동안 쌓였던 스트레스가 싹 달아나는 것이다. 그동안 있었던 이야기들을 나누다 보니 시간이 제법 흘렀다. 식당 종업원들은 점심시간이 끝나고 저녁 식사 시간까지 잠깐의 휴식을 취해야 하는데 우리들이 아직 남아 있어 쉬지 못하여 많이 미안했다. 멀리서 온 손님 때문에 이야기가 길어졌다면서 이해해 달라는 인사를 하고는 밖으로 나왔다. 매서운 날씨 때문에 어떤 이들은 시장을 가자고 하는데

도 우리는 서둘러 집으로 돌아왔다. 남편은 다시 농장으로 올라가고
집에 도착한 나는 나른한 몸을 이끌고 서둘러 집안일을 해야 했다.
참 다행인 것은 밖은 몹시 춥지만 난방이 되는 집 안은 따뜻해서 좋
다. 밖에는 여전히 쌓인 눈을 치우느라 쓱쓱, 탁탁, 찍찍, 요란한 합
창 소리들이 귓가에 들려온다.

chapter 13

추웠던 기차 안

세상에 이렇게 추울 수가?

계절에 관계없이 기차를 타고 다닐 일이 많았지만 이번에 탄 기차처럼 추운 것은 처음이었다. 모처럼 여자 회원들이 많이 참석한 모임이라 직접 기차역에 가서 롼워표를 구입하였다. 때때로 기차표를 예매하는 기간이 달라서(어떤 때는 10일 전, 또는 4일 전) 결국은 두 번을 가야 기차표를 구입할 수 있었지만 부지런히 움직인 덕분에 구하기 어렵다는 롼워표를 구입할 수 있었다. 돌아오는 표는 구할 수가 없어서 ZC에 있는 분한테 부탁했다.

이번 출장은 7명이 출발했다가 9명이 돌아오는 모임이었다. 주로 잉워를 타고 다니는 우리는 롼워표를 구입하면 대기실부터 차별화 되어 있는 것을 보고 놀라워했다. 어떤 분은 대기실을 몰라 헤매다가 뒤늦게 합류했다. 기대하면서 오른 기차는 생각보다 지저분하고 추워서 우리를 실망시켰지만 우리만의 공간이 있다는 것에 만족하면서 출발했다. 어떤 사람은 롼워를 처음 타는지 신기해했다. 문이 닫힌다는 것도, 닫힌 문에 달린 거울도 신기해하는 모습이 꼭 처음 기차여행을 하는 어린애 같이 순수해보였다. 그런데 기차 안이 얼마나 춥고 쾌쾌한 냄새가 나던지 생각했던 즐거운 여행을 기대하기는 어려울 것 같았다. 입고 간 겨울옷을 다 입고 기차에서 준비해 놓은 이불을 덮고도 추워서 고생을 해야 했다. 그나마 이불이 깨끗해서 다행이었다. 어떤 사람은 간식을 준비해 와 잠자기 전까지 입을 즐겁게 해 주었다. 귤과 구운밤을 먹으면서 여자들의 수다가 이어졌다. 롼워 한 칸을 여자들이 차지하고 갈 수 있었기에 더 재밌는 시간이었는지 모르겠다. 지난주 SY를 다녀온 덕분에 기차 안의 추위를 미리 경험했고 미리 옷을 단단히 입고 오라고 부탁을 한 덕분에 꽁꽁 언 동태신세는 면할 수 있었다. 올 들어 마지막으로 모이는 모임이라 그런지 부득이한 사정으로 인해 4명이 불참한 것 빼고는 모두 참석해서 기쁜 시간들을 보낼 수 있었다.

꾀죄죄한 모습으로 기차에서 내린 우리들에게 따뜻한 식당으로 안내해 맛있는 아침식사로 얼었던 몸을 녹일 수 있었다. 꽁치 전골, 감자탕, 전, 계란찜 등 아침부터 풍성한 식사를 하고 난 후, 어느 정도 몸이 녹은 우리는 이제 여유로운 대화를 나눌 수 있었다.

이른 시간에 도착한 우리로 인해 고생한 ZC식구들에게 감사의 인사를 드렸다. 기차를 타고 오면서 씻지도 못한 우리를 위해 ZC에 있는 제주도 보석 사우나로 안내해주어 쉼을 얻을 수 있었다. 처음에 사우나에서 오래 있지 못할 것 같았는데, 의외로 오랜 시간 동안 머물러 기다리던 사람들의 마음이 불편했던 것 같다. 하지만 우리는 당당히 이야기했다. 나를 위함보다 다른 사람들의 눈을 즐겁게 해주기 위해 늦었다고 어설픈 변명을 했다. 여자들은 준비하는 시간이 오래 걸린다. 머리도 매만져야 하고 얼굴에 분칠도 해야 하니 남자들보다 더 많은 시간이 걸린다. 예쁘게 꽃단장을 하고 다시 길을 떠났다. 한인 회사를 차린 동료를 찾아갔다. 아늑하고 아담한 한인회사를 보면서 감사가 넘쳤다. 그들의 수고한 모습이 보여서 한인회사가 날로 발전하기를 위해 기도했다.

한인회사에서 풍성한 점심식사를 대접했다. 각종 고기와 해산물과 야채를 구워먹을 수 있는 식당이었는데 오픈한지 얼마 되지 않아 저렴하면서도 좋다고 했다. 한번 다녀오면 절대 후회하지 않을 거라며 우리를 안내했다. 도착해보니 정말 큰 식당인데 나는 귀찮아서 둘러보지 않고 가져다주는 것만 먹었다. 요즘 생로병사의 비밀을 통해 소식과 자연식이 좋다는 이야기를 들었기에 적게 먹으려고 애를 쓰면서 주로 야채를 먹으려고 노력했다. 팽이버섯을 구워 먹었는데 제법 맛이 있었다. 우리 상에는 팽이버섯과 양파와 양고기를 구워 먹으면서 조절을 했다. 역시 다른 상에도 고기들을 구워먹느라 모두 즐거운 표정들이었다.

맛있게 점심식사를 한 후 북 카페로 장소를 옮겼다. 북 카페에서 정식 회의를 시작했다. 그동안 지내왔던 이야기들을 나누면서 진지한 토론의 시간도 가질 수 있었다. 다음해는 이쪽 모임 대표를 내가 맡게 되었다. 돌아가면서 하는데 주로 남편들이 대표를 맡았지만 여자들도 맡자는 의견이 나와서 돌아가면서 임원을 하다 보니 내가 대표를 맡게 된 것이다. 다음해에 진행되어야 할 몇 가지 사항을 가지고 이야기를 나누다보니 장소를 옮겨 저녁식사를 하기에는 시간이 부족했다. 우리는 다시 저녁 기차를 타고 집으로 가야했기 때문이다. 점심을 푸짐히 먹은 우리는 저녁을 먹으러 가는 대신 북 카페에서 간단히 해결하기로 했다. 준비하는 손길은 어렵겠지만 우리는 추운 날씨에 또 다른 이동을 하지 않고 준비해준 여러 가지 음료수와 맛있는 피자와 김밥을 시키고 과일을 먹으면서 못 나눈 이야기들을 나누었다. 삼삼오오 모여서 지나온 이야기들을 나누고 나는 서류를 준비하기 위해 컴퓨터에 앉아 문서를 작성했다. 이번 모임에는 다음 해에 우리와 합류할 신임들이 인사차 와서 더 뜻 깊은 시간이었다.

　돌아가는 길은 춥지 않겠지 하는 기대로 오른 기차는 우리가 타고 오면서 추워서 고생했다. 방만 다르고 똑같은 기차였다. 아니겠지 하던 기대가 와르르 무너지는 순간이었다. 지난밤에는 옷을 벗고 자던 사람들도 모두 옷을 든든히 입고 잠자리에 누웠다. 아침에 일어나 보니 어떤 사람은 장갑까지 끼고 자고 있었다. 날씨가 더 추워졌는지 선잠을 자고 와야 했다. 또다시 동태가 되어서 돌아와야 했지만 여럿이 함께 한 시간이기에 그 추위도 넉넉히 이길 수 있었다. 다음 날 새벽 아침식사를 하고 헤어지자던 사람들이 밤새 추위와 싸운 후 모두 자기 집이 그리웠나 보다. 기차역을 빠져 나와서는 모두 집으로 향하기 바빴다. 집에 들어오니 얼마나 따뜻했는지 모른다. 감사가 저절로 나오는 시간이었다.

신임 회원이 이곳을 들려가기 위해 함께 왔다. 우리 집에서 머무르기로 하고 함께 집으로 왔다. 신임이 왔다고 양 선생이 특별히 차로 태워다 주어서 추운 새벽 일찍 집에 도착할 수 있었다. 새벽 4시에 도착한 우리는 날이 밝기까지 잠깐 더 자기로 했다. 몸을 녹여야 하기에 모두 방에 들어가 몇 시간 쉬고 나니 힘이 났다. 간단히 아침식사를 하고 낮에는 흩어져 각자 일을 보고 난 후 저녁에 앉아 나누기 시작한 대화가 12시가 돼서야 끝을 맺고 잠자리에 들었다.

신임이 왔다고 돌아가면서 식사대접을 해 주어서 우리는 덩달아 며칠을 밖에서 식사를 해야 했다. 미리 준비하는 모습이 어찌나 찬찬하고 꼼꼼하던지, 무슨 일을 맡기든지 잘 감당할 것 같다는 생각이 들었다.

우리 동네는 집을 구하기가 매우 어렵다. 곽 선생이 복이 있는지 며칠 있는 사이에 거할 집을 구할 수 있었다. 그것도 3층에 얻었으니 아주 넓은 집은 아니지만 잘 얻었다는 생각이 들었다. 어학연수를 위한 서류준비를 위해 학교에 들러 이야기를 끝냈고, 은행일도 마무리했고, 아이들 학교일도 어느 정도 윤곽을 가지고 돌아가게 되었으니 들어와서 분주하지 않겠다는 생각이 들었다. 점심에는 자장면을 먹고 농장에 가서 농장도 둘러보고, 집 계약을 하고 나니 하루해가 저물어 갔다.

해가 어스름히 넘어가는 저녁시간에 Y대에 가서 사진 몇 장 남기고 공학관에 들러 이 선생과 함께 잠깐 이야기를 나눈 후 시내 식당에 가서 저녁식사를 했다. 전날은 양 선생이 식사대접을 하고 또

그 다음날은 백 선생이 식사대접을 했다. 오랜만에 들어오는 신임이
라고 얼마나 잘 챙겨주는지 혹 지나친 관심이라 생각하진 않았을까
하고 괜한 걱정을 해 보기도 했다. 우리 집에서 머무르기로 했는데,
처리해야 할 일들도 있고 해서 다른 집에서 기거했지만 매일 만나서
이런저런 일들을 의논하고 나니 곧 돌아갈 시간이 되었다. 기본적으
로 중요한 일들을 마무리하고 돌아가게 되어서 다행이라는 생각이
들었다.

chapter 14

연말모임

해마다 12월이 되면 이런저런 모임에서
연말모임을 하느라 분주하다. 남편이 일 년 동안 회장으로 섬겼던
모임에서 임원회의를 하면서 올 연말 모임을 어떻게 진행할까를 놓
고 의논을 하였다. 이미 지난번 모임에서 날짜와 장소가 정해졌기에
연락만 하면 되지만 한해를 마무리 하는 시점에서 어떻게 하면 좀더
의미 있는 연말모임을 보낼 수 있을까를 두고 의논한 것이다.

임원 회의 때 집에서 식사 한 번 대접해야지 하면서도 이런 저런
이유로 차일피일 미루다보니 어느덧 일 년이 지나가고 있었다. 남편
도 집에서 식사대접을 하기를 원해서 이번 모임은 집에서 준비하게
되었다. 농장에서 잡은 돼지갈비를 요리하고, 냉동시켰던 오가피 나
물을 꺼내서 해동시켜 무치고 잡채를 하고 김치전도 부치고 오곡밥
에 며칠 전 맛있게 담근 김치를 꺼내놓고 몇 가지 밑반찬과 된장찌
개를 만들어 함께 식사를 했다. 모두 맛있다며 고마워했고, 덩달아

난 무엇이든 잘 한다면서 또 겸손히 있지 못하고 호들갑을 떨었다.

식사 후 연말모임에 대해 의견을 나누었다. 한해를 마무리 하면서 그냥 식사만 하고 헤어지기보다 작은 선물이라도 나누면 좋겠다는 의견이 모아졌다. 전체 선물로는 구운 김을 알아보기로 했는데, 구운 김이 없다는 이야기를 듣고, 두레 된장과 고추장을 선물하기로 했다. 두레에는 된장만 있고 고추장이 없다는 이야기를 듣고 고추장을 만들어 판매하는 김 사장에게 전화해서 주문했다. 선물교환도 하기로 했다. 일인당 30원 정도의 선물을 가지고 와서 서로 교환하는 순서를 갖자고 의논하고 헤어졌다. 누가 시키지도 않았는데 선물교환을 어떻게 해야 할까 고민하다가 자진하여 스스로 준비하게 되었다. 몇 년 전에는 갑작스레 선물교환을 하느라 선물에 1, 2, 3… 이렇게 적어서 교환했던 기억이 나면서 좀 특별한 게 없을까 고민하다가 인터넷을 뒤져 꽃 이름을 찾아보니 의외로 아주 많은 종류의 꽃 이름이 있었다. 세 글자로 된 꽃 이름을 정리해서 같은 이름을 두 개씩 프린트했다. 하나는 선물에 부치고, 하나는 통에 넣어 뽑아서 가져가려고 준비했다. 준비하는 모습을 보면서 남편이 칭찬을 한다. 역시 당신은 무슨 일이든 참 잘한다나.

모임 날, 좀 이른 시간에 출발하려다가 다시 컴퓨터를 켰다. 모임순서를 인쇄하기 위해서였다. 있어도 없어도 상관없지만 있는 게 더 나을 것 같다는 생각이 문득 스쳤기 때문이다. 말씀을 기록하고 함께 부를 노래를 찾아서 인쇄를 했다. 모임장소에 도착하니 이미 많은 분들이 기다리고 계셨다. 선물을 준비할 때에 30명 분을 준비하면서 혹시 남으면 도로 반납하고 부족하면 임원들이 나중에 받기로 했다. 대충 계산하니 참석할 수 있는 인원이 30명이 넘을 듯 했다. 그래서인지 몇 명이 참석할 것인지 궁금해서 들어오는 숫자를 세기 시작했다. 그런데 마지막으로 들어오고 더 이상 들어오지 않는데 세어보니 정확히 30명이 참석한 것이다. 내 믿음이 너무 적었나. 더 많이 준비했다면 더 많이 참석했을 텐데 하는 아쉬움이 살짝 스쳤다.

두레 된장을 선물로 준다고 부탁했더니 두레에서는 그냥 선물로 주겠다고 한다. 괜히 부담을 주는 것 같아 사양했더니 두레 간장을 선물로 가지고 오셨다. 선물이 푸짐해서 좋은데, 어르신들이 가져가시기에 힘들 것 같아서 죄송했다. 된장, 간장, 고추장이 얼마나 무겁던지. 치커리 농장을 하시는 장로님 부부는 치커리차를 선물로 주셨다.

모임을 진행하고 총회를 해서 차기 임원을 뽑고 즐거운 식사를 하고 선물교환을 했다. 다양한 선물들을 준비해 주셔서 얼마나 감사하던지. 올해는 모두 정성껏 선물을 준비해 주신 것 같다. 부부 가죽 장갑, 향기 초, 유명한 그림, 꿀, 장뇌삼, 목도리, 부엌용품, 양말, 멋진 가방, 화장품 등등. 어떤 것을 받아도 기분 좋은 그런 선물들이었다. 어떤 선물이 돌아가든지 모두 만족한 선물이었을 거란 생각을 했다. 우리 집은 건강을 챙기라는 의미인지 치커리차와 장뇌삼이 선물로 당첨됐다. 받은 선물들을 공개하면서 기뻐하는 모습들이어서 한해를 마무리하면서 가슴 벅찬 뿌듯한 시간이었다. 그동안 나누고 싶었던 기뻤던 일들 어려웠던 일들을 알리면서 근황을 나누는 시간을 갖고 함께 간절히 기도했다. 준비된 선물을 돌아가는 분들한테 챙겨드렸더니 모두 감사해하면서 무겁다 불평하지도 않고 모두 기쁘게 들고 가셨다. 내년에는 된장, 고추장, 간장 걱정하지 않아도 되겠다며 모두 기뻐하셨다.

이웃 사람들을 태워다 주고 집에 왔는데 팔이 얼마나 아프던지, 왜 팔이 이렇게 아플까 생각해보니 된장 3.5kg, 고추장 2.5kg, 간장 1.3kg이 든 봉지 30개를 들어서 전달했더니 팔에 무리가 갔던 것 같다. 그냥 하나씩 가져가게 해도 되겠지만 너무 성의 없어 보여서 직접 하나씩 전달했고 또 왼쪽 손을 쓰는 버릇이 있어서 아마도 왼쪽 손에 더 무리가 갔던 것 같다. 팔에 파스를 부치고 하루가 지나서야 좀 나아졌다.

한 해 동안 건강을 지켜주시고 풍성한 해가 되도록 인도해주심이 얼마나 감사하던지 모두 아무런 사고 없이 지낼 수 있었음에 감사가 넘치는 시간을 보내면서 새해에도 더 풍성한 기쁨의 소식들을 주고받을 수 있기를 소망해본다.

chapter 15

『너랑 나랑! 님이랑 울이랑!』이 세상에 나온 후

첫 수필집 『너랑 나랑! 님이랑 울이랑!』이 세상에 나온 후, 많은 걱정을 했던 나에게 많은 사람들이 격려의 말들을 해 주어서 얼마나 고마웠는지 모른다. 사실 원고가 출판사로 넘어가고 계약을 한 후, 멈춰야 하나 그냥 진행해야 하나를 두고 많이 고민했다. 원고를 넘기고는 그만 병이 나고 말았다. 얼마나 고민을 많이 했는지, 책을 받아들고 이야기하는 많은 사람들의 말들이 뇌리를 스치고 지나간다.

'이것도 책이라고, 무슨 이런 일들을 다 적었어.'

수많은 말들을 상상하며 괴로워하다가 이왕 엎질러진 물 주워 담을 수도 없는 것을 어쩌랴, 하고는 마음을 가다듬었다.

그러던 중 책이 출판되고 배포됐다. 가장 가까운 남편과 사랑하는 아들 샛별, 은총이가 인색하지 않게 칭찬해 주어서 얼마나 고마운지 모른다.

"엄마, 책이 재미있어요. 언제 이런 것을 다 기록해 두셨어요. 재 밌게 읽었어요."

"여보, 아들들이 재미있다고 하는데, 가장 가까이에 있는 사람들 이 재미있다고 하면, 이건 분명 성공한 거지."

나는 이렇게 호들갑을 떨었다.

"음, 내가 읽어봐야 냉정한 평가를 하겠지."

남편은 칭찬에 인색하더니, 책을 받아 한참 읽고 나서 이렇게 칭 찬해준다.

"재미있네. 당신 글 잘 쓰는데, 하루에 책을 다 읽기는 처음이야 자꾸 읽고 싶던데."

어디가 부족한지 이미 알면서도 가장 가까운 식구들의 격려가 싫지는 않았다.

2006년, 그동안 모아두었던 글을 어찌할까 고민하던 중 첫 목회 지에서 학생이었던 형제가 어느새 대학을 졸업하고 결혼을 하더니 인쇄소를 하고 있었다. 시골에 살아서인지, 워낙 글솜씨가 있어서인 지 그 형제는 글쓰기를 좋아했다.

어느 날 청년이 그랬다.

"사모님도 글을 모아서 책으로 내시면 어떨까요."

나는 이 말에 이미 글은 모아져 있다고 하면서 그러겠다고 했다. 그 형제가 책을 출판해 보겠다고 해서 원고를 보냈던 것이 좀 미루 어지다가 3년 뒤에 출판사에 넘기게 된 것이다. 멋모르고 보냈던 원고지만 다시 수정을 하려니 엄두가 나지 않았다. 부족하면 부족한대로 그 당시 상황을 현재의 입장에서 수정하려니 너무 방대해서 그냥 보낸 것이 『너랑 나랑! 님이랑 울이랑!』이다. 출판이 되고 나서 이런저런 걱정이 되었다. 그러다보니 책을 읽은 사람들의 평이 듣고 싶었던 것이다. 일단 남편과 샛별, 은총은 후한 평을 해 주었다. 처음으로 출판한 아내와 엄마에게 힘을 주기 위한 말이었지만 그래도 칭찬이 싫지는 않았다. 언니도 잘 썼다며 칭찬해주고, 주변에서 책을 읽은 사람들이 당차게 살아가는 내 모습을 보면서 칭찬했다고 한다. 친구 석남이도 많은 힘이 되었다고 격려해준다.

"진작 이 책을 냈으면 아이들 키우는데 덜 힘들었을 텐데, 왜 이제 냈느냐."

어떤 동기는 가슴 뭉클하게, 은혜롭게 읽었다면서 얼른 20권을 주문했다. 나중에 더 주문하겠다면서, 너무 수고했다고 격려해줬다. 그 외에도 많은 사람들이 은혜롭게 읽었다면서 격려해주고 칭찬해주니 그동안 고민했던 숙제가 한순간에 해결되는 듯 가벼워졌다.

고심해서 지은 『너랑 나랑! 님이랑 울이랑!』의 제목이 너무 정겹다, 예쁘다, 제목을 보니 책속 내용도 예쁠 것 같아 읽고 싶다는 등등의 칭찬을 들으니 앞으로 계속 나올 수필 제목을 『너랑 나랑! 님이랑 울이랑!』 두 번째 이야기, 세 번째 이야기…. 이런 식으로 정해야 하는 것 아닌가 하고 고민해 보았다.

그 뒤로도 책을 받아간 사람들이 하루 만에 읽었다며 수고했다는 격려의 말을 해 주었다. 그런 이야기를 들을 때마다 그동안 힘들었던 모든 생각들이 다 사라지면서 얼마나 감사했는지 모른다.

어떤 사람은 다음 번에 책을 낼 때는 힘들었던 일을 기록해 달라고 한다.

"힘들다고 생각하지 않은 일들을 억지로 힘들게 표현해서 읽는 사람들도 힘들게 할 필요가 있겠느냐."

그랬더니 어떻게 그렇게 남편을 칭찬할 일이 있느냐고 한다. 정말 그렇게 긍정적으로 사는가 보다면서 부러워한다.

또 어떤 분은 책 한권을 받고는 격려금으로 거금을 주셔서 많이 감사하고 미안했던 일이 있다. 국문학을 전공한 형제에게 평을 해 달라고 하니 지금 하는 말들은 걸음마를 뗀 아이에게 칭찬하는 것으로 알아야 할 것이라며 칭찬을 듣고 기뻐하는 나에게 일침을 가한다. 걸음마를 하는 아이에게 뛰지 못한다고 혼내는 사람이 없듯이, 첫 수필집을 낸 사람에게 잘못됐다고 이야기하기는 매우 어려울 거라는 말이다. 즉 칭찬에 너무 들떠 있지 말라는 것이다. 그래서 부탁했다. 정확한 아니 정확하다기보다 책에 대한 비평도 들어야 성장한다는 것은 알고 있으니 책을 읽어보고 고쳐야 할 부분들을 보내달라면서 숙제로 내 주었다. 한 권 쓰고 말 것이 아니기 때문에 앞으로 더 좋은 글을 만들기 위해 여러 가지 이야기들을 듣고 싶다.

이은주 선교사가 손과 발로 써내려간 두번째 이야기

너랑 나랑 님이랑 울이랑❷

초판1쇄 발행 2010.09.10

지은이 이은주
발행인 방주석
책임편집 김세영
영업책임 곽기태
디자인 황은경

발행처 베드로서원
주소 서울 서대문구 충정로 2가 157 사조빌딩 213호
전화 02-333-7316
팩스 02-333-7317
웹사이트 www.peterhouse.co.kr
e-mail peterhouse@paran.com

출판등록 2010년 1월 18일(제59호) / 창립일(1988.6.3)

ISBN 978-89-7419-282-2 03230
책값 뒤표지에 있습니다

베드로서원은 기독교문화 창달을 위해 좋은 책 만들기에 힘쓰고 있습니다.